중화집

유·불·선 삼교합일

중화집

유·불·선 삼교합일

2021년 3월 20일 초판 1쇄 인쇄
2021년 3월 25일 초판 1쇄 발행

지은이 | 이봉호
펴낸이 | 김태화
펴낸곳 | 파라아카데미 (파라북스)
기획 · 편집 | 전지영
디자인 | 김현제

등록번호 | 제313−2004−000003호
등록일자 | 2004년 1월 7일
주소 | 서울 특별시 마포구 와우산로 29가길 83 (서교동)
전화 | 02) 322−5353   팩스 | 070) 4103−5353

ISBN 979−11−88509−44−7 (93240)

* 값은 표지 뒷면에 있습니다.
* 파라아카데미는 파라북스의 학술 전문 브랜드입니다.

중화집

유·불·선 삼교합일

이도순 지음, 이봉호 옮김

파라아카데미

중화집 해제

이도순(李道純, 1219~1296)은 송(宋)나라 말, 원(元)나라 초기의 도사로, 도호(道號)는 영섬자(瑩蟾子)이고 남종 백옥섬(白玉蟾)의 재전 제자이다. 저술은 『전진집현비요(全真集玄秘要)』, 『청정경주(淸靜經注)』, 『도덕회원(道德會元)』, 『중화집(中和集)』, 『청암영섬자어록(淸庵瑩蟾子語錄)』, 『대통경주(大通經注)』, 『삼천역수(三天易髓)』 등이 있다. 이도순의 여러 저작 중에서 『중화집(中和集)』은 유불도 삼교를 통합하여 전진교의 이론을 확립한 책으로 평가된다.

도교사에서 『중화집(中和集)』의 위치는 북송시대에서부터 진행된 도교 측의 3교 회통론을 완성한 것으로 볼 수 있다. 북송시대에 접어들면, 도교 외단술은 수백 년을 검증 없이 유행하다 쇠락하였고 부록파는 도사 임영소(林靈素) 등의 난행으로 북송 정권이 무너짐으로써 민심을 잃게 되었다. 반면에 내단학은 진단과 장백단의 노력을 거치면서 진일보한 발전을 이룬다.

또한 도교 외적으로는, 통합과 회통의 사조가 주류로 부상하면서 철학이론상의 융합 즉 삼교회통이 시도되었고, 이에 따라 불교와 도교를 흡수한 신유학(성리학)과, 유교와 도교를 받아들인 신불학(선불교)이 모습을 드러내고 있었다. 도교만이 삼교회통의 신도교를 탄생시키지 못한 상태였다.

바로 이러한 때에 전진도를 창립한 왕철(王嚞, 호 중양자(重陽子))
은 부록과 외단을 버리고 종리권(鐘離權)과 여동빈(呂洞賓)의 내단학
에 기초하여 불교와 유학을 융합해 내었다. 때문에 전진도는 '삼교
원융三敎圓融'·'삼교평등'의 도라고 불리기도 한다. 전진도는 심성
수련을 주요 내용으로 삼고, 뼈를 깎는 수행으로 고난에 처한 사람
들을 구제할 것을 행위의 준칙으로 삼았다. 또한 유교와 불교를 도
교에 융합하는 역사적 임무를 설정한다.

  전진교의 삼교합일의 이론은 이도순에 와서 완성된다. 이도순의
『중화집(中和集)』에서는 삼교 합일의 핵심의 '중화(中和)'로 수렴했다.
이도순은 "불교는 원각, 도교는 금단, 유교는 태극(釋曰圓覺, 道曰金
丹, 儒曰太極)"이라고 하지만, 삼교의 성명(性命)에 대한 학설은 모두
'중화' 두 글자로 개괄할 수 있다고 보았다. 또한 단을 수련하는 핵
심은 "먼저 계·정·혜를 지켜 그 마음을 텅 비우고, 그 후에 정·
기·신을 단련하여 그 몸을 보존하는 데(先持戒定慧而虛其心, 後煉精
氣神而保其身)" 있다고 주장하였다. 그는 성을 먼저 수련하고 명을
나중에 하는 선성후명(先性後命)의 수련법을 제시하며, 최후에 "원
만한 깨달음을 혼연히 이루고 곧바로 무위에 들어가서 성명을 모두
온전해지고 형신을 모두 신묘해지는(混成圓頓, 直入無爲, 性命雙全, 形

神俱妙)" 경지에 도달하는 것이라고 주장하였다.

불교의 원각과 도교의 금단, 유교의 태극을 동일한 것으로 이해하거나, 수련에서 불교의 계·정·혜와 도교의 정·기·신 단련을 통한 성의 수련이 모두 '중화'로 수렴된다는 주장은 불교의 계·정·혜, 도교의 정·기·신 단련, 유교의 중화가 하나의 사상으로 합일될 수 있음을 보여준다.

일반적으로 이도순의 수련이론을 송원시기 내단파의 '중파(中派)'라고 부른다. 중파의 단법은 삼교를 융합하고 수중(守中)·중화(中和)를 핵심 요결로 삼아 내단법을 수련하여, 후세 도교인들에게 내단 '중파'라 불리게 되었다. 명대 윤진인(尹眞人), 청대 황원길(黃元吉)이 그 요지를 계승하여 중파의 학설을 창도하였다. 이도순의 문하에서 수학한 학자로는 묘선시(苗善時), 왕지도(王志道) 등의 사람이 있다.

『중화집』은 삼교합일의 사상에 기초하여 내단수련의 이론을 담고 있다. 이 책은 도교의 핵심적인 내용을 말한 1권과 수련 이론의 정수를 뽑은 2권, 제자들과의 문답을 기록한 3권, 성명론과 괘상론, 사생설, 동정설 그리고 도교의 이론을 노래로 만든 것을 기록한 4권, 시로 도교의 이론과 수련을 읊은 5권, 여러 문인과 제자에게 준사(詞) 형식의 글을 모은 6권으로 구성되어 있다.

각 권을 구체적으로 살펴보면, 1권은 도교의 핵심 내용을 〈태극도(太極圖)〉, 〈중화도(中和圖)〉, 〈위순도(委順圖)〉, 〈조망도(照妄圖)〉 등의 도상을 가져와 설명하는 부분과 역학으로 설명하는 부분으로 나뉜다. 이들 도식을 가져와 유불도가 동일한 수련의 목표를 가지고 있음을 설명한다. 또한 역학을 가져와 역의 이치를 깨닫고 역의 효용을 따르면 성인이 될 수 있음을 설명하고 있다.

2권은 도교에서 말하는 수련의 과정과 내용을 여러 도상으로 설명하면서, 도교 내단수련의 핵심적인 내용과 과정을 상세하게 설명하고 있다. 〈방문구품〉에서는 기존의 도교 수련에서 잘못된 점들을 일일이 거론하면서 비판하고 금단수련의 최고 수련법인 〈최상일승〉의 법을 제시한다. 이러한 서술을 통해 도교 내단 수련이 나아갈 바람직한 수련법과 정신을 제시하고 있다.

3권은 이도순과 여러 문인들 간의 도교 수련에 관련된 내용의 문답을 기록한 것과 내단수련의 이론들과 핵심 내용에 대한 문답을 기록한 내용들이 주를 이룬다. 또한 내단수련 과정에 가졌음직한 의문들에 대해 답하는 〈금단혹문〉을 기술하여 내단 수련의 주요 개념, 수련의 방법, 목표 등을 확인할 수 있게 한다. 마지막으로 〈전진활법)에서 전진교의 핵심 이론을 정리해 보여준다.

4권은 내단 수련에서 핵심이 되는 성명론, 괘상론, 사생설, 동정설 등의 논설문과 노래 형식으로 내단수련을 설명한 〈원도가〉, 〈연허가〉, 〈파혹가〉, 〈성리가〉, 〈용호가〉 등을 붙여 놓아, 내단수련에서 중요한 원리와 개념, 수련법을 확인할 수 있다.

5권은 전적으로 시문으로 이루어졌다. 내단 공부를 해가는 단계를 노래한 〈술공부〉와 도교 수련을 함으로써 얻는 참된 행복을 노래한 〈영진락〉, 세상 사람들에게 인연에 얽매임을 경계한 〈영사연경세〉 등의 내용으로 구성되어 있다.

6권은 여러 제자들에게 깨달음의 경지와 수련에 도움이 되게 써준 사(詞)로 구성되어 있다. 심원춘(沁園春), 만강홍(滿江紅), 만정방(滿庭芳), 수조가두(水調歌頭), 백자령(百字令) 등의 사를 이용해 내단수련의 수행과 이론, 삼교합일의 이론을 펼치고 있다. 이 사들은 당대로부터 송대에 이르는 다양한 형식의 사가 나타나고 있어 이도순의 학문적 깊이까지 엿볼 수 있게 한다.

역자가 도교를 공부하면서 가장 먼저 읽었던 경전이 『주역참동계』와 『중화집』이었다. 이들 두 권의 책은 도교를 이해하는 데 핵심이 되는 경전이다. 도교의 이론과 핵심 용어를 이해하기 위해서 필

수적으로 읽어야 하는 책이기 때문이다. 역자가 도교 개념을 확인하게 위해, 중국 측의 도교사전들을 찾아 읽으면 항상 『중화집』의 내용을 인용해 개념을 설명하고 있다. 다시 말해 도교의 개념과 용어를 이처럼 잘 설명하고 정리한 책은 없다.

『중화집』은 유학에 관심 있는 사람에게도, 불교에 관심 있는 사람에게도 매우 많은 공부가 된다. 유학의 태극과 그로부터 형성한 형이상학을 이처럼 쉽고 정확하게 정리한 책이 드물다. 또한 불교의 이론들도 매우 깔끔하게 정리하고 있다. 당연히 도교에 관심 있는 사람들은 꼭 읽어야 하는 책이다. 이 번역은 『도장(道藏)』 제4책(천진고적출판사, 1996년 출간)에 수록된 『중화집(中和集)』을 완역한 것이다.

아울러 밝힐 것은 역자는 SK Telecom사의 손길승 회장님으로부터 연구지원을 받아 한국과 중국의 도교 연구를 진행해 왔다. 그러면서 도교 경전에서 중요한 책들을 번역하였는데, 이 책도 그 결과물이다. 손길승 회장님과 이우형 팀장님께 감사의 말씀을 전한다.

역자 씀.

차례

중화집 서문(中和集敍)

維楊損庵蔡君志頤 瑩蟾子李淸庵之門人也 勘破凡塵 篤修仙道 得
淸庵之殘膏剩馥 編次成書 題曰中和集 蓋取師之靜室名也 大德丙
午秋 謁餘印可 欲壽諸梓 開悟後人 余未啓帙 先已知群妄掃空 一
眞呈露 謂如天付之而爲命 人受之而爲性 至於先天太極 自然金丹
光照太虛 不假修鍊者 漏泄無餘矣 可以窮神知變而深根寧極 可以
脫胎神化而復歸無極也 抑以見道之有物混成 儒之中和育物 釋之
指心見性 此皆同工異曲 咸自太極中來 是故老聖常善救人 佛不輕
於汝等 周公豈欺我哉 覽是集者 切忌生疑

當塗 南谷 杜道堅 書於錢塘 玄元眞館

양손암(楊損菴) 채지이(蔡志頤)[1] 군은 영섬자(瑩蟾子) 이청암(李淸
菴)[2]의 문인이다. 그는 모든 번뇌를 꿰뚫어 보고 독실하게 선도(仙

---

[1] 금원시기의 유장(維場)[현 강소성(江蘇城) 양주시(楊州市)] 사람으로, 자는 손암
    (損菴)이다. 이도순에게 전진도법(全眞道法)을 사사받았고, 이도순이 졸하자, 원
    나라 대덕(大德) 10년에 이도순의 저술들을 편집해 세상에 전했다.

[2] 이도순(李道純, 1219~1296)이다. 이도순은 송(宋)나라 말, 원(元)나라 초기의 도
    사. 자는 원소(元素) 호는 청암(淸庵), 다른 호로는 영섬자(瑩蟾子)로 도량[都梁, 지

道)를 닦았으며 청암이 남긴 유고를 얻어 이를 편집하여 책으로 만들고는 『중화집(中和集)』이라고 제목을 달았다. 이는 대체로 그의 스승인 청암이 수행하던 방[靜室]의 이름을 취한 것이다.

대덕(大德: 元 成宗) 병오년(대덕 10년, 1306년) 가을에 채지이 군이 나를 찾아와 인가(印可)를 구했는데, 이 책이 오래도록 전해져 후세 사람들을 깨우쳐주기를 바라서였다. 그런데 나는 이 책을 펼쳐보기도 전에 벌써 모든 허망한 것들이 깨끗이 사라지고 하나의 진리[一眞]가 드러나는 것을 깨달았다.

예를 들어, 하늘이 부여하는 것이 명(命)이 되고 사람이 그것을 받으면 성(性)이 되는 것에서, 선천태극(先天太極)³과 자연금단(自然金丹)⁴이 태허(太虛)⁵를 밝게 비추어 더 이상 수련이 필요치 않은 경지에 이르기까지 남김없이 드러나 있었다. 이 책으로 인해 신묘를 궁구하고 변화를 알아서 근본을 자리를 잡아 안정되게 할 수 있으

금의 호남(湖南) 무강(武閩)] 사람이다. 백옥섬(白玉蟾)의 재전 제자이다. 그의 내단학설은 대부분 남종(南宗)을 주로 하지만, 북종(北宗)을 겸하였다. 그의 학설은 '중화(中和)'를 종지로 삼아, 유·불·도 삼교를 융합하였다.

3 천지가 나뉘기 이전을 선천이라고 한다. 도교에서는 천지가 나뉘기 이전의 상태인 선천에 한 점의 양기가 있다고 생각한다. 이를 선천태극이라고 부른다.

4 저절로 이루어진 금단이다.

5 우주가 생겨나기 이전의 형체도 형상도 없는 텅 빈 상태를 말한다. 『장자/지북유』에서 처음 나온다. 그 의미는 광막한 허공을 의미했으나, 당나라 때 성현영이 『장자소』에서 '심현한 이치[沈玄之理]'로 해석했다. 북송시기 장재는 '태허'를 형태도 없으며 청허한 상태의 기로 풀이하면서, "태허는 기[太虛卽氣]"라고 정의했다. 청허하지만 무는 아닌 것으로, 천지 만물과 인간이 두 이 기의 변화로부터 형성되었다고 보았다.

며, 일반인의 몸을 벗어나[脫胎] 신령하게 변화하여 무극(無極)으로 돌아가게 할 수도 있다.

또한 도가의 '유물혼성(有物混成)',[6] 유가(儒家)의 '중화육물(中和育物)',[7] 불가(佛家)의 '지심견성(指心見性)'[8]이 모두 동일한 공부이며 방도만을 달리한 것으로, 모두 태극으로부터 나왔다는 것을 알게 될 것이다.

도와 유가는 항상 사람을 잘 구제하고 부처는 중생들을 무시하지 않는다. 성인이 어찌 우리를 속이겠는가. 그러니 이『중화집』을 열람하는 사람은 절대로 수련에 임해 의심을 일으키면 안 될 것이다.

당도(當塗)[9] 남곡(南穀) 두도견(杜道堅)[10]이 전당(錢塘)[11] 현원진관(玄元眞館)에서 쓴다.

---

6 『老子』25장에 나오는 내용이다. 도를 형용하는 말로, 무엇인가 섞여 이루어져 있는 것으로, 천지보다 먼저 생성된 것이라고 한다.

7 『中庸』首章에 나오는 내용이다.

8 '지심견성'은 '直指人心 見性成佛'의 준말.

9 현재 안휘성에 속한 지명이다.

10 두도견(杜道堅)의 자는 처일(處逸), 호는 남곡자(南穀子)로 안휘(安徽)성에 있는 당도(當塗) 사람이다. 송말원초(宋末元初) 시기의 도사로, 송나라 도종(度宗) 때 보교대사(輔敎大師)라는 시호를 받았고, 원나라 성종(成宗) 때는 항주로도록(杭州路道錄)과 교문고사(敎門高士)의 직책을 받았으며, 원나라 인종(仁宗) 때는 융도충진숭정진인(隆道沖眞崇正眞人)이라는 시호를 받았다. 저서로는 『도덕현경원지(道德玄經原旨)』, 『현경원지발휘(玄經原旨發揮)』, 『관윤천문(關尹闡玄)』, 『문자찬의(文子纘義)』, 『통현진경찬의(通玄眞經贊義)』 등이 있다.

11 항주 지역에 위치한 지명이다.

中和集

제1권

都梁淸庵瑩蟾子李道純元素撰,
門弟子損庵寶蟾子蔡志頤編

도량(都梁) 청암(淸菴) 영섬자(瑩蟾子)
이도순(李道純) 원소(元素)가 찬(撰)하
고, 문인 손암(損菴) 보섬자(寶蟾子) 채
지이(蔡志頤)가 펴내다.

1. 현문종지(玄門宗旨)

: 도교의 핵심

태극도(太極圖)

太極圖

玄門宗旨

陰陽無始　　動靜無端

동정에 단초가 없고
음양에 시초가 없다

釋曰圓覺 道曰金丹 儒曰太極 所
謂無極而太極者 不可極而極之
謂也 釋氏云 如如不動 了了常知
易繫云 寂然不動 感而遂通 丹書
云 身心不動以後 復有無極眞機
言太極之妙本也 是知三教所尚
者 靜定也 周子所謂主於靜者是
也 蓋人心靜定未感物時 湛然天
理 卽太極之妙也 一感於物 便有
偏倚 卽太極之變也 苟靜定之時 謹其所存 則天理常明 虛靈不昧
動時自有主宰 一切事物之來 俱可應也 靜定工夫純熟 不期然而
自然至此 無極之眞復矣 太極之妙應明矣 天地萬物之理 悉備於
我矣.

불가에서는 원각(圓覺)¹이라 하고 도가에서는 금단(金丹)²이라 하며 유가에서는 태극(太極)³이라고 하니, 이른바 '무극이태극(無極而太極)'이라는 것은 표준을 세울 수 없는 것에 대해 표준을 세웠다는 것을 이른 것이다. 불가에서 말하는 '본 모습 그대로 동(動)하지 않아 뚜렷이 항상 깨어 있다'는 것과 『주역(周易)』「계사(繫辭)」에서 말하는 '조용히 동하지 않다가 느끼면 바로 통한다'는 것과 단서(丹書)에서 말하는 '신심(身心)이 동요하지 않은 이후에 다시금 무극의 진기(眞機)가 있게 된다'는 것은 모두 태극의 오묘함을 말한 것이다. 이로 인하여 유·불·도, 3교에서 숭상하는 것이 '고요하게 안정함[靜定]'임을 알 수 있으니, 주렴계(周濂溪)⁴가 말한 '고요함[靜]을 위주로 한다[主靜].'⁵는 것이다.

---

1 원만하게 본성을 깨닫는 것을 말한다. 진여(眞如), 불성(佛性), 법계(法界), 열반(涅槃)과 같은 의미이다. 유정자(有情者)는 모두 본각(本覺)과 진심(眞心)을 갖추고 있어서 이를 깨달을 수 있다. 그 원인을 말할 때는 여래(如來)라고 하고, 그 결과를 말할 때는 원각(圓覺)이라고 한다.

2 금(金)은 견고하여 영원히 섞지 않는 것이고, 단(丹)은 어떠한 오염도 없어 원만히 빛나며 맑은 것을 상징한다. 이러한 의미를 가져와 도교에서는 정기신(精氣神)의 단련으로 이룬 신선의 경지를 상징하는 용어로 사용하였다.

3 『장자』「대종사」와 『주역』「계사」에 처음 나온다. 『장자』「대종사」에서는 도의 고원함을 형용하는 용도로 사용되었고, 『주역』「계사」에서는 우주생성의 최초의 근원으로 묘사된다.

4 주돈이(周敦頤, 1017~1073)라고도 불리는데 중국 북송의 유교 사상가이다. 송나라 시대 유학의 형이상학적 사유는 주돈이에 의하여 시작되었다고 한다. 자는 무숙(茂叔), 호는 염계(濂溪), 시(諡)는 원공(元公)이다. 도주 영도(道州 營道, 현재의 허난성) 출신이다.

5 주렴계는 『통서(通書)』, 「성학(聖學)」 제20장에서 성인은 배워서 될 수 있다고 말

대체로 사람의 마음이 고요하고 안정되어 사물에 감동되지 않을 때의 맑디맑게 드러난[湛然] 천리(天理)가 바로 태극의 오묘함이고, 한번 사물에 감동되자마자 어느 한쪽으로 치우침이 생기는 것은 바로 태극의 변화이다. 그런데 진정 고요하고 안정되었을 때 신중하게 마음을 보존하면 천리가 항상 밝고 허령(虛靈)하여 혼매하지 않는다. 움직일 때도 저절로 주재가 있어 모든 사물이 나에게 다가올 때 모두 다 수응할 수 있을 것이다. 고요하게 안정함[靜定]의 공부가 무르익으면 그렇게 하려고 하지 않아도 저절로 그렇게 될 것이니, 이러한 경지에 이르면 무극의 진기가 회복될 것이고 태극의 신묘한 수응이 밝아질 것이며 천지 만물의 이치가 모두 나에게 갖추어질 것이다.

중화도(中和圖)

禮記云 喜怒哀樂未發 謂之中 發
而皆中節 謂之和 未發謂靜定中
謹其所存也故曰中 存而無體 故
謂天下之大本 發而中節 謂動時
謹其所發也 故曰和 發無不中 故
謂天下之達者 誠能致中和於一

中和圖

發無不中

四正中直

네 정방위의 가운데를
곧게 뻗었으니,
발하여 적중하지
않음이 없네.

하면서, 성인이 되는 방법으로 주정설(主靜說)을 제시한다.

身 則本然之體虛而靈 靜而覺 動而正 故能應天下無窮之變也 老君
曰人能常清靜 天地悉皆歸 即子思所謂致中和 天地位 萬物育 同一
意也 中也 和也 感通之妙用也 應變之樞機也 周易生育流行 一動
一靜之全體也 予以所居之舍 中和二字區名 不亦宜乎哉

『예기(禮記)』에서 "희로애락(喜怒哀樂)의 감정이 아직 일어나지 않
는 상태를 중(中)이라 하고, 그 감정들이 일어나 모두 절도에 맞는
상태를 화(和)라고 한다."[6]고 하였다. 여기서 감정이 아직 일어나지
않은 상태는 '고요하게 안정함[靜定]' 가운데 마음 보존을 신중히 한
것을 말한 것이기에 '중(中)'이라고 한 것이며, 보존되었으나 체(體)
가 없기에 '천하의 대본(大本)'이라고 한 것이다. 그리고 '감정이 일
어나 모두 절도에 맞다'는 말은 감정이 일어나려고 할 때 신중히 한
것을 이른 것이기 때문에 '화(和)'라고 말한 것이며, 감정이 일어나
절도에 맞지 않은 바가 없기에 천하의 달도(達道)라고 한 것이다.
그러므로 진실로 일신(一身)의 중화(中和)를 극진하게 할 수 있다면
본연의 체가 텅 비어 신령스럽고 고요하여 깨어 있게 되고 움직이
면 바르게 되기 때문에 천하의 무궁한 변화에 수응할 수 있다.

　노군(老君)이 말하기를 "사람이 항상 맑고 고요[淸靜]하면 천지가
모두 제자리로 돌아갈 것이다."[7]라고 하였는데, 이 말은 자사(子思)
가 말한 "중화를 지극하게 하면 천지가 제자리를 잡고 만물이 생육

---

6 『예기(禮記)』 31권 「중용(中庸)」에 나오는 내용이다.
7 『태상노군설청정경(太上老君說清靜經)』에 나오는 말이다.

된다."[8]는 말과 동일한 의미이다. '중(中)'과 '화(和)'는 감응하여 통하는 묘용(妙用)이고 변화에 수응하는 핵심[樞機]이니, 『주역(周易)』에서 말하는 생육유행(生育流行)하는 일동일정(一動一靜)의 온전한 체(體)이다.

내가 거처하는 곳에 '중화(中和)' 두 글자로 편액의 이름을 지은 것이 또한 마땅하지 않겠는가.

위순도(委順圖)

身心世事 謂之四緣 一切世人皆
爲縈絆 惟委順者能應之 常應常
靜 何緣之有 何謂委 委身寂然
委心洞然 委世混然 委事自然 何
謂順 順天命 順天道 順天時 順
天理 身順天命 故能應人 心順天
道 故能應物 世順天時 故能應變
事順天理 故能應機 既能委 又能
順 兼能應 則四緣脫灑 作是見者
常應常靜 常淸常靜矣
몸[身]·마음[心]·세간[世]·일

---

8 『예기(禮記)』31권 「중용(中庸)」에 나오는 내용이다.

[事]을 네 가지 인연[四緣]이라고 하는데, 세상의 모든 사람이 여기에 얽매여 있다. 오로지 저절로 그러함에 따르는[委順] 사람이라야 이 네 가지 인연에 수응할 수 있다. 항상 수응하면서도 항상 고요할 수 있으니, 무슨 얽매일 인연이 있겠는가?

무엇을 위(委)라고 하는가? 몸은 고요에 맡겨두고, 마음은 텅 비어 고요함[洞徹]에 맡겨두며[心洞], 세상은 혼연(混然)에 맡겨두고[身寂] 일은 저절로 그러함에 맡겨두는 것[事自]이다. 무엇을 순(順)이라고 하는가? 천명(天命)을 따르고 천도(天道)를 따르며, 천시(天時)를 따르고 천리(天理)를 따르는 것이다. 몸은 천명을 따르기 때문에 사람들을 따라 응할 수 있고, 마음은 천도를 따르기 때문에 사물을 따라 응할 수 있으며, 세상에 대해서는 천시를 따르기 때문에 변화를 따라 응할 수 있고, 일은 천리를 따르기 때문에 변화의 기미를 따라 응할 수 있다. 이미 맡겨둘 수 있고 따를 수도 있으며 응할 수도 있다면 네 가지 인연으로부터 깨끗이 벗어날 수 있을 것이다. 그러니 이러한 견해를 지닌 사람은 항상 응하면서도 항상 고요하고 항상 해맑을 것이다.

조망도(照妄圖)

古云 常滅動心 不滅照心 一切不動之心 皆照心也 一切不止之心 皆妄心也 照心即道心也 妄心即人心也 道心惟微 謂微妙而難見也 人心惟危 謂危殆而不安也 雖人心亦有道心 雖道心亦有人心

係乎動靜之間爾 惟允執厥中者
照心常存 妄心不動 危者安平
微者照著 到此有妄之心復矣 無
妄之道成矣 易曰復其見天地之
心乎

옛사람이 말하기를 "항상 동요
하는 마음[動心]을 없애되 비추는
마음[照心]은 없애지 않는다."[9]고
하였는데, 동요하지 않는 마음은
모두 비추는 마음이고 멈추지 않
는 마음은 모두 망령된 마음[妄心]
이다. 비추는 마음은 바로 도심(道
心)이고 망령된 마음은 바로 인심
(人心)이다. '도심(道心)이 희미하다는 것'은 미묘하여 보기 어렵다는
의미이고, '인심(人心) 위태롭다'[10]는 것은 위태하여 불안하다는 의
미이다. 비록 인심이라 하더라도 그 속에는 도심이 있고, 비록 도심
이라 하더라도 그 속에는 인심이 있기 마련이니, 이것은 동정(動靜)
의 사이에 달려있다.

　오로지 그 '중(中)'을 택하는 사람[11]에게는 비추는 마음이 항상 보

---

9 『동현영보정관경(洞玄靈寶定觀經)』에 실린 내용이다.
10 『서경(書經)』「대우모(大禹謨)」의 "人心惟危, 道心惟微"의 말에 기초한 것이다.
11 『서경(書經)』「대우모(大禹謨)」의 "惟精惟一, 允執厥中"에 기초한 말이다.

존되어 있고 망령된 마음이 동요하지 않아서, 위태한 것이 편안해지고 미묘한 것이 분명하게 드러난다. 이러한 경지에 도달하면 망령되이 일어났던 마음이 회복되어 애초에 망령된 바가 없었던 도가 이루어질 것이다. 그래서 『주역(周易)』 복괘(復卦)에서 '천지의 마음을 볼 수 있다'[12] 고 말한 것이다.

---

12 『주역(周易)』 복괘(復卦)에 나오는 내용이다.

2. 태극도송(太極圖頌)

中○者 無極而太極也 太極動而生陽 動極而靜 靜而生陰 一陰一
陽 兩儀立焉 ○者兩儀也 ○者陽動也 ○者陰靜也 陰陽互交而生四
象 ○者四象動 而又動曰老陽 動極而靜曰少陰 靜極復動曰少陽 靜
而又靜曰老陰 四象動靜而生八卦 乾一兌二 老陽動靜也 離三震四
少陰動靜也 艮五坎六 少陽動靜也 兌七坤八 老陰動靜也 陰逆陽順
一升一降 機緘不已 而生六十四卦 萬物之道 至是備矣 上○者氣化
之始也 下○者形化之母也 知氣化而不知形化 則不能極廣大 知形
化而不知氣化 則不能盡精微 故作頌而證之

가장 안쪽의 ○는 무극이태극(無極而太極)이다. 태극이 움직여 양
이 일어났다가 움직임이 극도에 이르면 고요해지고, 고요해지면 음
이 일어난다. 이렇게 한번 음이 일어나고 한번 양이 일어나면 음양
의 양의(兩儀)가 수립된다.

그 다음의 ○은 양의이니, ○는 양의 움직임이고 ○는 음의 고요
함이다. 음과 양이 서로 사귀어 사상(四象)이 생겨난다.

그 다음의 ○는 사상이다. 사상이 움직이고 또 움직이는 것을 노
양(老陽)이라 하고 움직임이 극에 이르러 고요해지는 것을 소음(少

陰)이라 한다. 고요함이 극도에 이르러 다시 움직이는 것을 소양(少陽)이라 하고, 고요한데다 또 고요한 것을 노음(老陰)이라고 한다.

사상이 움직이고 고요함을 반복하여 팔괘가 생성되니,

건일(乾一)과 태이(兌二)는 노양(老陽)의 동정이고

이삼(離三)과 진사(震四)는 소음(少陰)의 동정이며

손오(巽五)[1]와 감륙(坎六)은 소양(少陽)의 동정이고

간칠(兌七)과 곤팔(坤八)은 노음(老陰)의 동정이다.

음은 역행하고 양은 순행하면서 한번 상승하고 한번 하강하는 등 기관의 개폐(開閉)가 끊임없이 진행되어 64괘가 생성되니 만물의 도가 여기에 이르러 갖추어진다.

위의 ○는 기화(氣化)의 시작이며 아래 ○는 형(形化)의 어미이다. 기화를 알면서 형화를 모르면 광대(廣大)를 다할 수 없고, 형화를 알면서 기화를 모르면 정미(精微)를 다할 수 없다. 그러므로 다음과 같이 송(頌)을 지어서 이를 증명한다.[2]

25장으로 된 노래[頌二十五章]

道本至虛 至虛無體 窮於無窮 始於無始

도(道)는 본래 지극히 허(虛)하나니, 지극히 허하므로 체(體)가 없

---

1 원문에는 '艮五'로 되어 있으나 巽五가 맞으므로, '巽五'로 고쳤다.
2 주렴계의 '태극도'를 '선천팔괘차서도'로 풀이한 내용이다.

도다. 끝이 없는데서 끝나고, 시작이 없는데서 시작하네.

虛極化神 神變生氣 氣聚有形 一分爲二

허(虛)가 극도에 이르면 신(神)으로 화하니, 신(神)이 변하여 기(氣)가 생기네. 기(氣)가 모이면 형(形)이 있게 되니, 하나가 나뉘어 둘이 된다네.

二則有感 感則有配 陰陽互交 乾坤定位 動靜不已 四象相係 健順推盪 八卦茲係 運五行而有常 定四時而成歲

둘이 있으면 느낌이 있게 되고 느낌이 있으면 짝이 있게 되네. 음양이 서로 사귀면 건곤의 제자리가 정하고, 동정이 그치지 않아 사상이 서로 엮이고 건순(健順)이 서로 미루어 나가 팔괘가 엮이네. 오행의 운행은 항상 되니, 사시(四時)가 정해져 한 해를 이루네.

沖和化醇 資始資生 在天則幹旋萬象 在地則長養群情

원기(元氣＝沖和)가 화순(化醇)하여 시초(始初)의 근본이 되고 생성의 근본이 되니, 하늘에서는 만상(萬象)을 돌게 하고 땅에서는 만물(萬物)을 끝없이 기르네.

形形相授 物物相孕 化化生生 奚有窮盡

형(形)과 형(形)이 서로 주고, 물(物)과 물(物)이 서로 품으면서 끝없이 변화하고 끊임없이 생성하니, 어찌 다함이 있겠는가?

天下萬物生於有 有生於無 有無錯綜 隱顯相扶

천하 만물은 유(有)에서 생겨나고, 유(有)는 무(無)에서 생겨나네.[3] 유무(有無)가 서로 복잡하게 섞이고 숨고 드러남[隱顯]이 서로 돕네.

原其始也 一切萬有 未有不本乎氣 推其終也 一切萬物 未有不變於形

그 시초를 따져보면 일체 만유(萬有)는 기(氣)에 근본하지 않은 것이 없으며, 그 마지막까지 미루어 나가보면 일체 만물은 형체[形]가 변화하지 않은 것이 없다네.

是知萬物本一形氣也 形氣本一神也 神本至虛 道本至無 易在其中矣

이를 통해 '만물은 본래 하나의 형기(形氣)이며, 형기(形氣)는 본래 하나의 신(神)임'을 알 수 있다네. 신(神)은 지허(至虛)에 근본하고, 도(道)는 지무(至無)에 근본 하니, 역(易)은 그 속에 있네.

天位乎上 地位乎下 人物居中 自融自化 氣在其中矣

하늘은 위에 자리를 잡고 땅은 아래에 자리를 잡고, 사람과 사물은 그 가운데 위치하여 저절로 섞여 변화하니, 기(氣)는 그 속에 있네.

天地物之最巨 人於物之最靈 天人一也 宇宙在乎手 萬化生乎身 變在其中矣

하늘과 땅은 사물 가운데 가장 거대하고, 사람은 사물 가운데 가장 신령스러우니, 하늘과 사람은 하나라네. 우주는 사람의 손에 있

---

3 『노자(老子)』 40장에 나오는 내용이다.

고 온갖 변화는 사람의 몸에서 생겨나니, 변화는 그 속에 있네.

人之極也 中天地而立命 稟虛靈以成性 立性立命 神在其中矣

사람의 표준[人極]은 천지의 한 가운데에서 명(命)을 확립하고, 허령(虛靈)을 품부 받아 성(性)을 형성한다네. 이처럼 성(性)이 확립되고 명(命)이 확립되니, 신(神)은 그 속에 있네.

命係乎氣 性係乎神 潛神於心 聚氣於身 道在其中矣

명(命)은 기(氣)와 관계되고, 성(性)은 신(神)과 관계되니, 신은 마음[心]에 담겨있고 기는 몸에 모여 있으니, 도(道)는 그 속에 있네.

形化則有生 有生則有死 出生入死 物之常也

형화(形化)를 하여 태어남이 있으니, 태어나면 죽게 된다네. 태어났다가 죽어서 돌아가니, 만물의 상도(常道)이네.

氣化則無生 無生故無死 不生不死 神之常也

기화(氣化)를 하게 되면 태어남이 없으니, 태어나지 않기 때문에 죽음도 없다네. 태어나지도 않고 죽음도 없으니, 신(神)의 상도이네.

形化體地 氣化象天 形化有感 氣化自然

형화는 땅을 본받은 것이고 기화는 하늘을 본받은 것이네. 형화는 교감으로 인해 이루어지고 기화는 자연적으로 진행한다네.

明達高士 全氣全神 千和萬合 自然成眞

명철한 고사(高士)는 기(氣)와 신(神)을 온전히 유지하여, 온갖 것과 화합하여 저절로 참됨[眞]을 이루네.

眞中之眞 玄之又玄 無質生質 是謂胎仙

진(眞) 가운데 진(眞)이요, 현묘하고도 현묘하도다. 바탕이 없는데서 바탕을 만들어내니, 이를 태선(胎仙)[4]이라 하네.

欲造斯道 將奚所自 惟靜惟虛 胎仙可冀

이 도(道)에 나가려면 장차 어디서부터 시작해야 하는가? 오직 정(靜)하고 허(虛)해야만 태선을 바랄 수 있다네.

虛則無礙 靜則無欲 虛極靜篤 觀化知復

허(虛)하면 장애가 없어지고, 정(靜)하면 욕심이 없어지니, 허(虛)가 극에 도달하고 정(靜)이 돈독하게 되면 변화를 살펴 회복할 줄 알게 된다네.

動而主靜 實以抱虛 二理相須 神與道俱

동(動)하되 정(靜)을 주로 하고, 실(實)로 허(虛)를 안아야 한다네. 이 두 가지 이치가 모두 필요하니 그렇게 해야 신(神)과 도(道)가 갖추어진다네.

---

4 수도자가 탈태(脫胎)하여 신선을 이룬 것을 말한다.

道者 神之主 神者 氣之主 氣者 形之主 形者 生之主

도(道)는 신(神)의 주인이고, 신(神)은 기(氣)의 주인이며, 기(氣)는 형(形)의 주인이고, 형(形)은 생(生)의 주인이라네.

無生則形住 形住則氣住 氣住則神住 神住則無住 是名無住住

생(生)이 없으면 형이 정지되고, 형이 정지되면 기가 정지되고, 기가 정지되면 신이 정지된다네. 신이 정지되면 정지될 것이 없으니, 이를 '정지됨이 없는 것이 정지된다[無住住]'라고 한다네.

金液鍊形 玉符保神 形神俱妙 與道合眞

금액(金液)으로 형을 단련하고 옥부(玉符)로 형을 보존하니, 형과 신이 함께 오묘해지면 '참된 도(道)'와 서로 부합하네.

命寶凝矣 性珠明矣 元神靈矣 胎仙成矣 虛無自然之道畢矣

보배로운 명(命)이 응결되고, 구슬과 같은 성(性)이 밝아지면 원신(元神)[5]은 신령스러워지고 태선(胎仙)은 이루어지니, 이에 허무자연(虛無自然)의 도가 완성된다네.

大哉神也 其變化之本歟

위대하도다. 신(神)이여! 변화의 근본이로다.

---

5 '원성(元性)' 혹은 '선천의 성(先天之性)'이라고도 부른다. 선천으로부터 시작되는 한 점의 신령스러운 빛으로 선천의 성(性)이라고 한다.

3. 획전밀의(畫前密意)

: 괘획을 긋기 이전의 은미한 뜻

제1 역상(第一 易象)

易可易非常易 象可象非大象 常易不易 大象無象 常易 未畫以前易
也 變易 旣畫以後易也 常易不易 太極之體也 可易變易 造化之元
也 大象 動靜之始也 可象 形名之母也 歷劫寂爾者 常易也 亙古不
息者 變易也 至虛無體者 大象也 隨事發見者 可象也 所謂常者 莫
窮其始 莫測其終 歷千萬世 廓然而獨存者也 所謂大者 外包乾坤
內充宇宙 遍河沙界 湛然圓滿者也 常易不易 故能統攝天下無窮之
變 大象無象 故能形容天下無窮之事 易也象也 其道之原乎

역(易)을 역이라고 하면 상역(常易)이 아니고, 상(象)을 상이라고
하면 대상(大象)이 아니니, 상역은 바뀌지 않고 대상은 상이 없다.[1]
상역(常易)은 괘획을 긋기 이전의 역이고, 변역(變易)은 괘획을 그은
이후의 역이다. 바뀌지 않는 상역은 태극의 체(體)이고, 바뀔 수 있

---

1 『노자(老子)』 1장의 "道可道非常道, 名可名非常名"을 패러디한 것이다.

는 변역은 조화(造化)의 으뜸이다.

대상(大象)은 동정(動靜)의 시작이고, 그려낼 수 있는 상은 형명(形名)²의 어미이다. 유구한 세월이 지나도록 고요한 것은 상역이고, 고금에 걸쳐 그치지 않는 것은 변역이다. 지극히 허하여 체가 없는 것은 대상이고, 사태에 따라 드러나는 것은 가상(可象)이다.

이른바 상(常)이란 것은 그 시작을 궁구할 수 없고 그 마침도 헤아릴 길이 없으니, 천만세(千萬世)가 지나도록 확연(廓然)히 홀로 존재하는 것이다. 이른바 대(大)란 것은 밖으로는 건곤(乾坤)을 포함하고 안으로는 우주(宇宙)를 꽉 채워 마치 갠지스 강의 모래알과 같이 수많은 세계에 두루 존재하여 담연(湛然)히 원만(圓滿)한 것이다.

상역(常易)은 변하지 않기에 천하의 무궁한 변화를 통괄하여 제어할 수 있고, 대상(大象)은 상이 없기에 천하의 무궁한 일을 형용해 낼 수 있다. 이로 보아 역(易)과 상(象)이야말로 도의 근원이라 하겠다.

제2 상변(第二 常變)

常易不變 變易不常 其常不變 故能應變 其變不常 故能體常 始終
不變 易之常也 動靜不常 易之變也 獨立而不改 得其常也 周行而

---

2 형(形)과 명(名)에 관한 이론을 형명론이라고 한다. 기로부터 형체가 있게 되고, 형체가 있게 되면, 그 이름을 부여할 수 있게 된다. 형체가 있고 나서는 상(象)과 수(數), 명(名)을 부여하게 되는데, 이를 형명론이라고 한다.

不殆 通其變也 不知常 不足以通變 不通變 不足以知常也 常也 變也 其易之原乎

상역(常易)은 변하지 않고 변역(變易)은 일정하지 않다. 상역은 변하지 않기 때문에 변화에 따라 응해 나갈 수 있고, 변역은 항상적이지 않기에 항상적인 것을 체(體)로 삼을 수 있다. 시종 변하지 않는 것은 역(易)의 항상적인 것이고, 동정이 일정하지 않는 것은 역(易)의 변화이다. '홀로 서서 바뀌지 않는다[獨立而不改]'[3]고 한 것은 그 항상적인 것을 얻은 것이고, '두루 운행하되 위태롭지 않다[周行而不殆]'[4]는 것은 그 변화에 통한 것이다. 항상적인 것을 알지 못하면 변화에 통할 수 없고, 변화에 통하지 않으면 항상적인 것을 알 수 없다. 이로 보아 항상적인 것과 변화야말로 역의 근본이다.

제3 체용(第三 體用)

常者 易之體 變者 易之用 古今不易 易之體 隨時變易 易之用 無思無爲 易之體 有感有應 易之用 知其用 則能極其體 全其體 則能利其用 聖人仰觀俯察 遠求近取 得其體也 君子進德修業 作事制器 因其用也 至於窮理盡性 樂天知命 修齊治平 紀綱法度 未有外乎易者也 全其易體 足以知常 利其易用 足以通變

---

3 『노자(老子)』25장에 나오는 내용이다.
4 『노자(老子)』25장에 나오는 내용이다.

항상적인 것은 역의 체(體)이고 변화는 역의 용(用)이며, 고금을 통해 바뀌지 않는 것은 역의 체이고 때에 따라 바뀌는 것은 역의 용이다. 또 생각하는 것이 없고 하는 것이 없는 것은 역의 체이고, 느끼는 바가 있고 때에 따라 응하는 바가 있는 것은 역의 용이다. 그 용을 알면 그 체를 다할 수 있고, 그 체를 온전히 하면 그 용을 이롭게 할 수 있다. 성인이 우러러 살피고 굽어 살피며 먼 데서도 구하고 가까운 데서도 취한 것[仰觀俯察 遠求近取][5]은 그 체를 얻은 것이고, 군자가 덕업(德業)을 닦아나가며 일을 처리하고 도구를 만드는 것은 그 용에 따른 것이다. 그러므로 이치를 궁구하고 본성을 다하는 것과 천명(天命)을 알아 즐기는 것과 수신(修身), 제가(齊家), 치국(治國), 평천하(平天下)하는 것과 각종 기강(紀綱)과 법도(法度)에 이르기까지 역을 벗어난 것이 없다. 역의 체를 온전히 하면 항상적인 것을 충분히 알 수 있을 것이고, 역의 용을 잘 사용한다면 변화를 충분히 통달할 수 있을 것이다.

제4 동정(第四 動靜)

剛柔推蕩 易之動靜 陰陽升降 氣之動靜 奇偶交重 卦之動靜 氣形
消息 物之動靜 晝夜興寢 身之動靜 至於身之進退 心之起滅 世之
通塞 事之成敗 皆一動一靜互相倚伏也 觀其動靜 則萬事之變 萬物

---

5 『주역(周易)』, 「계사(繫辭)」하, 제2장에 나오는 내용이다.

之情 可見矣 靜時有存 動則有察 靜時有主 動則可斷 靜時有定 動

罔不吉 靜者動之基 動者靜之機 動靜不失其常 其道光明矣

강유(剛柔)가 서로 미루어 나가는 것은 역의 동정이고, 음양(陰陽)이 오르내리는 것은 기(氣)의 동정(動靜)이며, 기수와 우수가 번갈아 겹치는 것은 괘(卦)의 동정이고, 기형(氣形)이 불어났다가 줄어드는 것은 만물[物]의 동정이며, 낮에는 일어나고 밤에는 잠자는 것은 우리 몸의 동정이다. 몸이 나아가고 물러나는 것과 마음의 작용이 일어나고 사라지는 것과 세상이 통하고 막히는 것과 일이 성공하고 실패하는 것들에 있어서도 모두 일동(一動) 일정(一靜)이 서로 꼬리를 물고 일어난다. 그러므로 그 동정을 관찰해보면 만사의 변화와 만물의 실정을 알아낼 수 있다. 정(靜)할 때 보존해야 동(動)할 때 살필 수 있고, 정할 때 중심이 있어야 동할 때 판단할 수 있으며 정할 때 안정되어야 동할 때 길하지 않은 일이 없다. 정은 동의 기반이고 동은 정의 기틀이니, 동정이 그 항상적인 것을 상실하지 않을 때 그 도(道)가 광명(光明)한 법이다.

제5 굴신(第五 屈伸)

暑往寒來 歲之屈伸 日往月來 氣之屈伸 古往今來 世之屈伸 至於

有無相生 難易相成 長短相形 高下相傾 皆屈伸之理也 知屈伸相感

之道 則能盡天下無窮之利也

더위와 추위가 오가는 것은 한 해의 굴신(屈伸)이고, 해와 달이 오가는 것은 기운의 굴신이며, 고금이 오가는 것은 세상의 굴신이다. 그리고 유무(有無)가 서로 생성해주고, 난이(難易)가 서로 이루어주며, 장단(長短)이 서로 드러내 주고, 고하(高下)가 서로를 향해 기울어지는 것[6]들도 모두 굴신의 이치이다. 굴신을 하면서 서로 감응하는 도리를 알면 천하의 무궁한 이익을 다 획득할 수 있다.

제6 소식(第六 消息)

息者 消之始 消者 息之終 息者 氣之聚 消者 形之散 生育長養 謂之息 歸根復命 謂之消 元而亨 易之息也 利而貞 易之消也 春而夏 歲之息 也 秋而冬 歲之消也 嬰而壯 身之息也 老而終 身之消也 無而有 物之 息也 有而無 物之消也 息者 生之徒 消者 死之徒 自二氣肇分以來 未 有消而不息之理 亦未有息而不消之物 通而知之者 燭理至明者也

식(息: 불어남)이란 소(消: 사라짐)의 시작이며 소는 식의 마침이다. 식은 기(氣)가 모인 것이고, 소는 형(形)이 흩어진 것이다. 생겨나 자라나는 것[生育長養][7]을 식이라 하고, 근본으로 돌아가 명(命)에 복귀하는 것[歸根復命][8]을 소라 한다. 원(元)에서 형(亨)으로 전개되어 가는 것은 역(易)의 식이고, 이(利)에서 정(貞)으로 수렴되어 가

---

6 『노자(老子)』 2장에 나오는 내용이다.
7 『노자(老子)』 10장에 나오는 내용이다.
8 『노자(老子)』 16장에 나오는 내용이다.

는 것은 역(易)의 소이다. 봄에서 여름으로 변해가는 것은 한해의 식이고, 가을에서 겨울로 변해가는 것은 한해의 소이다. 어린 몸이 장성한 몸으로 변해가는 것은 몸의 식이고, 늙어서 죽음에 이르는 것은 몸의 소이다. 무(無)에서 유(有)로 변해가는 것은 물(物)의 식이고, 유에서 무로 변해가는 것은 물의 소이다. 식은 생명의 무리[生之徒][9]이고, 소는 죽음의 무리이다. 두 기운이 처음 갈라진 이후로 소(消)하기만 하고 식(息)하지 않는 이치는 없으며, 또한 식(息)하기만 하고 소(消)하지 않는 사물도 없다. 이를 통달하여 아는 자야말로 이치를 매우 분명히 아는 자인 것이다.

제7 신기(第七 神機)

存乎中者 神也 發而中者 機也 寂然不動 神也 感而遂通 機也 隱顯
莫測 神也 應用無方 機也 蘊之一身 神也 推之萬物 機也 吉凶先兆
神也 變動不居 機也 備四德自强不息者 存乎神者也 貫三才應用無
盡者 運其機者也

중(中＝未發의 中)에 보존된 것은 신(神)이고, 드러나서 상황에 적중한 것(中＝時中의 中)은 기(機)이며, 고요하여 움직이지 않는 것은 신(神)이고, 느껴서 통하는 것은 기(機)이다. 숨기도 하고 드러나기도 하여 헤아릴 수 없는 것이 신(神)이고, 응용(應用)해 나갈 적에 일

---

9 『노자(老子)』 50장에 나오는 내용이다.

정한 방소가 없는 것이 기(機)이다. 한 몸에 온축되어 있는 것은 신(神)이고, 미루어 만물로 나가는 것은 기(機)이다. 길흉의 조짐을 미리 아는 것은 신(神)이고, 변동하여 머무르지 않는 것이 기(機)이다. 사덕(四德)을 갖추어 자강불식(自强不息)하는 것은 신(神)이 보존되어 있기 때문이고, 삼재(三才: 天地人)를 통관하여 응용이 다함이 없는 것은 그 기(機)를 운용하기 때문이다.

제8 지행(第八 智行)

智者 深知其理也 行者 力行其道也 深知其理 不見而知 力行其道
不爲而成 不出戶知天下 不窺牖見天道 深知也 自强不息無往不適
力行也 知亂於未亂 知危於未危 知亡於未亡 知禍於未禍 深知也
存於身而不爲身累 行於心而不爲心役 行於世而不爲世移 行於事
而不爲事礙 力行也 深知其理者 可以變亂爲治 變危爲安 變亡爲存
變禍爲福 力行其道者 可以致身於壽域 致心於玄境 致世於太平 致
事於大成 非大智大行者 其孰能及此

지(智)는 그 이치(理)를 깊이 아는 것이며, 행(行)은 그 도(道)를 힘써 행하는 것이다. 그 이치를 깊이 알면 보지 않아도 알게 되고, 그 도(道)를 힘써 행하면 의도적으로 하지 않아도 이루어진다. 문밖을 나가지 않아도 천하를 알 수 있고, 창문을 엿보지 않아도 천도(天道)를 볼 수 있는 것은 깊이 알기 때문이고, 자강불식(自强不息)하여 어디로 가든 도달할 수 있는 것은 힘써 행하기 때문이다.

아직 어지럽지 않을 때 미리 어지러울 것을 알고, 아직 위태롭지 않을 때 미리 위태로울 것을 알며, 아직 망하지 않았을 때 미리 망할 것을 알고, 아직 재앙이 닥치지 않았을 때 미리 재앙을 알아차리는 것은 깊이 알기 때문이다.

몸에 지니고 있어도 몸에 누(累)가 되지 않고, 마음에 행해도 마음에 노력이 되지 않으며, 세상에 시행해도 세상에 따라 변하지 않고, 일에 시행해도 일의 장애가 되지 않는 것은 힘써 행하기 때문이다.

그 이치를 깊이 아는 자는 어지러움을 다스림으로 변화시킬 수 있고, 위기를 안전한 상태로 변화시킬 수 있으며, 망해가는 것을 보전되는 상태로 변화시킬 수 있고, 재앙을 복으로 변화시킬 수 있다.

그 도(道)를 힘써 행하는 자는 육신을 장수하게 할 수 있고, 마음을 현묘한 경지에 이르게 할 수 있으며, 세상을 태평하게 할 수 있고, 일을 크게 성취할 수 있다. 그러니 큰 지혜와 큰 행실이 있는 자가 아니면 그 누가 이러한 경지에 도달할 수 있겠는가?

제9 명시(第九 明時)

通變 莫若識時 識時 莫若明理 明理 莫若虛靜 虛則明 靜則淸 淸明
在躬 天理昭明 天之變化 觀易可見 世之時勢 觀象可驗 物之情僞
觀形可辨 麗於形者 不能無偶 施於色者 不能無辨 天將陰雨 氣必
先蒸 山將崩裂 下必先隳 人將利害 貌必先變 譬如巢知風 穴知雨
蟄蟲應候 葉落知秋 又如商人置雉尾於舟車之上 以候陰晴 天常晴

則尾直堅 天將雨則尾下垂 無情之物尚爾 而況人乎 今人不識時變
者 燭理未明也

변화에 통달하려면 무엇보다 때를 알아야 하고, 때를 알려면 무
엇보다 이치에 통달해야 하고, 이치를 잘 알려면 무엇보다 텅 비고
[虛] 고요[靜]해야 한다. 텅 비면 밝아지고 고요하면 맑아지니, 맑고
[淸] 밝음[明]이 내 몸에 있으면 천리가 밝아진다.

자연의 변화는 역(易)을 보면 알 수 있고, 세상의 시세는 상(象)을
보면 체험할 수 있으며, 사물의 진위는 형(形)을 보면 분변할 수 있
다. 형에 관계되는 것은 짝[偶]이 없을 수 없고, 색으로 나타나는 것
은 분별이 없을 수 없다. 하늘에서 비가 내리려고 할 때는 반드시
기(氣)가 먼저 피어오르고, 산이 무너지려고 할 때는 반드시 아래가
먼저 붕괴되며, 사람이 이해(利害)가 다가올 때는 반드시 안색이 먼
저 변한다.

비유하자면 새가 바람이 불 것을 미리 알고, 개미가 비가 올 것
을 미리 알고, 동면하는 벌레가 계절에 따라 움직이고, 떨어지는 나
뭇잎은 가을을 아는 것과 같다. 또 예를 들면 장사꾼이 꿩의 꼬리
를 배나 수레의 위에 두고서 날씨가 흐릴지 맑을지 살피는데, 날씨
가 맑을 때는 꼬리가 곧게 서다가 날씨가 비가 오려고 할 때는 꼬리
가 아래로 처진다. 마음이 없는 사물도 이러한데 더구나 사람이야
말할 것이 있겠는가? 요즘 사람들이 때의 변화를 알지 못하는 것은
이치를 분명히 밝히지 못해서이다.

제10 정기(第十 正己)

進德修業 莫若正己 己一正則無所不正 一切形名 非正不立 一切事
故 非正不成 日用平常 設施酬酢 未有不始於己者 一切事事理理頭
頭物物 亦未有不自己出者 是故進修之要 必以正己爲立基 正己接
人 人亦歸正 正己處事 事亦歸正 正己應物 物亦歸正 惟天下之一
正 爲能通天下之萬變 是知正己者 進修之大用也 入聖之階梯也

덕업(德業)을 닦으려면 무엇보다 먼저 나를 바르게 해야 하는데,
내가 일단 바르게 되면 어느 것이든 바르지 않은 것이 없다. 모든
꼴의 이름[形名]은 바르지 않으면 성립되지 않고 모든 일도 바르지
않으면 성립되지 않는다. 일상생활의 작위(作爲)와 수응(酬應)이 나
에게서 시작되지 않는 것이 없고, 모든 사사물물(事事物物) 역시 나
에게서 나오지 않는 것이 없다. 그러므로 덕업을 닦아나가는 요점
은 반드시 나를 바르게 하는 것을 바탕으로 삼아야 한다.

나를 바르게 하여 남을 대하면 남도 바르게 되고, 나를 바르게 하
여 일을 처리하면 일도 바르게 되고, 나를 바르게 하여 사물을 대하
면 사물 역시 바르게 된다. 오직 천하에 하나의 '바를 정(正)' 자(字)
만이 천하의 온갖 변화에 통달할 수 있으니, 이로 인해 나를 바르게
하는 것이 덕업을 닦아나가는 데 큰 쓰임이 되고 성인의 경지로 들
어가는 계제가 된다는 것을 알 수 있다.

제11 공부(第十一 工夫)

清心釋累 絶慮忘情 少私寡欲 見素抱樸 易道之工夫也 心淸累釋
足以盡理 慮絶情忘 足以盡性 私欲俱泯 足以造道 素樸純一 足以
知天

마음을 맑게 하여 얽매임[累]을 풀어내고, 생각을 끊어 정(情)을
잊으며, 사사로움을 없애서 욕심을 적게 하고, 소탈함을 보아서 소
박함을 품는 것이 역의 이치[易道]를 공부하는 방법이다. 마음이 맑
아 얽매임이 풀리면 이치를 다할 수 있고, 생각이 끊어져 정이 잊
히면 성(性)을 다할 수 있으며, 사욕(私慾)이 모두 사라지면 도(道)로
나아갈 수 있으며, 진실로 소박하다면 하늘을 알 수 있다.

제12 감응(第十二 感應)

寂然而通 無爲而成 不見而知 易道之感應也 寂然而通 無所不通 無
爲而成 無所不成 不見而知 無所不知 動而感通 不足謂之通 爲而後
成 不足謂之成 見而後知 不足謂之知 此三者 其於感應之道也遠矣
誠能爲之於未有 感之於未動 見之於未萌 三者相須而進 無所感而
不通也 無所事而不應也 無所住而非利也 盡此道者 其惟顔子乎

고요히 통하고, 무위(無爲)로써 이루고, 보지 않고도 아는 것이 역
의 이치[易道]가 감응한 것이다. 고요히 통하면 통하지 않는 것이
없고, 무위로써 이루면 이루지 못하는 것이 없고, 보지 않고도 알면

알지 못할 것이 없다.

동(動)하여 느끼어 통하면 도(道)라 하기에 부족하고, 인위적으로 행한 후에 이루면 이룬다고 하기에 충분치 못하며, 보고 난 이후에 안다면 지(知)라 하기에 부족하다. 이 세 가지는 그 감응하는 도(道)와는 거리가 멀다. 진실로 아직 있지 않을 때에 할 수 있고, 아직 움직이지 않았을 때 느끼고, 아직 싹트지 않았을 때 보아서, 세 가지가 서로 의지하여 나아간다면 느껴 통하지 않는 바가 없고, 일마다 응하지 않는 것이 없으며, 가는 데마다 이롭지 않음이 없을 것이다. 이 도(道)를 다한 이는 오직 안자(顏子)[10]뿐일 것이다.

제13 삼역(第十三 三易)

三易者 一曰天易 二曰聖易 三曰心易 天易者 易之理也 聖易者 易之象也 心易者 易之道也 觀聖易 貴在明象 象明則入聖 觀天易 貴在窮理 理窮則知天 觀心易 貴在行道 道行則盡心 不讀聖人之易則不明天易 不明天易則不知心易 不知心易則不足以通變 是知易者通變之書也

세 가지 역(易)이라는 것은 첫째는 천역(天易)이고, 둘째는 성역(聖易)이며, 셋째는 심역(心易)이다. 천역이란 것은 역의 이(理)이고, 성역이란 것은 역의 상(象)이고, 심역이란 것은 역의 도(道)이다. 성역

---

10 공자의 제자 안회(顏回)이다. 학덕과 재질이 뛰어나 공자가 사랑한 제자이다.

을 보는 데는 상을 밝히는 것이 가장 중요하니, 상에 밝아지면 성인의 경지에 들어갈 수 있다.

천역을 보는 데는 이치를 궁구하는 것이 가장 중요하니, 이치를 다 궁구하면 하늘을 알 수 있다. 심역을 보는 데는 도를 실행하는 것이 가장 중요하니, 도가 행해지면 마음을 다하게 된다. 따라서 성인의 역을 읽지 않으면 천역을 알 수 없고, 천역에 밝지 못하면 심역을 알 수 없고, 심역을 알지 못하면 변화에 통달할 수 없으니, 이로 인해 역이란 변화에 통달하는 책이라는 것을 알 수 있다.

제14 해혹(第十四 解惑)

氣之消長 時之升降 運之否泰 世之通塞 天易也 卦之吉凶 爻之得失
辭之險易 象之貞晦 聖易也 命之窮達 身之進退 世之成敗 位之安危
心易也 深造天易則知時勢 深造聖易則知變化 深造心易則知性命
以心易會聖易 以聖易擬天易 以天易參心易 一以貫之 是名至士

기운의 소멸과 자람[消息]과 때의 오르고 내림[升降]과 운수의 막힘과 트임[否泰]과와 세상의 통하고 막힘[通塞]은 천역이고, 괘(卦)에서 드러난 길흉(吉凶)과 효(爻)의 자리가 제자리를 얻음과 잃음[得失]과 괘사와 효사(辭)의 길흉판단이 험하고 쉬움[險易]과와 상(象)에서 드러난 상괘와 하괘의 구성[貞晦]은 성역이며, 명(命)의 궁달(窮達)과 몸의 진퇴(進退)와 세상에서의 성패(成敗)와 지위의 안위(安危)는 심역이다.

천역으로 깊이 연구해 나아가면 시세를 알 수 있고, 성역으로 깊이 연구해 나아가면 변화를 알 수 있고, 심역으로 깊이 연구해 나아가면 성명(性命)을 알 수 있다. 심역을 통해 성역을 이해하고 성역으로 천역을 본뜨고 천역으로 심역에 참여하여 하나로 관통하면 이를 도에 이른 선비[至士]라고 한다.

제15 석의(第十五 釋疑)

變動有時 安危在己 禍福得喪 皆自己始 是故通變者 趨時者也 趨時者 危亦安 通變者 亂亦治 不失其所守者 困亦亨 不謹其所行者 豊亦昧 晦其明者 處明夷而無傷 恃其有者 居大有而必害 至遠而可應者 其志同也 至近而無與者 其意乖也 至弱而能勝者 得其輔也 至剛而無過者 有其道也 益之用凶事 濟難也 暌之見惡人 免怨也 不恒[11]其德者 無所容 不有其躬者 無所利 獨立自恃者 無功 恐懼修省者 獲福 益於人者 人益之 利於人者 人利之 信於人者 人信之 惠於人者 人惠之 畏凶者 無凶 畏吝者 無吝 畏禍者 福必至 忽福者 禍必至 予所謂安危在己 復何疑哉

변동에는 때가 있고 안위는 나에게 달려 있으니, 화복과 득실이 모두 자기에게서 비롯된다. 이런 까닭으로 변화에 통달한 자는 때를 따르는 것이다. 때를 따르는 자는 위태할 때에도 편안하고, 변화

---

11 저본에는 '파(怕)'로 되어 있으나 문맥상 오자임이 분명하여 '항(恒)'으로 고쳤다.

에 통달한 자는 혼란할 때에도 다스릴 수 있다.

그 지키는 바를 잃지 않는 자는 곤궁할 때에도 형통하고, 그 행하는 바를 삼가지 않는 자는 풍성한 때(豊)[12]에도 어둡다. 그 밝음을 감추는 자는 명이(明夷)의 때[13]를 당해서도 손상되지 않고, 그 있는 것을 뽐내는 자는 대유(大有)의 때[14]에 처했더라도 반드시 해를 입게 된다. 아무리 멀리 있더라도 응할 수 있는 것은 그 뜻이 같기 때문이고, 아무리 가까이 있어도 함께 할 수 없는 것은 그 뜻이 틀리기 때문이다. 매우 약해도 이길 수 있는 것은 보필을 얻었기 때문이고, 매우 강해도 허물이 없는 것은 도리가 있기 때문이다. 익괘(益卦)에서 흉사를 쓰는 것은 어려움을 구원함이고,[15] 규괘(睽卦)에서 악인을 만남은 원망을 면하는 것이다.[16]

그 덕을 일정하게 유지하지 못하는 자는 용납되지 못하고,[17] 제 몸을 간수하지 못하는 자는 이로울 바가 없다.[18] 홀로 서서 뻐기는 자는 공로가 없고, 두려워하며 몸을 닦는 자는 복을 얻는다. 남에

---

12 『주역』, 풍괘(豊卦) 대상사(大象辭)에 나오는 내용이다.
13 『주역』, 명이괘(明夷卦), 단왈(彖曰)에 나오는 내용이다.
14 『주역』, 대유괘(大有卦)의 괘사는 '원형(元亨)'으로 크게 선(善)하여 형통하는 뜻을 지녔다.
15 『주역』, 익괘(益卦) 육이(六三) 효사인 "益之用凶事, 無咎."에서 가져온 말이다.
16 『주역』, 규괘(睽卦) 초구(初九) 효사 "悔亡. 喪馬, 勿逐自復, 見惡人, 無咎. 象曰, "見惡人", 以辟咎也."에서 가져온 말이다.
17 『주역』, 항괘(恒卦) 구삼(九三) 효사인 "不恒其德, 或承之羞, 貞吝. 象曰, "不恒其德", 無所容也."에서 가져온 말이다.
18 『주역』, 몽괘(蒙卦) 육삼(六三) 효사인 "勿用取女, 見金夫, 不有躬, 無攸利."에서 가져온 말이다.

게 보태주는 자는 남도 보태주고, 남에게 이롭게 해주는 자는 남도 이롭게 해주고, 남에게 믿음을 주는 자는 남도 믿게 해주며, 남에게 은혜를 입히는 자는 남도 은혜를 준다. 흉한 일을 두려워하는 자는 흉한 일이 없고, 허물을 두려워하는 자는 허물이 없다. 화를 두려워하는 자는 복이 반드시 이르고, 복을 소홀히 하는 자는 화가 반드시 이른다. 내가 이른바 안위는 자신에게 있다고 한 말을 어찌 다시 의심할 것이 있겠는가?

제16 성공(第十六 聖功)

聖人所以爲聖者 用易而已矣 用易所以成功者 虛靜而已矣 虛則無所不容 靜則無所不察 虛則能受物 靜則能應事 虛靜久久則靈明 虛者 天之象也 靜者 地之象也 自強不息 天之虛也 厚德載物 地之靜也 空闊無涯 天之虛也 方廣無際 地之靜也 天地之道 惟虛惟靜 虛靜在己 則是天地在己也 道經云 人能常清靜 天地悉皆歸 其斯之謂歟 淸卽虛也 虛靜也者 其神德聖功乎

성인이 성스러운 까닭은 단지 역을 사용하는 데에 있고, 역을 사용하여 성공하는 까닭은 단지 허정(虛靜)에 있을 뿐이다. 허(虛)하면 포용하지 않은 바가 없고 정(靜)하면 살피지 않은 바가 없으며, 허하면 사물을 받아들일 수 있고 정하면 사물에 수응할 수 있다. 이렇게 허정을 오래 유지하면 영(靈)이 밝아지니, 허는 하늘의 상이고 정은 땅의 상이다. 스스로 굳건하여 쉬지 않는 것은 하늘의 허이고,

두터운 덕으로 만물을 싣는 것은 땅의 정이며, 텅 비고 무한하여 끝이 없는 것은 하늘의 허(虛)이고, 사방으로 광활하여 끝이 없는 것은 땅의 정(靜)이다.

천지의 도는 오직 허하고 오직 정한 것이니, 허정이 나에게 있으면 이는 천지가 나에게 있는 것이다. 『도경(道經)』에서 말하기를 "사람이 항상 청정하면 천지가 모두 돌아온다."[19]고 하였는데, 이것을 두고 말하는 것이 아니겠는가. 청(淸)은 곧 허이니 허정이란 것은 그 신령한 덕이자 성인의 공효라고 하겠다.

---

19 『태상노군설상청정경(太上老君说常清静经)』에 나온다.

中和集

제2권

都梁淸庵瑩蟾子李道純元素撰,
門弟子損庵寶蟾子蔡志頤編

도량(都梁) 청암(淸菴) 영섬자(瑩蟾子)
이도순(李道純) 원소(元素)가 찬(撰)하
고, 문인 손암(損菴) 보섬자(寶蟾子) 채
지이(蔡志頤)가 펴내다.

1. 금단묘결(金丹妙訣)

금단도상설(金丹圖象說)

左四圖法象顯明至道玄玄之旨

아래 네 개의 그림은 천지를 본뜬 것으로 지극한 도의 오묘하고
오묘한 뜻을 드러내 밝힌 것이다.

솥을 안치함[安爐]

撑天柱地太模糊　하늘과 땅을 떠받치는
　　　　　　　　모양이 너무나 소략한
誰爲安名號玉爐.　그 누가 옥로라고
　　　　　　　　이름을 붙였는가.
曾向此中經煅鍊　일찍이 이를 통해
　　　　　　　　단련해 나가니
出無入有盡由渠.　무에서 나와 유로 들어가는 것이
　　　　　　　　모두 이것에 말미암네.

솥을 세움[立鼎]

不無不有不當中　무도 아니고 유도 아니며
　　　　　　　　　중도 아닌데다가

外面虛無裏面空.　외면은 아무것도 없고
　　　　　　　　　내면도 텅 비어있네.

決烈丈夫掀倒看　결연한 장부가 눈을 휘둥그레 뜨고 보니

元來那簡本來紅　원래부터 그것은 그렇게 붉었다네.

단을 완성함[還丹]

威音那畔本來明　위음 부처님[1]의 경지는
　　　　　　　　　원래부터 밝았으니

昧了皆因著幻形.　어두워진 건
　　　　　　　　　육신에 집착했기 때문이지.

若向丹中拈得出　만약 단 속에서 끄집어냈을 경우에는

圓陀陀地至虛靈.　둥그런 구슬처럼 지극히 텅 비고 영험하네.

근본으로 되돌아감[返本]

道本無爲法自然　도는 무위해 저절로 그러함을 본받으니

聖人立象假名圈.　성인이 상을 세울 때 이름과 그림을 빌렸지.

1　위엄왕불(威音王佛)이라고도 한다. 최초의 부처를 말한다. 『법화경(法華經)·상
불경보살품(常不輕菩薩品)』에는 무량의 억겁 이전에 부처가 있으니, 그 이름이 위
음왕여래(威音王如來)라고 한다고 적고 있다.

平常日用全彰露　평소의 일상에서
　　　　　　　전체가 다 드러나니
打破方知象帝先.　타파해야만 상제보다
　　　　　　　앞섬을[2] 깨달아 알겠네.

返本

이약도결(二藥圖訣) : 두 가지 약에 대한 그림과 비결

取出☵中畫　감괘☵의 가운데 효를 취하여
補☲還復乾.　리괘☲에 보완하여 건괘☰로 돌아가도다.[3]
純陽命本固　순양의 명은 본래 견고하니
無礙性珠圓,　구슬처럼 둥근 본성에 장애가 없네.
受觸全天理　외물에 감촉돼도 천리를 온전히 유지하니
離塵合上禪.　속세를 떠난 상선과 합치하도다.
採鉛知下手　연(鉛)을 어디에서 채취할지 아니
三疊舞胎仙.　삼중의 태선[4]이 춤추네.

2　"상제보다 앞섬"은 『도덕경(道德經)』 4장에 나오는 내용이다.
3　도교 내단 수련에서는 취감전리(取坎塡离)라고 부른다. 후천의 감괘와 리괘는
　선천의 건괘와 곤괘의 중효인 양효와 음효가 서로 자리를 바꾸어 형성된 것으로,
　수련을 통해 선천의 건괘와 곤괘를 회복하는 것을 말한다. 내단에서는 감괘의 중
　효인 양효를 영아(嬰兒)로 리괘의 중효인 음효를 차녀(姹女)로 보고, 영아는 신장
　에 차녀는 심장에 있다고 본다. 수련을 통해 심장과 신장을 교구하여 신장의 기
　를 상승시켜 환정보뇌(還精補腦)하는 것을 취감전리라고 부른다.
4　『황정경(黃庭经)』에 나오는 말로, 태(胎) 속의 신령한 신(神)을 의미한다.

口訣

譬喻

火候圖

十一　初一　子　玄宮　　　復　初九
十二　初三　丑　進　　　　臨　九二
正　　初六　寅　徐進　　　泰　九三
二　　初八　卯　沐銀河　　壯　九四
三　　十一　辰　遇玉關　　夬　九五
四　　十四　巳　止　　　　乾　上九
望
五　退十六　午　嵩山　　　姤　初六
六　　十八　未　退　　　　遯　六二
七　　二十　申　徐退　　　否　六三
八　二十三　酉　浴絳宮　　觀　六四
九　二十六　戌　守中　　　剝　六五
十　二十八　亥　戰　　　　坤　上六

금단의 내약외약도설(金丹內外二藥圖說)

外藥可以治病　외약은 병을 다스릴 수 있어

可以長生久視　오래도록 죽지 않고 살 수 있고

內藥可以超越　내약은 초월할 수 있어

可以出有入無　유에서 나와 무로 들어갈 수 있다네.

大凡學道 必先從外藥起 然後自知內藥 高上之士 夙植德本 生而知
之 故不鍊外藥 便鍊內藥

　대개 도를 배울 때 반드시 먼저 외약을 따라 시작해야만 저절로
내약을 알 수 있다. 그러나 뛰어난 선비는 일찍이 덕의 근본을 세웠
으므로 태어나면서부터 안다. 그러므로 외약을 단련하지 않고 곧바
로 내약을 단련하는 것이다.

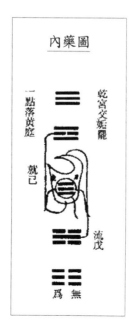 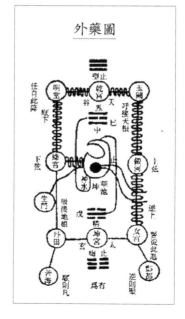

內藥無爲無不爲	내약은 함[爲]이 없지만 하지 않음이 없고
外藥有爲有以爲	외약은 함이 있고 의도적으로 하는 것이다
內藥無形無質而實有	내약은 형도 없고 질도 없지만
	실지로 있으며
外藥有體有用而實無	외약은 체도 있고 용도 있지만
	실지로는 없다
外藥色身上事	외약은 색신 측면의 일이고
內藥法身上事	내약은 법신 측면의 일이다
外藥地仙之道	외약은 지선[5]의 도이고
內藥水仙之道	내약은 수선[6]의 도이다

외약과 내약은 천선의 도를 온전히 갖춤(二藥全天仙之道)

外藥了命, 內藥了性

외약은 명을 이루고 내약은 성을 이룬다.

---

5 신통력이 없는 신선으로, 명산에 노니는 신선을 말한다. 도교의 신선 계보에서 지선은 중등 수준의 신선으로 신선의 재질은 갖추었지만 신통력이 없으며, 장생 불사하는 신선이다.

6 사마승정(唐司馬承順)의 『천은자(天隱子)』에서 "인간 세상에 있으면 인선(人仙)이고, 하늘에 있으면 천선(天仙)이며, 땅에 있으면 지선(地仙)이고 물에 있으면 수선(水仙)이라고 한다."라고 하였다.

외약과 내약은 형신의 오묘를 온전히 갖춤(二藥全形神俱妙)

외약(外藥)

○ 初關[鍊精化氣] 先要識天癸 生時急採之

초관(初關) [정(精)을 단련하여 기(氣)로 변화시킨다.]: 먼저 천계(天癸)[7]를 알아 천계가 생겨나는 때 급하게 채취한다.

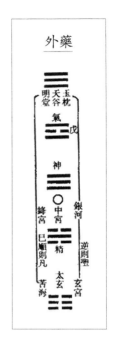

○ 中關[鍊氣化神] 調和眞息 周流六虛 自太玄關逆流 至天穀穴交合然後 下降黃房 入中宮 乾坤交姤罷 一點落黃庭

중관(中關) [기를 단련하여 신(神)으로 변화시킨다.]: 참된 호흡을 조화롭게 하여 육허(六虛)[8]에 두루 흐르게 하되, 태현관(太玄關)[9]으로부터 거슬러 올라가 천곡혈(天穀穴)[10]에 이르러 교합한 연후에 황방(黃房)[11]에 하강하여 중궁(中宮)[12]으로 들어가 건곤이 교구(交姤)하여 그

---

7 선천의 기를 의미한다. 감괘의 중효(☵)를 말한다. 이는 수중금(水中金)이라고도 표현하는데, 정속에 들어있는 기를 상징한다.

8 전후좌우, 상하를 말한다.

9 미려혈(尾閭穴)을 말한다.

10 니환궁(泥丸宮)을 말한다.

11 정로(鼎爐)의 다른 이름이다.

12 중단전을 말한다.

치면 일점(一點)이 황정(黃庭)[13]에 떨어진다.

○ 上關 [鍊神還虛] 以心鍊念 謂之七返 情來歸性 謂之九還

상관(上關)[신(神)을 단련하여 허(虛)로 되돌린다.]: 마음으로 생각을 단련하는 것을 칠반(七返)[14]이라 하고, 정(情)이 성(性)으로 돌아가는 것을 구환(九還)[15]이라 한다.

내약(內藥)

內藥乃鍊神之要 形神俱妙 與道合眞

내약은 신(神)을 단련하는 요체이니, 형(形)과 신이 모두 오묘하여 도와 더불어 참됨에 합치한다.

內藥 先天一點 眞陽是也 譬如乾卦☰中一畫 交坤成☵坎水是也 中

---

13 황정(黃庭)이라는 말은 동한(東漢) 후기에 나타나기 시작하는데, '황(黃)'은 중앙의 색이고, '정(庭)'은 사방의 가운데라는 의미이다. 이를 외부의 공간적인 의미로 사용하면 천중(天中), 인중(人中), 지중(地中)으로 쓰이고, 내부적인 의미로는 흉중(胸中), 심중(心中), 비중(脾中)으로 쓰인다.

14 칠반은 『주역참동계』의 "九還七返, 八歸六居" 구절에서 나온 말이다. 내단 수련 과정에서 중요한 단계이다. 『도추(道樞)』에는 "구정의 안에 칠반과 팔변, 구환의 도가 있다"고 하였는데, '반(返)'이란 전도되어 합하는 것을 말한다.

15 구환(九還)은 그 근원으로 돌아가는 것이다. 금액환단(金液還丹)이 처음에는 미려혈(尾閭穴)에서 위로 협척(夾脊)의 쌍관(雙關)을 타고 올라 니환궁(泥丸宮)에 도달하면 다시 아래로 상악(上顎)을 뚫고 입속으로 내려 들어가는데 이렇게 돌리기를 연(鉛)은 칠반(七返)하고 홍(汞)은 구환(九還)하면 바야흐로 대약(大藥)을 이루니 모양이 마치 붉은 귤(朱橘)과 같으니 이것을 '구전금액대환단'(九轉金液大還丹)이라 한다.

一畫本是乾金 異名水中金 總名至精也 至精固
而復祖炁 祖炁者 乃先天虛無眞一之元炁 非呼
吸之氣 如乾卦☰中一畫 交坤成坎了 卻交坤中
一陰 入於乾而成離☲ 離中一陰 本是坤土 故異
名曰砂中汞是也

내약은 선천(先天)의 한 점(點)이니, 진양(眞陽)
이 그것이다. 비유하자면 건괘(乾卦,☰)의 가운데
한 획이 곤괘(坤卦)와 사귀어 감(坎, ☵)의 수(水)
를 이루는 것이 바로 그것이다. 감괘 중효는 본래
건금(乾金)인데, 다른 이름으로는 수중금(水中金)
이라 하고 총괄하여 지정(至精)이라고 하니, 지정
이 견고해야만 조기(祖炁)[16]를 회복할 수 있다. 조기라는 것은 선천
허무진일(先天虛無眞一)의 원기(元氣)이지, 호흡의 기가 아니다. 예를
들면 건괘 가운데 획이 곤괘와 사귀어 감괘를 이루고 나서, 도리어
곤괘 가운데 일음과 사귀어 건괘에 들어가서 이괘(離卦, ☲)를 이루
니, 이괘 중효의 일음(一陰)은 본래 곤괘의 토(土)이다. 그러므로 다
른 이름으로 '사중홍(砂中汞)'[17]이라고 한 것이 그것이다.

---

16 도교에서 인체에 있는 세 가지 보물을 정(精), 기(氣), 신(神)이라고 한다. 또한
정기신을 선천의 정기신과 후천의 정기신으로 구분한다. 선천의 정기신은 태어
나기 전의 어머니 자궁 속에 있을 때의 생명의 원천이고, 후천의 정기신은 호흡
과 음식으로 생성되는 것이다. 이 중에 선천의 정을 지정(至精), 기를 조기(祖氣),
신을 원신(元神)이라고 부른다.

17 성(性)을 의미한다.

道生一 一生二 二生三 三生萬物

虛化神 神化炁 炁化精 精化形

己上謂之順

도가 1을 낳고 1은 2를 낳고 2는 3을 낳고 3은 만물을 낳는다.[18]

허(虛)는 신(神)으로 화하고 신은 기(氣)로 화하고 기는 정(精)으로 화하고 정은 형(形)으로 화한다.

이상을 '순(順)'이라고 이른다.

萬物含三 三歸二 二歸一

煉乎至精 精化炁 炁化神

己上謂之逆 [丹書謂順則成人 逆則成丹]

만물은 3을 포함하고 3은 2로 귀결하고 2는 1로 귀결한다.

지정(至精)을 단련하면 정은 기(炁)로 화하고 기는 신(神)으로 화한다.

이상을 '역(逆)'이라고 한다. [『단서(丹書)』에 이르기를 "순(順)하면 사람을 이루고 역(逆)하면 단(丹)을 이룬다."고 하였다.]

---

18 『도덕경(道德經)』 42장의 내용이다.

상약 삼품 정기신(上藥三品精氣神)

體則一 用則二 何謂體 本來三元之大事也 何謂用 內外兩作用是也

체(體)는 하나이고 용(用)은 둘이다. 무엇을 체라고 하는가? 본래 삼원(三元)¹⁹의 대사(大事)이다. 무엇을 용이라고 하는가? 내외(內外) 두 가지의 작용이 바로 그것이다.

내약(內藥)

先天至精 虛無空炁 不壞元神

선천의 지극한 정(精), 텅 비어 아무것도 없는 공활한 기(炁), 파괴되지 않는 원신(元神)이다.

외약(外藥)

交感精 呼吸氣 思慮神

사귀어 느끼는 정(精), 호흡하는 기(炁), 사려하는 신(神)이다.

此三段工夫 到了則一 若向這裏具雙眼 三敎之大事畢矣 其或未然 細參後事

이 세 단계의 공부는 끝나는 데 이르면 하나가 된다. 만약 이 속에서 남다른 식견을 갖추게 되면 유불도 삼교(三敎)의 대사(大事)가 마쳐진다. 그러나 혹간 그렇지 못하였을 경우에는 뒤의 일들을 세

---

19 삼원(三元)이란 정(精), 기(氣), 신(神)을 의미한다.

세하게 참고해야 한다.

1. 연정화기(鍊精化氣)

☵歸道乃水府求玄 丹書云 癸生須急採 望遠不堪嘗 所謂採者 不採
之採 謂之採也 苟實有所採 坎中一畫如何得升 精乃先天至靈之化
因動而有身 身中之至精 乃元陽也 採者 採此也

☵(감괘)가 도(道)에 귀결하는 것은, 곧 수부(水府)에서 현(玄)을

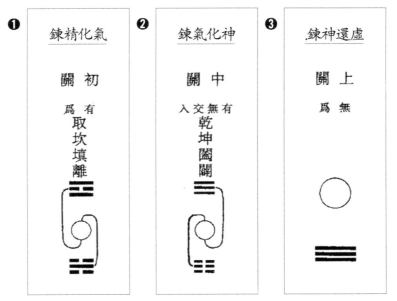

❶ 연정화기(鍊精化氣) _ 초관(初關)[유위(有爲)]: 감괘(坎卦) 가운데 진양(眞陽)을 취하여 이괘(離卦) 가운데 허음(虛陰)을 메운다.
❷ 연기화신(鍊氣化神) _ 중관(中關)[유무(有無)가 번갈이 들어감]: 건곤이 닫히고 열린다.
❸ 연신환허(鍊神還虛) _ 상관(上關)[무위(無爲)]

구하는 것²⁰이다. 『단서(丹書)』에 말하기를 "계(癸)가 생겨나면 모름지기 급하게 채집해야지 멀리 바라보기만 하면 맛볼 수 없다."²¹고 하였으니, 이른바 채집한다는 것은 채집하지 않는 채집을 일러 채집이라고 한다. 만약 진실로 채집하는 것이 있다면 감괘의 가운데 한 획이 어떻게 올라갈 수 있겠는가? 정(精)이란 곧 선천(先天)의 지극히 신령한 것이 변화한 것으로서, 동함에 따라 몸에 있게 된 것이다. 몸 가운데 지극한 정이 곧 원래의 양(陽)이니, 채집한다는 것은 이것을 채집한다는 것이다.

譬如☰乾乃先天至靈 始因一動交坤而成坎 卽至靈化元精之象也 坎爲水 坎中一畫 元乾金 假名水中金 金乃水之母 反居水中 故曰 母隱子胎也 採鉛消息 難形筆舌 達者觀雷在地中復 先王至日閉關 商旅不行 後不省方之語 思過半矣 餘存口訣

이를 비유하자면 ☰(건괘)은 곧 선천의 지극히 신령스러운 것인데, 처음에 한번 동하여 곤괘와 사귀면 감괘를 이루니, 바로 지극히 신령스러운 것이 원래의 정(精)으로 변화하는 상이다. 감괘는 수(水)이고 감괘 가운데 한 획은 원래 건금(乾金)인데, 가명으로 수중금(水中金)이라고 한다. 금은 수의 어미인데 도리어 수 가운데 위치

---

20 "수부(水府)에서 현을 구하는 것"을 『중화집』 4권에서 "정기신을 단련하여 삼화(三花, 정기신)로 하여금 솥에 모이게 하고 오기로 하여금 원기에 모여들게 하여 감괘 중효의 양(陽)을 간직한다는 것이다."라고 풀이한다.

21 『자양진인오진편주소紫陽真人悟真篇註疏』에 나온다.

하고 있기 때문에 어미가 자식의 태 속에 숨어있다고 말한다. 연
(鉛)을 채집하는 과정은 필설로 형용하기 어려우니, 통달한 자는
"우레가 땅 가운데 있는 것이 복(復)이니, 선왕이 이를 보고 동짓날
에 관문을 닫아 장사꾼과 여행자가 다니지 못하게 하였으며, 임금
은 사방을 시찰하지 않는다."[22]라는 말을 본다면 거의 이해가 될 것
이다. 나머지는 구결에 갖추어 놓았다.

2. 연기화신(鍊氣化神)

☲崇釋則離宮修定 丹書云 眞土制眞鉛 眞鉛制眞汞 鉛汞歸土釜 身
心寂不動 斯言盡矣 旣得眞鉛 則眞汞何慮乎 不凝煉烝之要 貴乎運
動 一闔一闢 一往一來 一升一降 無有停息 始者用意 後則自然 一
呼一吸 奪一年之造化 卽太上云 玄牝之門是爲天地根 綿綿若存 用
之不勤 正此義也 達者若於乾坤易之門 與夫姤之內上留意 錬氣之
要備矣

이괘(☲)는 석가모니를 숭상하니, 이궁에서 선정을 닦는다.[23]
『단서(丹書)』에 말하기를 "진토(眞土)[24]가 진연(眞鉛)[25]을 제압하고, 진

---

22 『주역』 '복괘(復卦)'의 상전(象傳)전에 나오는 내용이다.

23 리괘는 심장을 상징한다. 불교가 마음을 수련하는 것을 중심으로 교설을 펼치
기에 '리궁(마음)에서 선정을 닦는다'라고 표현한 것이다.

24 진토(眞土)란 진의(眞意)를 의미한다. 내단 수련 과정에서 연(鉛)과 홍(汞)을 연
결해내는 작용을 하는 것으로, 일종의 잠재의식이라고 한다.

25 진연(眞鉛)은 원정 혹은 원기를 가리키는데, 감괘 중효의 양을 의미한다.

연이 진홍(眞汞)[26]을 제압하면 진홍이 토부(土釜)[27]에 귀착하니, 심신이 고요하여 움직이지 않는다."[28]고 하였으니 이 말이 남김없이 설명한 것이다. 이미 진연을 얻었으면 진홍이 응결하지 않을까 걱정할 것이 뭐가 있겠는가. 기를 단련하는 요체는 운동을 귀하게 여기는데, 한번 열리면 한번 닫히고, 한번 가면 한번 오고, 한번 올라가면 한번 내려가는 등 멈추거나 그침이 없다. 처음에는 의도적으로 하다가 나중에는 저절로 그렇게 되는데, 한번 내쉬고 한번 들이마시면 1년의 조화를 빼앗는다. 이는 곧 태상노군(太上老君)[29]이 말한 '현빈(玄牝)[30]의 문이 천지의 뿌리가 되고, 면면히 이어져 써도 다하지 않는다.'[31]는 것이 바로 이 뜻이다. 통달한 자가 건곤(乾坤)을 역(易)의 문과 같이 보고 복괘(復卦)와 구괘(姤卦)의 안에 뜻을 둔다면 기를 단련하는 요체가 갖추어진다.

3. 연신환허(鍊神還虛)

☰工夫到此一箇字也用不著

건괘(☰) 공부가 여기에 이르면 한 글자도 덧붙여 설명할 것이 없다.

---

26 진홍(眞汞)은 원신을 가리키는데 리괘 중효의 음을 의미한다.

27 토부(土釜)는 단의 수련에서 성태(聖胎)를 기르는 곳이다. 내단이 아직 응결되기 이전에 단이 맺어지는 위치를 토부라고 한다.

28 『현교대공안(玄敎大公案)』에 나오는 내용이다.

29 노자를 말한다. 초기도교 교단인 천사도 이래 노자를 이렇게 지칭한다.

30 현빈(玄牝)은 중단전을 말한다.

31 『도덕경(道德經)』6장에 나오는 내용이다.

2. 삼오지남도국설(三五指南圖局說)

紫陽眞人悟眞篇詩云

자양진인(紫陽眞人)[1]이 쓴 『오진편(悟眞篇)』의 시에 다음과 같은 구절이 있다.

三五一都三箇字	삼(三) 오(五) 일(一) 도합 세 글자에 대해서는
古今明者實然希	고금에 밝은 자가 실로 드무네.
東三南二同成五	동삼(東三) 남이(南二)가 함께 오를 이루니
北一西方四共之	북일(北一)과 서사(西四)가 함께 하네.
戊己還從生數五	무기(戊己)[2]가 도리어 생수(生數) 오를 따르니
三家相見結嬰兒	삼가(三家)가 서로 만나 영아(嬰兒)[3]를 맺었네.

---

1 장백단(987~1082)을 말한다. 북송 때의 천태인. 자는 평숙, 호는 자양·자양선
   인. 내단파 남종의 개산조사이다.
2 일반적으로 단전을 가리킨다. 간혹 내단에서 진의(眞意)를 가리키기도 한다.
3 연양(燃養)하여 이루어지는 것으로, 단모(丹母), 진태(眞胎), 영아(嬰兒), 금단(金
   丹)이라고 한다.

嬰兒是一含眞氣　영아는 일함진기(一含眞氣)[4]이니

十月胎成入聖基　10개월에 태(胎)가 이루어져 성기(聖基)로

들어가네.

只此五十六字 貫徹諸子百家 丹經子書 若向這裏具隻眼 參學事畢
其或未然 向注脚下商量

단지 56글자이나 제자백가(諸子百家) 단경자서(丹經子書)를 꿰뚫었
으니, 만약 이에 대해 특별한 식견을 갖춘다면 스승을 찾아 배우는
[參學] 일을 마친 것이지만, 혹 그렇지 않다면 주(注)를 통해 헤아려
보라.

초(初)

三五一都三簡字 三元五行 一氣也 古今明者實然希 亘古亘今 知者
鮮矣 東三南二同成五 東三 木也 南二 火也 木生火 木乃火之母 兩
性一家 故曰同成五也 北一西方四共之 北一 水也 西四 金也 金生
水 金乃水之母 兩性一家 故曰共之 戊己還從生數五者 土之生數也
五居中 無偶 自是一家 所謂三家相見者 三元五行 混而爲一也 故
曰三家相見結嬰兒 所謂嬰兒者 亦是假名 純一之義也 故曰嬰兒是
一含眞氣也 十月胎成 入聖基者 三百日胎 二八兩藥 烹之鍊之 成

4　일함진기(一含眞氣)는 진기(眞氣) 또는 선천기(先天氣)를 의미한다.

之熟之超凡入聖之大功也 故曰入聖基也

"삼(三) 오(五) 일(一) 도합 세 글자는" 삼원(三元) 오행(五行) 일기(一氣)이다.

"고금에 밝은 자가 실로 드무네"라는 구절은 예부터 지금까지 아는 자가 드물었다는 것이다.

"동삼(東三) 남이(南二)가 함께 오(五)를 이루니"라는 구절에서 '동삼(東三)'은 목(木)[5]이며, '남이(南二)'는 화(火)[6]이다. 목(木)은 화(火)를 낳으니 목은 화의 어미이다. 두 개의 성질이 일가(一家)가 되는 까닭으로 '함께 오를 이룬다'고 한 것이다.

"북일(北一)과 서방(西方) 사(四)가 함께 하네"에서 '북일(北一)'은 수(水)[7]요, '서사(西四)'는 금(金)[8]이다. 금(金)은 수(水)를 낳으니 금(金)은 수(水)의 어미이다. 두 개의 성질이 일가(一家)가 되는 까닭으로 '함께 한다'고 말한 것이다.

"무기(戊己)가 도리어 생수(生數) 오(五)를 따르니"라는 구절은 토(土)의 생수는 오(五)[9]이니 가운데 거하여 짝이 없으니 스스로 일가(一家)라는 뜻이다.

이른바 "삼가(三家)가 서로 만난다"는 것은 삼원(三元) 오행(五行)

---

5 오행을 방위에 결합하여 설명하는 말로, 목은 동쪽, 숫자로는 3에 해당한다.
6 오행을 방위에 결합하여 설명하는 말로, 화는 남쪽, 숫자로는 2에 해당한다.
7 오행을 방위에 결합하여 설명하는 말로, 수는 북쪽, 숫자로는 1에 해당한다.
8 오행을 방위에 결합하여 설명하는 말로, 금은 서쪽, 숫자로는 4에 해당한다.
9 하도(河圖)하도의 그림에서 중궁(中宮)에 해당하는 것은 오행으로는 토에 해당하고, 숫자로는 5에 해당한다.

이 섞여서 하나가 되는 것이다. 그러므로 "삼가(三家)가 서로 만나 영아(嬰兒)를 맺었네"라고 말한 것이다.

이른바 '영아(嬰兒)'라는 것은 또한 가명(假名)이니 '순일(純一)'의 의미이다. 그러므로 '영아(嬰兒)는 일함진기'라고 말한다.

"10개월에 태(胎)가 이루어져 성기(聖基)로 들어가네"라는 것은 3백일 된 태(胎)를 이팔량(二八兩)[10]의 약으로 삶고 단련하고 이루고 익히니, 범인을 넘어 성인으로 들어가는 큰 공부이다. 그러므로 '성기로 들어가네'라고 말한 것이다.

중(中)

以一身言之 東三木也 我之性也 西四金也 我之情也 南二火也 我
之神也 北一水也 我之精也 性乃心之主 心乃神之舍 性與神同系乎
心 東三南二同成五也 精乃身之主 身者情之係 精與情同係乎身 北
一西方四共之也 戊己中土 意也 四象五行 意爲之主宰 意無偶 自
是一家也 修鍊之士 收拾身心意 則自然三元五行混而爲一也 丹書
云 收拾身心爲採藥 正謂此也 收拾身心之要 在乎虛靜 虛其心則神
與性合 靜其身則精與情寂 意大定則三元混一 此所謂三花聚 五氣
朝 聖胎凝

사람의 몸으로 말한다면, 동삼(東三)은 목(木)이니 나의 성(性)이

---

10 금단을 제련할 때, 약물을 근량을 말한다. 약물의 양을 16냥으로 말하고 있다.

고, 서사(西四)는 금(金)이니 나의 정(情)이고, 남이(南二)는 화(火)이니 나의 신(神)이고, 북일(北一)은 수(水)이니 나의 정(精)이다.

성(性)은 심(心)의 주인이고, 심은 신(神)의 집이니 성과 신이 함께 심에 연결되어 있으니, '동삼(東三) 남이(南二)가 함께 오(五)를 이룬다'이다. 정(精)은 신(身)의 주인이고, 신(身)은 정(情)의 연결이니 정(精)과 정(情)이 함께 신(身)에 연결되니 '북일(北一)이 서방 사와 함께 한다'이다.

무기는 중토(中土)의 뜻이니, 사상(四象) 오행(五行)에 있어 의(意)는 주재가 된다. 의는 짝이 없어 본래 일가(一家)이다. 수련하는 선비가 신심의(身心意)를 수습하면 자연히 삼원 오행이 합하여 하나가 된다. 『단서(丹書)』에서 '심신을 수습함을 채약(採藥)[11]이라 한다'고 하니 바로 이것을 이른다. 심신을 수습하는 요체는 허정(虛靜)에 있다. 그 심이 허하면 신(神)과 성(性)이 합하고, 그 신이 정(靜)하면 정(精)과 정(情)이 적연하고, 의가 크게 일정하면 삼혼이 섞여 하나가 되니 이것이 이른바 '삼화(三花)[12]가 모여 오기(五氣)를 조회하고 성태(聖胎)[13]가 응결된다'라는 것이다.

---

11 채약(採藥)은 수련 정좌 중에 원정[元精(藥)]이 발생하여 미약하게 감각이 있으면 빠르게 위로 움직이는데, 정념으로써 원정을 가지고 단전의 본혈(本穴)로 돌아가는 것을 말한다. 채약에는 채소약(採小藥)과 채대약(採大藥)이 있다. 채소약은 연정화기(鍊精化氣)를 말하고, 채대약은 연기화신(鍊氣化神)을 말한다.

12 삼화(三花)란 옥화(玉華)·금화(金華)·구화(九華)를 합하여 부르는 명칭이다. 실지로는 정(精)·기(氣)·신(神)을 달리 부르는 명칭이다.

13 성태(聖胎)는 내단가들은 어머니가 아이를 임신한 것으로 정(精)·기(氣)·신(神)을 응결하여 단이 제련된 것을 비유한다. 금단의 별명이다.

말(末)

情合性 謂之金木倂 精合神 謂之水火交 意大定 謂之五行全 丹書
云 鍊精化氣 爲初關 身不動也 鍊氣化神 爲中關 心不動也 鍊神化
虛 爲上關 意不動也 心不動 東三南二同成五也 身不動 北一西方
四共之也 意不動 戊己還從生數五也 身心意合 卽三家相見結嬰兒
也 作是見者 金丹之能事畢矣 神仙之大事 至是盡矣 至於丹書種種
法象 種種異名 幷不外乎身心意也 雖然猶有不能直下會意者 今立
異名法象圖局於後 具眼者流 試著眼看

정(情)이 성(性)과 합쳐짐을 '금(金)과 목(木)이 어울린다'라고 말하
고, 정(精)과 신(神)이 합해짐을 '수(水)가 화(火)와 사귄다'라고 말하
고, 의(意)가 크게 일정함을 '오행이 온전하다'라고 말한다.

『단서』에서 "연정화기(鍊精化氣)는 초관(初關)이니 신(神)이 움직이
지 않는 것이고, 연기화신(鍊氣化神)은 중관(中關)이니 심(心)이 움직
이지 않는 것이고, 연신화허(鍊神化虛)는 상관(上關)이니 의(意)가 움
직이지 않는 것이다."라고 말한다.

'심이 움직이지 않는 것'은 '동삼(東三) 남이(南二)가 함께 오(五)를
이루'는 것이고, '신이 움직이지 않는 것'은 '북일(北一)과 서방(西方)
사(四)가 함께 하'는 것이고, '의가 움직이지 않는 것'은 '무기(戊己)가
도리어 생수(生數) 오(五)를 따르'는 것이다. 심(心)·신(神)·의(意)가
합해지면 '삼가(三家)가 서로 만나 영아(嬰兒)를 맺는다'는 것이다.

이것을 본 자는 금단(金丹)의 일을 마친 것이고, 신선의 대사(大事)
가 이것에 이르면 다한 것이다. 『단서(丹書)』에 있어서 각종의 법상

(法象)과 각종의 이명(異名)은 모두 심·신·의를 벗어나지 않는다. 비록 그러나 여전히 바로 뜻을 두지 못하는 자가 있어, 지금 '이명 법상도국(異名法象圖局)'을 세우니 후에 식견을 갖춘 자는 한번 살펴 보라.

身心意 曰三家 精氣神 曰三元 精神魂魄意 曰五氣 鉛汞銀砂土 曰五行 三家相見 曰胎圓 三元合一 曰丹成(大德三年 純陽誕日 書於 鑋江中和庵)

신(身)·심(心)·의(意)를 삼가(三家)라고 하며, 정(精)·기(氣)·신

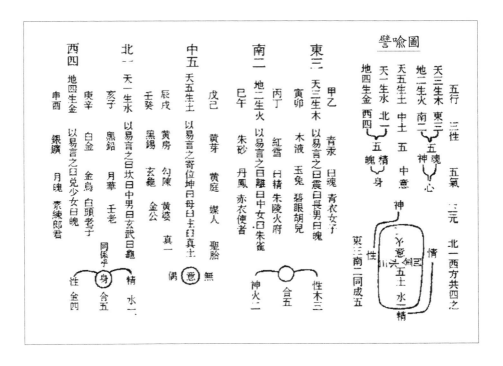

(神)을 삼원(三元)이라 하며, 정(精)·신(神)·혼(魂)·백(魄)·의(意)를 오기(五氣)라고 하며, 연(鉛)·홍(汞)·은(銀)·사(砂)·토(土)를 오행(五行)이라 하니, 삼가(三家)가 서로 만나는 것을 태원(胎圓)이라 하고 삼원(三元)이 하나로 합해지는 것을 단성(丹成)이라고 말한다. (대덕 3년 순양탄일에 난강 중화암에서 쓰다.)

3. 현관일규(玄關一竅)

증문인(贈門人) : 문인에게 주다

夫玄關一竅者 至玄至要之機關者 非印堂 非顖門 非肚臍 非膀胱
非兩腎 非腎前臍後 非兩腎中間 上至頂門 下至脚跟 四大一身 才
著一處 便不是也 亦不可離了此身 向外尋之

대저 현관일규(玄關一竅)는 지극히 현묘(玄妙)하고 지극히 중요한
기틀이다. '관(關)'이라는 글자는 인당(印堂)[1]도 아니고 신문(顖門)[2]도
아니고, 배꼽도 아니고, 방광도 아니고, 양 신장도 아니고, 신장 앞
과 배꼽 뒤도 아니고, 양 신장 가운데도 아니니, 위로는 정수리부터
아래로는 발꿈치에 이르기까지 사대(四大)[3] 일신(一身)에 붙은 한 곳
이 아니다. 또한 이 몸을 떠나 밖에서 찾을 수도 없다.

---

1 양미간의 혈자리이다.
2 영아시기의 정수리에 숨구멍 혈이다.
3 사람의 몸에서는 심(心), 정(精), 기(氣), 신(神)을 '사대'라 일컫는다.

所以聖人只以一中字示人 只此中字 便是也 我設一喩 令爾易知 且
如傀儡 手足擧動 百樣趨蹌 非傀儡能動 是絲線牽動 雖是線上關楑
卻是弄傀儡底人牽動 咦 還識這箇弄傀儡底人麼 休更疑惑

그래서 성인은 단지 '중(中)'이라는 한 글자로써 사람들에게 보여
주셨으니, 중이라는 글자가 참으로 마땅하다. 내가 한 가지 비유를
세워 너희들로 하여금 알기 쉽게 하겠다. 우선 예를 들면, 꼭두각시
의 손과 발이 움직이며 온갖 몸짓으로 춤을 추는 것은 꼭두각시가
움직이는 것이 아니고 줄을 끌어서 움직이는 것이다. 그리고 줄 위
의 관려자(關楑子)[4] 도 도리어 꼭두각시를 가지고 노는 사람이 당겨
서 움직이는 것이다. 하하! 이 꼭두각시를 가지고 노는 사람을 알겠
는가? 다시 의혹하지 마라.

我直說與汝等 傀儡比此一身 絲線比玄關 弄傀儡底人比主人公 一
身手足擧動 非手足動 是玄關使動 雖是玄關動 卻是主人公使敎玄
關動 若認得這箇動底關楑 又奚患不成仙乎

내가 너희들에게 직설하겠다. 꼭두각시는 사람의 몸에 비유되고,
줄은 현관에 비유되고, 꼭두각시를 가지고 노는 자는 주인공(主人
公)[5]에 비유된다. 사람 몸의 손과 발이 움직이는 것은 손과 발이 움
직이는 것이 아니고 현관이 움직이게 하는 것이다. 비록 현관이 움
직이는 것이나 이는 도리어 주인공이 현관으로 하여금 움직이게 하

---

4 꼭두각시를 움직이는 장치를 말한다.
5 '주인(主人)'과 같은 말. 자신의 몸의 주인인 '나'를 이르는 말이다.

는 것이다. 만약 이 움직이는 관려자를 인식한다면 또한 어찌 신선
되지 못함을 근심하겠는가?

4. 시금석(試金石)

夫金丹者 虛無爲體 淸靜爲用 無上至眞之妙道也 世鮮知之 人鮮行
之 於是聖人用方便力 開善誘門 强立名象 著諸丹書 接引後學 蓋
欲來者誦言明理 嘿識潛通 則行之頓超眞境

'금단(金丹)'이라는 것은 허무(虛無)가 체(體)가 되고, 청정(淸靜)이
용(用)이 되니 더 없이 지극히 참된 오묘한 도이다. 세상에 아는 자
도 드물고, 사람이 행하기도 어려우니 성인이 후인을 잘 인도하는
방편[善誘門]을 열어 억지로 명칭과 형상[名象]을 세우고, 여러 단서
(丹書)를 써 후학들을 끌어들였으니, 후학들이 성인의 말을 암송하
고 이치를 밝히고 묵묵히 알아 고요히 통한다면 단박에 진경(眞境)
을 뛰어넘을 수 있다.

奈何後人不窮其理 執著筌蹄 妄引百端 支離萬狀 將至道碎破爲曲
徑旁蹊三千六百 良不得其傳故也

그런데 어찌하여 후학들은 그 이치를 궁구하지 못하고, '언어'라
는 수단에 집착하여 망령되이 온갖 단초들을 끌어들이고 만상을 가
지가지로 나누어, 도(道)에 이르러서는 부스러져 갈래갈래 길이 되

고 갈려진 길이 3600개이니, 진실로 그 비전(秘傳)을 얻지 못한 때문이다.

況今之無知淺學 將聖人經旨 妄行箋注 乖訛尤甚 安得不悞後來 雖苦志之士 亦不能辯其邪正 深可憐憫 予因是事 故作此試金石 而辨其眞僞 俾諸學者不被眩惑 決然無疑 直超道岸 聖師曰 道法 三千六百門 人人各執一爲根 誰知些子玄微處 不在三千六百門 予 謂祖師老婆心切 故作是詩也 若復有人作如是見者 大地皆黃金 其 或未然 須當試過 於是予書

하물며 오늘날의 무지하고 얕은 학자들이 성인의 경전을 가지고 망령되이 주를 달아 괴이하게 와전시킴이 매우 심하니, 어찌 후학들을 그르치지 않겠는가? 비록 뜻이 굳센 선비라도 또한 그 옳고 그름을 분별하기 어려우니 매우 안타깝도다! 내가 이러한 까닭으로 이 시금석(試金石)을 지어 그 참과 거짓을 분별하여 여러 배우는 자들로 하여금 현혹에 빠지지 않게 하고 확연히 의심을 없게 하여 바로 도의 피안으로 넘어가게 하고자 한다.

성사(聖師)께서 "도법(道法)이 3600문(門)이니, 사람 사람마다 한 가지를 집착하여 뿌리로 삼는다. 저 오묘한 곳을 누가 알리오, 저 3600 문에는 있지 않다네"[1]라고 말씀하셨다. 내가 생각건대, 조사께서는 노파심이 간절한 까닭으로 이 시를 지었다. 만약 다시 훌륭한 인재가 있어 이와 같이 볼 수 있다면, 온 천지가 황금일 것이다.

---

1 장삼풍(張三豊)의 〈타좌가(打坐歌)〉에 나온다.

그러나 혹 그렇지 않다면 모름지기 마땅히 살펴보아야 할 것이므로
이에 쓰노라.

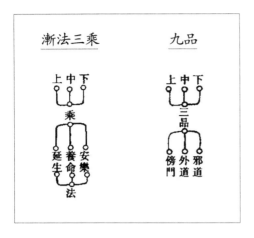

最上一乘: 無上至眞之妙
최상일승: 위없는 진정한 묘에 이른다.

5. 방문[1]구품(傍門九品)

하삼품(下三品)

禦女房中 三峰采戰 食乳對爐 女人爲鼎 天癸爲藥 産門爲生身處
精血爲大丹頭 鑄雌雄劍 立陰陽爐 謂女子爲純陽 指月經爲至寶 采
而餌之 爲一月一還 用九女爲九鼎 爲九年九返 令童男童女交合而
采初精 取陰中泰米爲玄珠 至於美金花 弄金槍 七十二家 强兵戰勝
多入少出 九淺一深 如此邪謬 謂之泥水丹法三百餘條 此大亂之道
也 乃下品之下 邪道也

어녀방중술(禦女房中術)[2]은 다음과 같다. 삼봉(三峰)[3]을 채전(采戰)[4]

---

1 정통적인 수련법이 아닌 수련법을 말한다.

2 어녀방중술(禦女房中術): 성교를 통해 음양의 기를 단련하는 것을 말한다. 방중
술의 원리는 남성을 양, 여성을 음으로 생각하고 남녀가 교합하는 것에 의해 각
자의 부족한 기를 보충하고 음양 이기의 균형을 맞추어 불로불사를 달성하려는
것이다.

3 도교 내단수련파 가운데 하나인 삼봉파(三峰派)를 가리킨다.

4 여성을 수련의 도구로 삼아 수련하는 방문법을 말한다.

하고 식유(食乳)⁵를 노(爐)로 대하여, 여인을 정(鼎)으로 삼고 천계(天癸)⁶를 약으로 삼으며, 산문(産門)⁷을 생신처(生身處)로 삼으며 정혈(精血)을 단(丹)의 시초로 삼는다. 자웅검(雌雄劒)을 만들어 음양로(陰陽爐)에 세우고, 여자를 순양(純陽)으로 삼고 월경을 지극한 보배라 하고, 채취하여 먹기를 한 달에 한 번씩 한다. 9명의 여인을 9정(鼎)으로 삼아 9년 동안 9번 바꾼다. 어린 남자와 어린 여자를 교합(交合)하게 하여 초정(初精)⁸을 채취하고, 음중에서 서미(黍米)⁹를 취하여 현주(玄珠)라 한다. 그리고 금화(金花)¹⁰를 아름답게 하고 금창(金槍)¹¹을 가지고 노는 것에 이르러서는 72가(家)¹²가 강병(强兵)으로 승리를 다투어, 많이 넣고 적게 빼며, 9번 깊게 하고 한번 얕게 하는 것과 같은 것들은 삿되고 그릇된 것이다. '니수(泥水)단법'¹³의 300여 조목은 대단히 난잡한 도로서 하품 중에서도 하품인 사도(邪道)이다.

又有八十四家接法 三十六般採陰 用胞衣爲紫河車 鍊小便爲秋石

---

5 여성의 젖을 말한다.
6 여성의 '월경(月經)'을 이르는 말.
7 아이를 낳는 여자의 음부.
8 여성의 초경을 말한다.
9 최초로 생성된 단의 크기를 말한다.
10 여성의 생식기를 말한다.
11 남성의 생식기를 이르는 말.
12 72가(家)는 미상이다.
13 방중술에서 혼탁한 교감의 정을 나누는 것을 의미한다.

食自己精爲還元 捏尾閭爲閉關 夫婦交合 使精不過爲無漏 採女經

爲紅圓子 或以五金八石修錬爲丸 令婦人服之 十月後産肉塊 爲至

藥 采而服之 如此謬術 不欲盡擧 約有三百餘條 乃下品之中 外道也

또한 84가(家)의 교접법(交接法)과 36가지의 채음(採陰)[14]이 있다. 포의(胞衣)[15]를 써서 자하거(紫河車)[16]로 삼고, 소변을 단련하여 추석(秋石)[17]이라 하고, 자신의 정액을 먹는 것을 환원(還元)[18]이라 하며, 미려(尾閭)[19]를 비비는 것을 폐관(閉關)[20]이라 하며, 부부가 교합할 때 정액을 누설치 않는 것을 무루(無漏)라 한다. 여자의 월경을 채취하여 홍원자(紅圓子)[21]로 삼고, 혹은 오금팔석(五金八石)[22]을 단련하여 환(丸)을 만들어 부인에게 먹인 다음 10개월 후에 살덩이를 낳으면 그것을 지극한 약[至藥]이라 하여 채취하여 먹기도 한다. 이와 같이 그릇된 술법은 다 열거하고 싶지 않다. 대략 300여 가지가 있으니 곧 하품의 중(中)으로서 외도(外道)이다.

---

14 여성을 수련의 대상으로 삼는 방중술을 말한다.

15 태반과 태막을 말한다.

16 하거란 진기가 오르고 내리는 것을 말한다. 단전에 있는 약을 하거가 온 몸에 운반한다는 뜻이다. 옛사람이 말하기를 북방은 정기요 해와 달은 바퀴이다. 수와 화를 옮겨서 니환에 들어간다고 한 것은 하거를 말한다.

17 외단술에서 사용하는 약물이다.

18 수련을 통해 근원의 상태를 회복하는 것이다.

19 사람의 신체에 있는 경락 중의 하나이다.

20 감각기관을 닫는 것이다.

21 의학에서 비위에 기가 적체된 것을 풀어주는 환약을 홍원자라고 하는데, 여기에서는 여성의 월경을 말한다.

22 연단을 제련할 때 사용하는 광물질을 말한다.

又有諸品 丹竈爐火 燒熬五金八石 勺庚幹汞 點茅燒艮 撥灰弄火

至於靈砂外藥 三遜五假 金石草木 服餌之法 四百餘條 乃下品之上

外道也

또한 여러 가지 종류의 단조(丹竈)와 노화(爐火)에서 오금팔석을 불사르고 경방(庚方)에서 수은을 말리며 띠[茅]를 뽑아 간방(艮方)에서 불사르고 재를 다스리며 불을 다룬다. 영사(靈砂)[23]라는 외약과 삼손오가(三遜五家),[24] 금석초목(金石草木), 복이지법(服餌之法)에 이르기까지 400여 가지가 되니 곧 하품중의 상(上)으로 외도(外道)이다.

右下三品 共一千餘條 貪淫嗜利者行之

위의 하삼품(下三品)은 모두 1천여 가지가 되는데 음란함을 탐하고 이로움을 즐기는 자들이 행한다.

중삼품(中三品)

休糧辟穀 忍寒食穢 服餌椒木 曬背臥冰 日持一齋 或淸齋 或食物

多爲奇特 或飲酒不醉爲驗 或減食爲抽添 或不食五味而食三白 或

---

23 수은을 고아서 결정체로 만든 약제이다. '경신옥책(庚辛玉冊)'에 '영사라는 것은 수은을 재료로 하여 형을 이룬 것으로 단기(丹基)라 한다.' 가히 오행을 변화시켜 구환(九還)으로 연성한다. 라고 하고 있다.

24 삼손오가(三遜五假)는 기문(奇門)의 둔갑술 용어이다.

不食煙火食 或飮酒食肉 不籍身命 自謂無爲 或翻滄倒海 種種捏怪
乃中品之下也

휴량(休糧)[25]을 하고 벽곡(辟穀)[26]하며, 추위를 참고 거칠게 먹고, 산초나무를 먹고, 등을 햇볕에 쬐고 얼음에 누우며 날마다 재계한다. 혹은 맑은 물에 재계하기도 하고, 혹은 많이 먹는 것을 기특하게 여기기도 하며, 혹은 술을 마시고도 취하지 않음을 징험으로 삼기도 하고, 혹은 적게 먹는 것을 추첨(抽添)[27]으로 여기기도 하며, 혹은 오미(五味)는 먹지 않고 삼백(三白)[28]은 먹기도 하며, 혹은 화식(火食)을 하지 않기도 하며, 혹은 술을 먹고 고기를 먹어도 신명(身命)과 관계없다고 하여 무위(無爲)라고 하기도 하고, 혹은 창해에 뛰어드는 등 기이한 일을 종종 만들기도 하니 곧 중품의 하(下)이다.

吞霞服氣 採日月精華 吞星曜之光 服五方之氣 或採水火之氣 或存
思注想 遨遊九州爲運用 或想身中二氣化爲男女 象人間夫婦交採
之狀爲合和 一切存想 種種虛妄等法 乃中品之中也

노을을 삼켜 복기(服氣)[29]하고, 일월(日月)의 정화(精華)를 채취하고, 빛나는 별빛을 삼키고 오방의 기를 마신다. 혹은 수화(水火)의

---

25 일상적인 음식을 먹지 않음을 의미한다.

26 불로장생을 위해 오곡 또는 오미백곡을 먹는 것을 피하는 것이다.

27 연단시 화후를 진행하면서 납과 수은 등의 약물을 더하거나 빼는 것을 말한다.

28 흰쌀밥과 무, 맹물을 말한다.

29 기를 마시는 수련으로 식기(食氣), 행기(行氣)라고도 한다. 호흡을 통해 토고납신(吐故納新)하는 수련법이다.

기를 채취하기도 하고, 혹은 마음을 가라앉히고 생각을 집중시켜 구주(九州)를 소요하는 것을 운용한다고 하기도 하며, 혹은 자신의 몸 중의 두 기운이 남녀가 되어 마치 사람의 부부처럼 교채(交采)하는 상태와 같이 되는 것을 화합이라고도 한다. 일체의 생각을 간직하는 것과 종종 허망한 여러 가지 법이 곧 중품의 중(中)이다.

傳授三歸五戒 看誦修 習傳信 法取報應 行考赴取 歸程歸空十信 三際九接 瞻星禮鬥 或持不語 或打勤勞 持守外功 已上有爲 乃中品之上 漸次近道也

삼귀(三歸)[30]와 오계(五戒)[31]를 전수하고 보고 외우고 닦으며 익히고 전하고 믿으며 법(法)받아 보응(報應)을 취하고 나아가 생각하여 귀의할 법을 취하고 공(空)과 십신(十信)[32]에 귀의하며 삼제(三際)에 9번 접하며[33] 별을 보고 북두칠성을 예배한다. 혹은 묵언수행을 유

---

30 도교의 신인 원시천존(元始天尊), 영보천존(靈寶天尊), 도덕천존(道德天尊)에게 귀의하는 것을 말한다.

31 살생을 하지 않는 것, 육식을 하지 않는 것, 말과 마음을 달리 하는 것, 도적질을 하지 않는 것, 음란한 짓을 하지 않는 것 등의 다섯 가지 도교 계율을 말한다.

32 '영락본업'이란 화엄사상 계통의 용어인데 이 경전이 담고 있는 사상도 화엄 교리에 부합되는 부분이 많이 있다. 특히 보살의 수행 계위(階位)를 설한 것으로 유명한데 보살계위에 대해서는 『화엄경』을 비롯한 많은 경전에서 언급되고 있으나 이 경전의 상권에서는 십신(十信)·십주(十住)·십행(十行)·십회향(十廻向)·십지(十地)·등각(等覺)·묘각(妙覺) 등의 52보살계위로 체계화했다.

33 불교에서 과거·현재·미래를 이르는 말로, 삼세(三世)라고도 한다. 삼세를 명상하면서 행하는 밀교의 수련법을 말한다. 이 수련법은 도교의 내단 수련법과 거의 비슷하다.

지하기도 하고 혹은 근로를 하기도 하여 외공(外功)을 지키니 이상의 하는 바가 바로 중품의 상(上)으로 점차적으로 도(道)에 가까워진다.

右三品 一千餘條 行之不怠 漸入佳境 勝別留心

우(右) 삼품(三品)의 일천여 조목을 게으르지 않게 행하면 점점 아름다운 경지[漸入佳境]에 이르리니 각별히 마음에 담아두어야 한다.

상삼품(上三品)

定觀鑒形 存思吐納 摩撫消息 八段錦 六字氣 視頂門 守臍蔕 吞津液 攪神水 或千口水爲活 或指舌爲赤龍 或擦身令熱爲火候 或一呵九摩求長生 或鍊稠唾爲眞種子 或守丹田 或兜外腎 至於煮海觀鼻 以津精涎沫爲藥 乃上品之下也

가만히 바라보아 몸을 살펴보고, 생각을 보존하여 토납(吐納)[34]하고, 안마하며 소식(消息)[35]한다. 팔단금(八段錦)[36]을 하고, 육자기(六

---

34 도가 수련법의 하나로, 몸 안의 탁한 공기를 토해내고 신선한 공기를 받아들이는 방법이다.

35 음양(陰陽)의 작용을 말한다. '소(消)'란 음기(陰氣)의 사라짐을, '식(息)'이란 양기(陽氣)가 생겨남을 뜻한다.

36 도인 체조의 하나이다. 북송시기에 팔단금 수련법이 생겨나 유전되면서 두 개파로 전개되었다. 문팔단금파와 무팔단금파가 그것으로, 문팔단금파는 부드러움을 위주로 하는 도인법과 자세이고, 무팔단금파는 강함을 위주로 하는 도인법과 자세이다.

字氣)³⁷를 하고, 정수리를 응시하고, 배꼽을 지키고, 침을 삼키고, 신수(神水)³⁸를 지킨다. 혹은 입속의 침을 활(活)이라고 하기도 하고, 혀를 가리켜 적룡(赤龍)³⁹이라 하기도 하고, 혹 몸을 비벼 뜨겁게 하는 것을 화후(火候)⁴⁰라 하기도 한다. 혹 한번 숨을 내쉬며 아홉 번 마찰하여 장생(長生)을 구하기도 하고, 단련하여 조화한 침[唾]을 단(丹)의 진종자(眞種子)⁴¹로 삼기도 하고, 혹은 단전에 집중하기도 하고, 혹은 신장을 밖에서 두드리기도 한다. 그리고 자해(煮海)⁴²하고 코를 바라보면서 침의 정(精)과 거품을 약으로 삼기도 하니 이는 상품(上品) 가운데 하(下)이다.

閉息行氣 屈伸導引 摩腰腎 守印堂 運雙睛 搖夾脊 守臍輪 或以雙睛爲日月 或以眉間爲玄關 或叩齒爲天門 或想元神從頂門出入 或夢遊仙境 或黙朝上帝 或以昏沉爲入定 或數息爲火候 或想心腎黑白二氣相交爲旣濟 乃上品之中也

숨을 닫고 기를 운행하며, 굴신(屈伸)하여 도인(導引)⁴³하고, 허리

---

37 호흡 수련법의 하나이다. 허(噓), 가(呵), 호(呼), 희(呬), 취(吹), 희(嘻), 여섯 글자를 호흡하면서 소리내면, 그 소리에 해당하는 장부에 영향을 준다고 한다.

38 연단시에 정로 속에서 발생한 증기를 신수가 처음 나온 것이라고 한다.

39 『황정경』에서 혀를 적룡이라고 표현하고 있다.

40 연단시에 불때기의 과정을 말한다.

41 단약을 말한다.

42 기해를 끓인다는 말이다.

43 중국 고대에 행해지던 신체단련과 질병극복을 위한 체조이다.

의 신장을 마찰하고, 인당(印堂)⁴⁴에 집중하고, 양 눈동자를 움직이고, 협척(夾脊)⁴⁵을 흔들고, 배꼽 주변에 집중한다. 혹은 두 눈동자를 일월(日月)로 여기기도 하고, 혹은 양미간을 현관(玄關)으로 삼기도 하고, 혹은 이[齒]를 부딪히는 것을 천문(天門)⁴⁶이라고 하기도 하고, 혹은 원신(元神)이 정수리로 출입한다고 생각하기도 하고, 혹은 신선의 경지를 꿈꾸기도 하고, 혹은 상제를 조용히 만나기도 하고, 혹은 혼침(昏沉)을 입정(入定)⁴⁷이라고 여기기도 하고, 혹은 수식(數息)⁴⁸으로 화후(火候)를 삼고 혹은 신장과 심장[腎心]의 흑백 두 기가 서로 서로 교류하는 것을 기제(旣濟)⁴⁹라고 생각하기도 하니 곧 상품의 중(中)이다.

搬精運氣 三火歸臍 調和五藏 十六觀法 固守丹田 服中黃氣 三田還返補腦還精 雙提金井 夾脊雙關 握固內視 種種般運 乃上品之上也

정기(精氣)를 운반하고, 삼화(三火)를 단전으로 돌아오게 하고, 오장(五臟)을 조화롭게 하며 16관법⁵⁰으로 단전에 집중하고, 뱃속의

---

44 양쪽 눈썹 사이를 말한다.

45 녹로관(轆轤關)·쌍관(雙關)이라고도 한다. 인체의 혈자리 명칭으로, 인체에는 척추뼈가 24마디가 있는데, 미려혈에서부터 위로 18번째 마디에 '협척'이 있다.

46 이를 부딪히는 것을 고치(叩齒)라고 한다. 고치를 통해 '양미간'을 열어 천지의 원기와 통한다는 의미로 천문(天門)이라고 하였다.

47 선정에 드는 것을 말한다.

48 호흡을 세면서 수행하는 것을 말한다.

49 일반적으로 어떤 일이 완수된 것을 말한다.

50 불교에서 부처와 정토, 서방으로 가게 해달라고 염하면서 관법을 행하는 열 여

황기(黃氣)를 삼전(三田)[51]으로 되돌리고, 정신으로 정(精)을 운행하고, 금정(金井)을 서로 끌어주고, 협척(夾脊)이 서로 관계하고, 손가락을 안으로 쥐고 내면으로 기가 운행하는 것을 보니, 이것이 곧 상품의 상(上)이다.

右三品一千餘條 中士行之 亦可却病.

위의 3품 천여 가지는 중사(中士)가 행하면 또한 병을 물리칠 수 있다.

점법삼승(漸法三乘)

下乘者 以身心爲鼎爐 精氣爲藥物 心腎爲水火 五臟爲五行 肝肺爲龍虎 精爲眞種子 以年月日時行火候 嚥津灌漑爲沐浴 口鼻爲三要 腎前臍後爲玄關 五行混合爲丹成 此乃安樂之法 其中作用百餘條 若能忘情 亦可養命(與上三品稍同 作用處別)

하승(下乘)이라는 것은 신심(身心)을 정로(鼎爐)[52]로 삼고, 정기(精

섯 가지 수행법이다. 가령 일관법은 서쪽을 향해 정좌하고 해를 바라보며, 해가 지고 난 뒤에서 해가 여전히 떠 있는 것처럼 생각하면서 눈을 감고 명상하는 것이다. 이처럼 16 가지의 관법을 말한다.

51 삼상단전과 중단전, 하단전을 말한다.

52 연단시에 약물을 넣는 솥과 화로를 말한다.

氣)를 약물(藥物)로 삼고, 심신(心腎)을 수화(水火)[53]로 삼고, 오장을 오행(五行)으로 삼고, 간폐(肝肺)를 용호(龍虎)[54]로 삼고, 정(精)을 진종자(眞種子)라고 하며, 연월일시(年月日時)에 맞추어 화후(火候)를 행하고, 침을 삼켜 관개(灌漑)하는 것을 목욕(沐浴)[55]으로 삼는다. 입과 코를 삼요(三要)[56]로 삼고, 신장(腎臟)의 앞과 배꼽의 뒤를 현관(玄關)으로 삼으며, 오행의 혼합을 단(丹)의 완성으로 삼으니 이것이 곧 안락(安樂)의 법이니 그 중 작용하는 것이 100여 가지 조목이다. 만약 정(情)을 잊을 수 있다면 신명을 함양할 수 있다. (위 삼품과 조금 같으나 작용처는 다르다.)

中乘者 乾坤爲鼎器 坎離爲水火 烏兔爲藥物 精神魂魄意爲五行 身心爲龍虎 氣爲眞種子 一年寒暑爲火候 法水灌漑爲沐浴 內境不出 外境不入 爲固濟 太淵絳宮精房爲三要 泥丸爲玄關 精神混合爲丹成 此中乘養命之法 其中作用數十條 與下乘大同小異 若行不怠 亦可長生久視

---

53 수는 음이다. 화는 양이다(水, 陰也. 火, 陽也). 내단가들은 선천진일(先天眞一)의 "신수(神水)"와 선천허령(先天虛靈)의 "신화(神火)"는 모두 허공의 천연적인 수화(水火)라고 인식한다.

54 용(龍)은 양(陽)으로 리(離)에서 생성되고, 리는 화(火)에 속한다. 호(虎)는 음(陰)으로 감(坎)에서 생성되고, 감은 수에 속한다. 이 두 가지가 합하여 도본(道本)이 되고, 이들은 원신(元神)과 원정(元精)을 대표한다.

55 정과 기가 독맥(督脈)을 따라 위로 올라가 니환(泥丸)에 이르고 중루(重樓, 목구멍)로 내려와 배꼽아래 하단전에 도달하는데, 이처럼 하거가 운전하면 사람의 몸에서 열이 나며 땀이 나오는 것을 가리킨다.

56 삼단전을 말한다.

중승(中乘)은 다음과 같다. 건곤(乾坤)을 정기(鼎器)로 삼고, 감리(坎離)를 수화(水火)로 삼고, 오토(烏兎)[57]를 약물로 삼고, 정(精)·신(神)·혼(魂)·백(魄)·의(意)를 오행(五行)으로 삼는다. 신심(身心)을 용호(龍虎)로 삼고, 기(氣)를 진종자(眞種子)로 삼으며, 한해의 한서(寒暑)를 화후로 삼고, 법수(法水)[58]로 관개(灌漑)하는 것을 목욕(沐浴)으로 삼으며, 내경(內境)에서 나가지 않고 외경(外境)에서 들어가지 않는 것을 고제(固濟)[59]로 삼는다. 태연(太淵)·강궁(絳宮)[60]·정방(精房)은 삼요(三要)가 되고, 니환(泥丸)[61]은 현관(玄關)이 되고, 정(精)과 신(神)의 혼합은 단(丹)의 완성이 된다. 이것이 중승(中乘)으로 수명을 기르는[養命] 법이며 그 중에 작용하는 조목 수십여 가지는 하승(下乘)과 대동소이하다. 게을리 행하지 않는다면 또한 오래 살 수 있다.

上乘者 以天地爲鼎爐 日月爲水火 陰陽爲化機 鉛汞銀砂土爲五行
性情爲龍虎 念爲眞種子 以心鍊念爲火候 息念爲養火 含光爲固濟
降伏內魔爲野戰 身心意爲三要 天心爲玄關 情來歸性爲丹成 和氣
熏蒸爲沐浴 乃上乘延生之道 其中與中乘相似 作用處不同 亦有十

---

57 태양 속에 들어 있는 양기를 말한다.

58 불교에서 정수리에 물을 붓는 의식인 수관정 의식 때 사용하는 물을 말한다.

59 외단에서는 약물을 솥에 넣고 솥을 밀봉하는 것을 말한다. 내단시에는 외부의 요소들이 감각과 생각에 들어오지 못하게 하고, 내면의 정기신이 밖으로 나가지 않게 하는 수련법이다. 충화한 기(氣)와 진일의 정(精)을 가두어 화후(火侯)를 행하는 수련을 진행한다.

60 심장을 말한다.

61 니환혈을 말한다.

餘條 上士行之 始終如一 可証仙道

상승(上乘)은 다음과 같다. 천지를 정로(鼎爐)로 삼고, 일월(日月)을 수화(水火)로 삼고, 음양을 화기(化機)로 삼고, 연(鉛)·홍(汞)·은(銀)·사(沙)·토(土)를 오행(五行)으로 삼고, 성정(性情)을 용호(龍虎)로 삼고, 생각을 진종자(眞種子)로 삼으며, 마음으로 생각을 단련하는 것을 화후(火候)로 삼고, 생각의 멈춤을 양화(養火)[62]로 삼고, 빛을 머금는 것을 고제(固濟)로 삼고, 내면의 마구니를 항복시키는 것을 야전(野戰)으로 삼고, 심(心)·신(身)·의(意)를 삼요(三要)로 삼고, 천심(天心)을 현관(玄關)으로 삼고, 정(情)을 성(性)으로 돌리는 것을 단성(丹成)으로 삼고, 온화한 기운이 훈훈히 올라오는 것을 목욕(沐浴)으로 삼는다. 이것이 곧 상승으로서 생명을 연장하는 법이니 이 가운데는 중승과 비슷한 것이 있으나 작용처는 같지 않다. 이것 또한 수십여 조가 있다. 상사(上士)들이 시종여일하게 행한다면 선도를 증험할 수 있다.

최상일승(最上一乘)

夫最上一乘 無上至眞之妙道也 以太虛爲鼎 太極爲爐 淸靜爲丹基 無爲爲丹母 性命爲鉛汞 定慧爲水火 窒欲懲忿爲水火交 性情合一 爲金木倂 洗心滌慮爲沐浴 存誠定意爲固濟 戒定慧爲三要 中爲玄關 明心爲應驗 見性爲凝結 三元混一爲聖胎 性命打成一片爲丹成

---

62 화후를 행할 때 강한 불때기를 하는 것을 말한다.

身外有身爲脫胎 打破虛空爲了當 此最上一乘之妙 至士可以行之
功滿德隆 直超圓頓 形神俱妙 與道合眞

대저 최상일승(最上一乘)은 더없이 높고 지극히 참된 묘도(妙道)이
다. 태허(太虛)를 정(鼎)으로 삼고, 태극(太極)을 노(爐)로 삼으며, 청정
(淸靜)을 단기(丹基)로 삼고, 무위(無爲)를 단모(丹母)로 삼고, 성명(性
命)을 연홍(鉛汞)으로 삼고, 정혜(定慧)[63]를 수화(水火)로 삼고, 욕심을
막고 성냄을 억누르는 것을 수화가 사귀는 것으로 삼고, 성정(性情)
이 합일되는 것을 금목(金木)이 어우러지는 것으로 삼고, 심려(心慮)
를 세척하는 것을 목욕(沐浴)으로 삼고, 성(性)을 보존하고 뜻을 바로
하는 것을 고제(固濟)로 삼는다. 계정혜(戒定慧)[64]를 삼요(三要)로 삼
고, 중(中)을 현관(玄關)으로 삼고, 마음을 밝게 하는 것을 응험(應驗)
으로 삼고, 견성(見性)을 응결(凝結)로 삼고, 삼원(三元)이 하나로 혼합
되는 것을 성태(聖胎)로 삼고, 성명(性命)을 깨서 한 덩어리로 만드는
것을 단성(丹成)으로 삼고, 몸 밖에 몸이 있는 것을 탈태(脫胎)로 삼
고, 허공을 타파하는 것으로 요당(了當)[65]으로 삼는다. 이런 최상승의
묘(妙)는 도를 터득한 선비라야 가히 행할 수 있으니 공이 가득하고
덕이 높아서 곧바로 원만한 깨달음[圓頓]으로 넘어 들어가고 형(形)과
신(神)이 모두 묘하게 갖추어져서 도(道)와 더불어 참되게 합한다.

---

63 몸을 안정하게 하고 무념의 상태에서 지혜가 비추지 않는 곳이 없게 하는 것을
말한다.
64 계율을 지켜 정혜에 드는 것을 말한다.
65 깨달음을 얻음을 말한다.

中和集

제3권

都梁清庵瑩蟾子李道純元素撰,
門弟子損庵寶蟾子蔡志頤編

도량(都梁) 청암(淸菴) 영섬자(瑩蟾子)
이도순(李道純) 원소(元素)가 찬(撰)하
고, 문인 손암(損菴) 보섬자(寶蟾子) 채
지이(蔡志頤)가 펴내다.

1. 삼교일관지도(三敎一貫之道)

: 결암 경섬자 장안도가 삼교에 일관되는 도를 물었다

(潔庵瓊蟾子程安道問三敎一貫之道)

瑩蟾子 宴坐蟾窟 是夜寒光淸氣 眞潔可掬 門人瓊蟾子 猛思生死事

大 神仙不可不敬慕 功行不可不專修

영섬자가 편안하게 섬굴에 앉았는데, 이날 밤 차가운 달빛에 맑은 기운이 참으로 깨끗해 손에 잡힐 듯하였다. 문인 경섬자가 생사라는 큰일을 골똘히 생각하면서 신선을 공경하고 사모하지 않을 수 없고, 수행에 전념하지 않으면 안 된다고 생각하였다. 이에 공경히 절하면 물어 말하였다.

稽首拜問曰 弟子嘗聞 自古上聖高眞 曆代仙師 皆因修眞而成道 必

以鉛汞爲金丹之根蔕 不知鉛汞是何物

제가 듣기로 예로부터 성인과 진인, 역대의 선사들이 모두 진(眞)을 수련하여 도를 이룸에 반드시 연홍(鉛汞)으로 금단의 핵심을 삼았다하는데 연홍이 어떠한 것인지 알지 못하겠습니다.

師曰 夫鉛汞者 天地之始 萬物之母 金丹之本也 非凡鉛黑錫水銀朱

砂 奈何 謬者不知眞玄 私意揣度 惑壞後學 徒費歲時 耽擱一生 深

可憐憫 若不遇眞師點化 皆妄爲矣

스승께서 답하였다. 대체로 연홍이란 천지의 시작이며, 만물의
어미이고, 금단의 근본이다. 일반적인 납, 검은 주석, 수은, 주사가
아니다. 그릇된 자들이 진현(眞玄)을 알지 못하고 제멋대로 생각해
얼마나 후학들을 미혹하였는지. 그 결과 세월을 허비하고 일생을
망쳤으니 진실로 가련하다. 참된 스승을 만나 가르침을 받지 못하
면 모두 허망한 짓이 되고 만다.

紫陽眞人曰 饒君聰慧過顔閔 不遇眞師莫強猜 正謂此也 我今爲汝
指出 眞鉛眞汞身心 是也 聖師云 身心兩箇字 是藥也是火也 又云
要知産藥川源處 只在西南是本鄕 西南者 坤也 坤屬身 身中之精
乃陰中之陽也 如乾中一爻入坤而成坎 外陰內陽 外柔內剛 外坤內
乾 坎水之中有乾金 故強名曰 水中金也

자양진인이 말하기를 "그대가 안자나 민자건[1]보다 지혜롭다하더
라도 참된 스승을 만나지 못하였다면 마음대로 추측하지 말라"[2]고
하였는데, 바로 이 뜻이다. 내가 지금 너에게 가르쳐주노니, 진홍
과 진연은 심신(心身)이 바로 그것이다. 성스러운 스승인 말씀하기
를 '몸과 마음 이 두 가지가 바로 약이며 화후이다.'[3]라고 하였다.

---

1 안자와 민자건은 공자의 제자로서 학문이 뛰어난 자들이다.
2 『오진편(悟眞篇)』14권에 나온다.
3 백옥섬(白玉蟾)의 『수진십서상청집(修眞十書上淸集)』37권 〈유선암기(遊仙巖記)〉
   에 나온다.

또 '약이 생산되는 근원을 알아야 하니 바로 서남이 본향이다.'[4]라고 하였다. 여기서 서남이란 곤괘(☷)이며, 곤괘는 몸이 속한 곳이고, 몸속에 정이 있는데, 이것이 음 속의 양이다. 건괘(☰) 속의 한 효가 곤괘에 들어가 감괘(☵)를 이루니, 이는 밖은 음이고 안은 양이 되고, 밖은 부드럽고 안은 강하며, 밖은 곤이고 안은 건이 되니, 감괘인 수[坎水]의 가운데 건괘인 금[乾金]이 있는 것이다. 그러므로 억지로 이름을 붙여 '수중금(水中金)'이라고 한다.

夫汞者 心中之氣也 陽中之陰也 如坤中一爻入乾而成離 外陽內陰 外剛內柔 外乾內坤 離火之中有坤土 故強名曰 砂中汞也 精氣感合 之妙 故強名立象以鉛汞喩之 使學者知有體用耳 以此推之 無出身 心兩字 身心合一之後 鉛汞皆無也

홍이라는 것은 심장 속의 기이고, 양 속의 음이다. 곤괘 속의 한 효가 건괘에 들어가 리괘(☲)를 이루니, 밖은 양이고 안은 음이어서 밖으로는 강하고 안으로는 부드러우며 밖으로는 건이고 안으로는 곤이 된다. 이는 리괘인 화[離火] 속의 곤괘인 토[坤土]가 있는 것이니 억지로 이름을 붙여 '사중홍(砂中汞)'이라고 한다. 오묘하게 정과 기가 합하니 억지로 이름을 붙이고 상을 세워 연홍으로 비유한 것이다. 이렇게 하여 배우는 사람으로 하여금 체용을 알게 한 것일 뿐이다. 이로써 미루어 나가면 몸과 마음 두 가지일 뿐이니, 몸과 마음이 합하고 난 뒤에는 연과 홍이 모두 없는 것이다.

---

4 『오진편(悟眞篇)』 4권에 나온다.

문 如何是抽添

무엇을 추첨(抽添)이라고 합니까.

답 身不動 氣定 謂之抽 心不動 神定 謂之添 身心不動 神凝氣結 謂之
還元 所以取坎中之陽 補離中之陰而成乾 謂之抽鉛添汞也

몸이 움직이지 않아서 기가 안정된 것을 '추(抽)'라고 이르고, 마
음이 움직이지 않아 신이 안정된 것을 '첨(添)'이라고 한다. 몸과 마
음이 움직이지 않아서 신이 응집되고 기가 맺히는 것을 일러 '환원'
이라고 한다. 감괘(☵) 중의 양을 취하고 이를 리괘(☲) 중의 음에
보충하여 건괘(☰)를 이루는 것을 일러 '추연첨홍(抽鉛添汞)'이라고
한다.

문 如何是烹鍊

어떻게 하는 것을 팽련(烹鍊)이라고 합니까?

답 身心欲合未合之際 若有一毫相撓 便以剛決之心敵之 爲武鍊也
身心既合 精氣既交之後 以柔和之心守之 爲文烹也 此理無他 只
是降伏身心 便是烹鉛鍊汞也 忘情養性 虛心養神 萬緣頓息 百慮
俱澄 身心不動 神凝氣結 是謂丹基 喩曰聖胎也 以上異名 只是以
性攝情而已 性寂情冥 照見本來 抱本還虛 歸根復命 謂之丹成也
喩曰脫胎

신심이 합하고자 하나 아직 합하지 않은 때에 털끝만한 요동이
있으면 곧 강한 결단력의 마음이 그것을 대적하니, 이는 곧 무련(武

鍊)[5]이 된다. 신심이 이미 합하여 정기가 사귀고 난 뒤에는 부드럽고 조화로운 마음이 그것을 지키니 곧 문팽(文烹)[6]이 된다. 이 이치 말고 다른 것은 없다. 다만 신심을 항복시키면 곧 연홍을 단련하는 것이 된다. 정을 잊고 성을 기르며 마음을 비우로 신을 기르면 온갖 인연이 순간 사라지며 온갖 사려가 모두 깨끗해져 신심이 움직이지 않고 신은 응집되고 기는 맺히니 이를 단기(丹基)[7]라고 한다. 이를 비유하여 성태(聖胎)라고 한다. 이상의 일은 이름은 다르지만 단지 성으로써 정을 통제하는 것일 뿐이다. 성이 고요하고 정이 사라지만 본래면목을 환히 보게 되어 근본을 껴안고 허로 돌아가 귀근복명하게 되니 이를 단이 이루어짐이라고 하고, 비유하여 탈태(脫胎)[8]라고 한다.

> **문**
>
> 諸丹經云 用工之妙 要在玄關 不知玄關正在何處
>
> 여러 단경에서 수행하는 핵심은 현관(玄關)에 있다고 하는데, 현관이 어디에 있는지 알지 못하겠습니다.

---

5 외단에서 약물을 솥에 넣고 불때기를 하는데, 세게 불을 때는 것을 무화(武火) 혹은 무련(武鍊)이라고 한다. 여기에서는 외단의 화후 용어를 내단으로 가져와 사용하고 있으므로, 내단 수련에서 강하게 수련하는 것을 의미한다.

6 외단에서 불때기를 할 때, 은은하게 불을 때는 것을 문화(文火) 혹은 문팽(文烹)이라고 한다. 내단 수련에서 수련의 강도를 약하게 하는 것을 의미한다.

7 내단 수련을 통해 신과 기가 응결된 것을 말한다. 이를 단의 토대 혹은 단의 기초라고 한다.

8 내단 수련을 통해 최후의 목표인 단을 이룬 것을 의미한다.

玄關者 至玄至妙之機關也 寧有定位 著在身上即不是 離了此身 向
外尋求 亦不是 泥於身則著於形 泥於外則著於物 夫玄關者 只於四
大五行不著處是也 余今設一譬喩 令汝易於曉會 且如傀儡 手足擧
動 百般舞蹈 在乎線上關棙 實由主人使之 傀儡比得人之四大一身
線比得玄關 抽牽底主人比得本來眞性 傀儡無線則不能動 人無玄
關亦不能運動 汝但於二六時中 行住坐臥 著工夫向內求之 語默視
聽 是箇什麼 若身心靜定 方寸湛然 眞機妙應處 自然見之也

현관이란 지극히 현묘하고 지극히 오묘한 기틀이다. 어찌 정해진
자리가 있겠는가. 몸에 붙어있다고 하면 옳지 않다. 이 몸을 벗어
나 있다고 하면, 밖을 향해 찾으니 이 또한 옳지 않다. 그러면 몸에
집착하고 형체에 집착하거나 밖에 집착하고 다른 사물에 집착한다.
대개 현관이란 사대(四大)와 오행(五行)에서 붙어있는 곳이 없다. 내
가 하나의 비유를 세워 그대에게 쉽게 깨닫게 하고자 한다. 저 꼭
두각시가 손과 발을 움직이며 온갖 춤을 추는 것은 줄에 매인 관려
자에 달렸으니, 실지로 주인인 그렇게 시킨 것이다. 꼭두각시는 비
유하면 사람의 사대인 몸이고 줄은 현관이다. 끌어당기고 움직이는
주인은 비유하면 본래의 진성이다. 꼭두각시가 줄이 없으면 움직이
지 못하듯이 사람도 현관이 없으면 운동하지 못한다. 네가 12시진
동안 움직이거나 머물거나 앉거나 눕거나 간에 공부하면서 내면에
서 찾아보라. 말을 하거나 침묵하건 보거나 듣거나 간에 이것이 무
엇인지 찾으면, 몸과 마음이 안정되고 마음이 고요해지면 진기가
오묘하게 응하는 곳이 저절로 나타날 것이다.

易系云 寂然不動 即玄關之體也 感而遂通 即玄關之用也 自見得
玄關 一得永得 藥物火候 三元八卦 皆在其中矣 時人若以有形著
落處爲玄關者 縱勤功苦志 事終不成 欲直指出來 恐汝信不及 亦
不得用 須是自見始得 譬如儒家先天之學 亦要默而識之 孟子云
浩然之氣 塞乎天地之間 曰難言也 且難言之妙 非玄關乎 且如釋
氏不立文字 教外別傳 使人神領意會 謂之不傳之妙 能知此理者
則能一撤萬融也

『주역』「계사」에 "고요하여 움직이지 않는다"고 하였는데 이것이
바로 현관의 체이다. "느끼어 통한다"고 하였는데 이것이 바로 현
관의 용이다. 현관을 스스로 얻어 보면 한번 얻으면 영원히 얻게 되
니 약물과 화후, 삼원과 팔괘가 모두 그 가운데 있다. 지금 사람들
이 형체로 드러난 곳곳이 현관이라고 하면 헛되이 공을 들이고 뜻
을 괴롭혀도 그 일은 끝내 이루지 못한다. 직접 지적해 주려고 해
도 네가 믿지 않을까 두렵고 그럴 수도 없으니, 반드시 스스로 알아
얻어야 한다. 비유하자면 유가의 선천학[9]도 또한 묵묵히 알아내는
것이니, 맹자가 "호연지기가 천지 사이를 가득 채우니 말하기 어렵
다"[10]고 하였다. 말하기 어려운 것이 현관이 아니고 무엇이겠는가.
부처가 문자를 세우지 않고 가르침 밖에 별도로 전한 것이 사람들
로 하여금 정신과 뜻으로 깨우치게 한 것이니, 이를 전하지 않은 오

---

9 역학에서 선천학은 복희의 역을 의미하고, 문왕과 주공의 주역은 후천학이라고
한다.
10 『맹자(孟子)』「공손추상(公孫丑上)」에 나온다.

묘함이라고 한다. 이 이치를 알 수 있다면 하나를 깨우쳐 만 가지를 융통할 수 있다.

或謂崇釋與修道 可以斷生死 出輪迴 學儒可盡人倫 不能了生死 豈非三教異同乎

어떤 사람은 '불교를 숭상하거나 도를 닦으면 죽고 사는 문제를 해결하고 윤회에서 벗어날 수 있지만, 유교를 배우면 인륜은 지극하게 할 수 있지만 죽고 사는 문제를 해결할 수는 없다'라고 합니다. 이것이 어찌 삼교(三敎)의 같고 다른 점이 아니겠습니까?

達理者奚患生死耶 且如窮理盡性以至於命 原始返終 知周萬物 則知生死之說 所以性命之學 實儒家正傳 窮得理徹 了然自知 豈可不能斷生死輪回乎 且如義皇初畫易之時 體天設教 以道化人 未嘗有三教之分 故曰 皇天無二道 聖人無兩心

이치에 통달한 사람이 어찌 죽고 사는 문제를 근심하겠느냐? 만일 이치를 궁구하고 성을 극진하게 하여 명(命)에 이르며, 처음을 궁구하고 끝으로 돌아와서 만물에 대하여 두루 알게 된다면 죽고 사는 것에 관한 설을 알게 될 것이다. 그러므로 성명(性命)의 학설은 실제로는 유가의 바른 가르침이다. 그러니 이치를 철저히 궁구하면 분명하게 스스로 알게 될 것이니 어찌 생사윤회를 해결하지 못할 수 있겠느냐. 예컨대 희황(義皇)[11]께서 처음 괘(卦)를 그리실 적

----

11 8괘를 처음 그렸다는 전설상의 인물인 복희씨를 말한다.

에 하늘의 운행을 체득하여 가르침을 베푸시면서 도(道)로써 백성들을 교화시켰지만, 그 속에 일찍이 삼교의 분별은 있지 않았다. 그래서 '황천(皇天)에는 두 가지 도(道)가 없고, 성인에게는 두 마음이 없다'라고 한 것이다.

當來初畫一者 象太極也 有一便有二 象兩儀也 一者 陽也 二者 陰也 一陰一陽之謂道 仰則觀於天 上畫一畫以象天 俯則察於地 下畫一畫以象地 中畫一畫 以象人 故三畫以成乾 象三才也 兩乾斷而成坤 象六合也 故曰立天之道 曰陰與陽立地之道 曰柔與剛立人之道曰仁與義 兼三才而兩之 故六畫而成坤

원래 처음 한 획을 그은 것은 태극을 상징한다. 하나가 있으면 곧 둘이 있기 마련이니 이것은 양의(兩儀)를 상징한다. 하나는 양(陽)이며 하나는 음(陰)이니 일음일양(一陰一陽)을 도(道)라고 이른다. 우러러 위로 하늘을 관찰하여 한 획을 그어 하늘을 상징하였고, 굽어 아래로 땅을 관찰하여 한 획을 그어 땅을 상징하였으며, 그 중간에 한 획을 그어 사람을 상징하였다. 그러므로 3번 획을 그어서 건(乾☰)이 되었는데 3은 삼재(三才)를 상징한 것이고 건(乾☰)을 둘로 가르면 곤(坤☷)이 되는데 곤은 육합(六合)[12]을 상징한 것이다. 그러므로 '하늘의 도를 세워서 음양이라 하고, 땅의 도를 세워서 유강(柔剛)이라 하고, 사람의 도를 세워서 인의(仁義)라고 한다.'라고 말하는 것이

---

12 우주를 말한다.

다. 삼재(三才)를 둘로 하기 때문에 6획이 되어서 곤(坤☷)이 된다.

> 以一身言之 立天之道 曰陰與陽 心之神氣也 立地之道 曰柔與剛
> 身之形體也 立人之道 曰仁與義 意之情性也 心身意象乾三才也 神
> 氣性情形體 象坤之六合也 易曰 遠取諸物 近取諸身 此之謂也

일신(一身)을 기준으로 말하면 '하늘의 도를 세워서 음양이라 한
다'라고 말한 것은 심(心)의 신기(神氣)에 해당하며, '땅의 도를 세
워서 유강이라 한다'는 것은 신(身)의 형체(形體)에 해당하며, '사람
의 도를 세워서 인의라고 한다'는 것은 의(意)의 성정(性情)에 해당
한다. '심·신·의(心身意)'는 건괘[乾]의 삼재를 상징하고, 신기(神
氣)·성정(性情)·형체(形體)는 곤괘[坤]의 육합을 상징한다. 『주역(周
易)』「계사(繫辭)」에서 '멀리는 사물에서 취하고 가까이는 자신에게서
취한다'라고 하였는데 이것을 두고 하는 말이다.

문 繫辭云 六畫而成卦 先生云 六畫而成坤者 何也
「계사(繫辭)」에서는 '6획으로 괘가 성립된다'[13]라고 했는데 선생님
께서 '6획이 되어서 곤괘[坤]가 된다'라고 말씀하신 까닭은 무엇입
니까?

답 汝未知之 若謂六畫而成卦者 文王重卦也 文王未重卦之前 豈可謂
無三才六合乎 先賢云 立天之道曰陰與陽 天之乾坤也 立地之道曰

---

13 『주역(周易)』「설괘전(說卦傳)」 2장에 나오는 말이다.

柔與剛 地之乾坤也 立人之道曰仁與義 人之乾坤也 以此推之 乾坤
兩卦三才六合備矣 又豈以重卦言之哉 所謂六畫而成卦者 重卦之
後 名爲後天也

그대는 아직도 내 말을 알아듣지 못하고 있다. '6획으로 괘가 성
립된다'라고 말하는 것은 문왕(文王)의 중괘(重卦)[14]이다. 문왕께서
중괘를 만들기 전에 어찌 삼재(三才)와 육합(六合)이 없었다고 말할
수 있겠느냐. 선현들도 '하늘의 도를 세워서 음과 양이라고 말하였
으니 이것은 하늘의 건곤이고, 땅의 도를 세워서 강유라고 말하였
으니 이것은 땅의 건곤이며, 사람의 도를 세워서 인의라고 말하였
으니 이것은 사람의 건곤이다'라고 하셨다. 이러한 말씀을 기준으
로 미루어 보면 건곤 두 괘에 삼재와 육합이 이미 갖추어져 있다.
그런데 또 무엇 때문에 중괘를 가지고 말하겠는가? 이른바 '6획으
로 괘가 성립된다'는 말은 중괘를 만든 이후에 이것을 후천(後天)이
라고 부른 것이다.

문 若謂未重卦之前 三才六合備矣 而繫辭云 以制器者尚其象 未必因
器而設象 因象而制器乎

선생께서는 '중괘를 만들기 전에 이미 삼재와 육합이 갖추어져 있
다'라고 말씀하셨습니다. 그런데 「계사(繫辭)」에서는 '기물(器物)을
제작하려는 사람은 그 괘상(卦象)을 중시한다'[15]라고 했습니다. 그

---

14 소성괘 두 괘를 겹쳐 만든 대성괘를 말한다.
15 『주역』「계사상(繫辭上)」에 나오는 내용이다. 이를 관상제기설觀象製器說이라고

렇다면 반드시 기물로 인하여 괘상을 설정하거나, 괘상으로 인하여 기물을 만든 것이 아니지 않습니까?

답 因象而制器

괘상으로 인하여 기물을 만든 것이다.

문 三皇以下聖人制器 皆以重卦言之 若謂因象制器 文王未重易之前
豈有重卦之名乎

삼황(三皇)[16] 이후의 성인께서 기물을 제작하심은 모두 중괘를 기준으로 말씀하셨습니다. 그런데 만일 '상(象)'을 인하여 기물을 제작했다'라고 한다면 문왕께서 역을 중요시하기 전에 어찌 '중괘'라는 명칭이 있었겠습니까?

답 非也 前賢云 須信畫前元有易 所以文王未重卦之前 六十四卦俱備

그렇지 않다. 과거 현인들은 '모름지기 획을 그리기 전에 본디부터 역이 있음을 믿어라'고 말씀하셨다. 그러므로 문왕께서 중괘를 만들기 전에 64괘가 이미 구비되어 있었다.

한다. 그물, 쟁기, 처마, 시장 등을 만든 성인들은 모두 주역의 괘상을 보고 만들었다는 학설이 관상제기설이다.

16 중국 고대 전설상의 왕으로 도교에서는 신을 받든다. 삼황을 무엇으로 볼 것인가에 대한 논의는 다양하지만 도교에서는 천황·지황·인황(人皇)으로 본다.

卦若不重 六十四卦從何而得

만일 중괘를 만들지 않는다면 64괘가 어떻게 성립합니까?

變卦所生也 一卦變八卦 八卦變六十四卦 且如乾卦三爻上兩爻少
陽 下一爻老陽 支出巽卦來 陽變爲陰 乾之巽 天風姤也 擧此一卦
諸卦皆然

변괘(變卦)에 의해서 성립한다. 하나의 괘가 여덟 개의 괘로 변화
하고, 여덟 개의 괘가 예순네 개의 괘로 변화한다. 예컨대 건괘(☰)
3효(爻) 위의 두 효는 소양(少陽)이며, 아래 한 효는 노양(老陽)이다.
여기서 손괘(巽卦☴)가 갈라져 나오는데 초효의 양이 변하여 음이
되는 것이다. 건괘가 손괘가 되는 것이 곧 천풍(天風) 구괘(姤卦)이
다. 이 한 괘의 변화를 들어 모든 괘가 동일하게 변화 성립함을 알
수 있다.

卦不重而有六十四卦 文王如何又重之

괘를 포개지 않고 64괘가 있을 수 있다면, 문왕께서 무엇 때문에
괘를 포개었는지요?

卦不重而變六十四卦 乃羲皇心法 道統正傳誘萬世之下學者 同入
聖門 重卦而生六十四卦者 乃文王周孔立民極正人倫 使世人趨吉
避凶 立萬世君臣父子之綱耳

괘를 포개지 않고 64괘를 변화해 냄은 희황(羲皇)의 심법(心法)이
며 도통(道統)의 정전(正傳)으로서 만세 후의 학자를 가르쳐 모두 성

문(聖門)으로 들어가게 하는 것이다. 그리고 괘를 포개어 64괘를 성립시키는 것은 바로 문왕(文王), 주공(周公), 공자(孔子)께서 민극(民極)을 세우고 인륜(人倫)을 바르게 하여 세상 사람들로 하여금 좋은 일은 따르고 나쁜 일은 하게 하고, 만세토록 군신부자(君臣父子)의 강령을 확립하게 한 것이다.

故性命之學 不敢輕明於言 亦不忍隱斯道 孔子微露於繫辭 濂溪發明於太極通書也 蓋欲來者熟咀之而自得之 此學不泯其傳矣

그러므로 성명(性命)의 학문은 경솔하게 언어로 드러내지도 않고, 또한 이 도를 숨기지도 못한다. 공자께서 「계사(繫辭)」에서 은밀하게 드러내었고, 주렴계가 「태극도」와 『통서(通書)』를 통해 발명(發明)하였는데 이는 후세의 학자가 반복해서 생각하여 스스로 터득해 이 학문이 후대까지 계속 전해지기를 바래서 그런 것이다.

문 一陰一陽之謂道 如何說

'일음일양(一陰一陽)을 도(道)라고 한다'는 말은 어떻게 이해해야 합니까?

답 陰陽者 乾坤也 乾坤出於太極 太極判而兩儀立焉 兩儀 天地也 不言天地而言乾坤者 貴其用 不貴其體也 或曰乾陽也坤陰也 如何又云天地 曰 天地即乾坤也 乾坤即陰陽也 陰陽一太極也 太極本無極也 以太極言之則曰天地 以易言之則曰乾坤 以道言之則曰陰陽

음양이란 건곤(乾坤)이다. 건곤은 태극에서 나오고, 태극이 나누어져서 양의(兩儀)가 성립되는데 양의는 천지(天地)이다. 천지를 말하지 않고 건곤을 말하는 까닭은 용(用)을 귀하게 여기고 체(體)를 귀하게 여기지 않기 때문이다. 어떤 사람은 '건은 양이며 곤은 음이다'라고 하는데 어째서 천지라고 말하는가? 이는 천지가 바로 건곤이며 건곤이 바로 음양이기 때문이다. 음양은 하나의 태극(一太極)이며 태극은 본래 무극이다. 태극을 기준으로 말하면 '천지'라 하며, 역을 기준으로 말하면 '건곤'이라 하며, 도를 기준으로 말하면 '음양'이라 한다.

若以人身言之 天地形體也 乾坤性情也 陰陽神氣也 以法象言之 天龍地虎也 乾馬坤牛也 陽烏陰兔也 以金丹言之 天鼎地爐也 乾金坤土也 陰汞陽鉛也 散而言之 種種異名 合而言之 一陰一陽也 修仙之人 鍊鉛汞而成丹者 即身心合而還其本初 陰陽合而復歸太極也

그리고 만일 사람의 몸을 기준으로 말하면 천지는 형체(形體)이고, 건곤은 성정(性情)이며, 음양은 신기(神氣)이다. 법상을 기준으로 말하면 천은 용[龍]이며, 지는 범이고, 건은 말이며, 곤은 소이고, 양은 태양 속의 까마귀이고 음은 달 속의 토끼이다. 또 금단(金丹)을 기준으로 말하면 천은 정(鼎)이며 지는 로(爐)이고, 건은 금(金)이며 곤은 토(土)이고, 음은 수은이며 양은 납이다. 나누어 말하면 갖가지로 이름이 달라지고, 합하여 말하면 '일음일양(一陰一陽)'이다. 신선의 도를 닦는 사람 가운데 연홍(鉛汞)을 연마하여 단(丹)을 이루려는 자는 신심(身心)을 합하여 근본인 처음으로 돌아가고, 음양을 합하여 태극으로 복귀해야 한다.

三五一是何也

삼(三)·오(五)·일(一)은 무엇입니까?

三元五行也 東三南二是一箇五 北一西四是兩箇五 中土是三箇五
是謂三五也 以人身言之 性三神二是一箇五 情四精一是兩箇五 意
五是三箇五也 三五合一 則歸太極 身心意合一 則成聖胎也

삼원(三元)은 오행(五行)이다. [하도(河圖)의 생수(生數)로 말하자
면] 동(東)은 3이요 남(南)은 2이니 [이를 합하면] 첫 번째 5가 된다.
또 북(北)은 1이요 서(西)는 4니 [이를 합하면] 두 번째 5가 된다. 또
중토(中土) 역시 5이니 이것이 세 번째 5가 된다. (이처럼 5가 셋이
있으니) 이를 삼오(三五)라 한다. 사람의 몸을 기준으로 말해보자.
성(性)은 3이요 신(神)은 2이니 [이를 합하면] 이것이 첫 번째 5이다.
또 정(情)은 4요 정(精)은 1이니 [이를 합하면] 이것이 두 번째 5가
된다. 의(意)는 5이니 이것이 세 번째 5이다. 삼오가 합일(合一)하면
태극(太極)으로 돌아가고 신·심·의(身心意)가 하나로 합하면 성태
(聖胎)를 이룬다.

紫陽眞人云 三五一都三箇字(三元五行一氣 是也) 古今明者實然稀
(世鮮知之) 東三南二同成五(東三性也 南二神也) 北一西方四共之
(北一精也 西四情也) 戊己還從生數五(土數五 意也) 三家相見結嬰
兒(三家者 身心意也 嬰兒者 三五合一而成丹也) 嬰兒是一含眞氣
(嬰兒是眞一之異名 太一含眞也) 十月胎圓入聖基(工夫十月脫出
凡胎 超凡入聖也) 以此求之 金丹之道 實入聖基也

자양진인(紫陽眞人)이 말씀하시기를 "삼(三) 오(五) 일(一) 이 세 글
자에 대하여[17] 고금(古今)을 통해 이를 분명히 아는 사람이 실재로
드물다.[18] 동삼(東三) 남이(南二) 함께 오(五)를 이루고,[19] 북일(北一)
과 서방(西方) 사(四)가 함께 한다.[20] 무기(戊己)는 도리어 생수(生數)
오(五)를 따르니[21] 삼가(三家)가 서로 만나 영아(嬰兒)를 맺는다.[22] 영
아(嬰兒)란 바로 '일(一)'이 진기(眞氣)를 함유한 것이니[23] 열 달만에
태(胎)가 원만[圓]해지면 성기(聖基)로 들어간다.[24] 이상의 내용으로
생각해 본다면 '금단(金丹)의 도(道)'라는 것은 실로 성기(聖基)로 들
어가는 것이다.

문 繫辭云 天地設位 易行乎中 如何
「계사(繫辭)」에 '천지(天地)의 자리가 정해지면 역(易)이 그 가운데

---

17 여기에는 다음과 같은 원주가 있다(이하 [원주]로 표시한다). "삼원(三元)과 오
행(五行)과 일기(一氣)가 바로 그것이다(三元五行一氣 是也)."

18 [원주] "세상에서 이를 아는 경우가 드물다는 말이다(世鮮知之)."

19 [원주] "동(東)의 3은 성(性)이고, 남(南)의 2는 신(神)이다(東三性也 南二神也)."

20 [원주] "북(北)의 1은 정(精)이고, 서(西)의 4는 정(情)이다(北一精也 西四情也)."

21 [원주] "토(土)의 수(數)인 5는 의(意)이다(土數五 意也)."

22 [원주] "삼가(三家)라는 것은 신·심·의(身心意)이다. 영아(嬰兒)는 삼오(三五)
가 합일하여 단(丹)을 이루는 것이다(三家者 身心意也 嬰兒者 三五合一而成丹也)."

23 [원주] "영아(嬰兒)란 진일(眞一)의 다른 이름이니 태일(太一)이 진(眞)을 머금
고 있는 것이다(嬰兒是眞一之異名 太一含眞也)."

24 [원주] "공부(工夫)한 지 열달 만에 범인의 태(凡胎)를 탈출하니 범인을 넘어 성
인의 경지에 들어간다(工夫十月脫出凡胎 超凡入聖也)."

행해진다'[25]고 하였는데 무슨 의미인지요?

답 天地設位 人生於中 是謂三才 故人與物 生生而不息 所以不言人與物 而言易者 聖人言 乾坤易之門 隨時變易以從道也 如金丹以乾坤爲鼎器者 天地設位也 以陰陽爲化機者 即易行乎中也 元始采藥無窮行 火候之不息也

천지(天地)의 자리가 정해지면 사람이 그 가운데에서 생겨나니 이것을 삼재(三才)라고 이른다. 이리하여 사람과 사물은 (천지 사이에서) 끊임없이 낳고 낳는다. 그런데 '사람[人]과 사물[物]'이라 말하지 않고 '역(易)'이라 말한 이유는 성인(聖人)께서 '건곤(乾坤)은 역(易)의 문(門)[26]이며, 때에 따라 변역하여 도(道)를 따른다'[27]라고 하였기 때문이다. 예컨대 금단(金丹)에서 건곤(乾坤)을 정기(鼎器)로 삼는 것은 바로 '천지(天地)의 자리가 정해진다'는 것이고 '음양(陰陽)을 조화의 기틀로 삼는 것'은 바로 '역(易)이 그 가운데서 행해진다'는 것이다. 처음에는 쉬지 않고 채약(采藥)하고 나서 화후(火候)를 쉬지 않고 행해야 한다.

문 闢戶謂之乾 闔戶謂之坤 一闔一闢謂之變 如何

'문을 엶을 건(乾)이라 하고 문을 닫음을 곤(坤)이라 하며, 한번 닫

---

25 『주역』「계사하(繫辭下)」에 나오는 내용이다.
26 『주역』「계사하(繫辭下)」에 나오는 내용이다.
27 정이(程頤)의 『역전(易傳)』 서문(序)에 나오는 내용이다.

고 한번 엶을 변(變)이라 한다'[28]고 했는데 무슨 뜻인지요?

답 一闔一闢者 一動一靜也 乾陽坤陰如門戶之闔闢 即乾坤易之門也
且如陰陽互動互靜 機緘不已 元亨利貞 定四時成歲 變者 變易也
至道與神氣 混混淪淪 周乎三才 萬物闔闢無窮 致廣大而盡精微矣

'한번 닫고 한번 연다(一闔一闢)'는 것은 '한번 움직이고 한번 고요
하다(一動一靜)'는 것이다. 건양(乾陽)과 곤음(坤陰)은 흡사 문이 열리
고 닫히는 것과도 같으니, 곧 '건곤(乾坤)은 역(易)의 문(門)'[29]인 셈이
다. 예를 들자면 음양(陰陽)이 번갈아 움직이고 고요하여 기틀[機緘]
이 끊임없이 작용하는 것과 원형이정(元亨利貞)이 4계절이 되어 한
해를 이루는 것 등이 모두 이와 같은 경우이다. 그리고 '변(變)'이란
것은 '변역(變易)'이다. 지극한 도[至道]와 신령스러운 기[神氣]는 넓
게 퍼져서 삼재(三才)에 미치지 않는 바가 없기 때문에 만물의 합벽
(闔闢)이 끝없이 이루어지니 이것은 광대함을 이루고 정미함을 다한
것이다.[30]

以一身言之 呼吸是矣 呼則接天根 是謂之闢 吸則接地根 是謂之闔
一呼一吸 化生金液 是謂之變 闔闢呼吸 即玄牝之門 天地之根矣
所謂呼吸者 非口鼻呼吸 乃眞息闔闢也

---

28 『주역』, 「계사상(繫辭上)」에 나오는 내용이다.
29 『주역』, 「계사하(繫辭下)」에 나오는 내용이다.
30 「중용」 제27장에 나오는 내용이다.

일신(一身)의 측면에서 말하자면 호흡(呼吸)이 바로 그것이다. 날숨[呼]을 쉬면 천근(天根)에 닿으니 이것을 '벽(闢)'이라 하고, 들숨[吸]을 쉬면 지근(地根)에 닿으니 이것을 일러 합(闔)이라고 한다. 그리고 한번 내 쉬고 한번 들이 쉴 때에 금액(金液)[31]이 생성되니 이것을 '변(變)'이라고 한다. 그렇다면 합벽(闔闢)과 호흡(呼吸)은 바로 현빈(玄牝)의 문이며 천지의 뿌리인 것이다. 여기서 말하는 호흡(呼吸)이란 입과 코를 통해서 행하는 호흡이 아니라 진식(眞息)[32]의 여닫음이다.

문
乾道成男 坤道成女 如何
'건(乾)의 도(道)가 남자가 되고, 곤(坤)의 도(道)가 여자가 되었다'[33]는 무슨 의미입니까?

답
乾父也 坤母也 乾初爻 交坤而成震 震初索而得男 是謂長男 坤初爻
交乾而成巽 巽初索而得女 是是爲女 乾中爻交坤而成坎 坎再索而
得男 是謂中男 坤中爻交乾而成離 離再索而得女 是謂中女 乾三爻
交坤而成艮 艮三索而得男 是謂少男 坤三爻交乾而成兌 兌三索而
得女 是謂少女 乾生三男 坤生三女 乾坤共生六子 是謂八卦
건(乾☰)은 아비이고 곤(坤☷)은 어미이다. 건괘(乾卦)의 초효(初

---

31 금단으로 수련가들이 연단하여 얻은 약물로. 복용하면 신선이 된다고 한다.
32 진기(眞氣)와 같다.
33 『주역』「계사상(繫辭上)」에 나오는 말이다.

爻)가 곤괘(坤卦)와 사귀어서 진괘(震卦☳)가 되는데 진괘란 곤괘가 처음에 구하여 아들을 얻은 것이니 이것을 장남(長男)이라고 한다. 곤괘(坤卦)의 초효(初爻)가 건괘(乾卦)와 사귀어 손괘(巽卦☴)가 되는데 손괘란 건괘가 처음 구하여 딸을 얻은 것이니 이것을 장녀(長女)라고 한다. 건괘(乾卦)의 중효(中爻)가 곤괘(坤卦)와 사귀어 감괘(坎卦☵)가 되는데 감괘란 곤괘가 두 번째로 구하여 아들을 얻은 것이니 이것을 중남(中男)이라 한다. 곤괘(坤卦)의 중효(中爻)가 건괘(乾卦)와 사귀어 리괘(離卦☲)가 되는데 리괘란 건괘가 두 번째로 구하여 딸을 얻은 것이니 이것을 중녀(中女)라 한다. 건괘(乾卦)의 삼효(三爻)가 곤괘(坤卦)와 사귀어 간괘(艮卦☶)가 이루어지는데 간괘란 곤괘가 세 번째로 구하여 아들을 얻은 것이니 이것을 소남(少男)이라고 한다. 곤괘(坤卦)의 삼효(三爻)가 건괘(乾卦)와 사귀어 태괘(兌卦☱)가 되는데 태괘란 건괘가 세 번째로 구하여 딸을 얻은 것이니 이것을 소녀(少女)라 한다. 건(乾)이 삼남(三男)을 낳고 곤(坤)이 삼녀(三女)를 낳으니 건과 곤이 함께 여섯 자녀를 낳는다. 이것을 팔괘(八卦)라고 한다.[34]

以身言之 初受胎時 稟父母精華而成此身 精華者 丹經喩曰 天壬地癸也 初交合時 天壬先至 地癸隨至 癸裏壬 則成男子 地癸先至 天壬隨至 壬裏癸 則成女子 壬癸偶然齊至 則成雙胎 壬先至癸遲至 癸先至壬遲至 俱不成胎也 故曰乾道成男 坤道成女

---

34 『주역』「설괘전」제10장에 나오는 내용이다.

사람의 몸으로 말한다면 처음 수태(受胎)할 때에는 부모의 정화(精華)를 받아 이 몸이 이루어지니 '정화(精華)'란 단경(丹經)에서 말한 '천간의 임(壬)과 지지의 계(癸)'이다. 처음 교합(交合)할 때 천임(天壬)이 먼저 도달하고 지계(地癸)가 이에 뒤따라 도달하게 되어 계(癸)가 임(壬)을 감싸 안으면 남자가 되며, 지계(地癸)가 먼저 도달하고 천임(天壬)이 이에 뒤따라 도달하여 임(壬)이 계(癸)를 감싸 안으면 여자가 된다. 그리고 임계(壬癸)가 우연히 나란히 이르게 되면 쌍둥이가 되지만 임(壬)이 먼저 도달한 상태에서 계(癸)가 늦게 도달하거나 계(癸)가 먼저 도달한 상태에서 임(壬)이 늦게 도달한 경우는 모두 태(胎)를 이루지 못한다. 이 때문에 "건(乾)의 도(道)가 남자가 되고 곤(坤)의 도(道)가 여자가 되었다(乾道成男 坤道成女)"라고 한 것이다.

夫天壬地癸者 乃天地元精元氣也 亦丹經所云坎戊離己 異名鉛汞也 節之於外則成人 益之於內則成丹 世人不知 生男生女 實由命分中得 不由人力 若不斷淫絕慾自爲修養 直待精華耗竭 早至夭亡 大可惜也 又豈知寡慾而得男女貴而壽 多慾而得男女濁而夭

대체로 천임과 지계는 바로 천지(天地)의 원정(元精)[35]과 원기(元氣)이니 단경(丹經)에서 감무(坎戊)[36]와 리기(離己)[37]를 달리 납과 수

---

35 원기와 원신, 원정을 도교에서는 생명의 핵심적인 요소로 본다. 원정은 선천의 정으로 이를 수련하면 기로 변화한다고 본다.

36 금단을 이룰 수 있는 약물이다. 감무와 리기가 합해져 금단이 된다.

37 금단을 이룰 수 있는 약물로, 위의 설명과 같다.

은이라 이름붙이는 것과 같다. 밖에서 조절하면 사람이 되고, 안에서 키워나가면 단(丹)이 이루어진다. 그런데 세상 사람들은 아들을 낳거나 딸을 낳는 것이 실로 정해진 명(命)을 말미암아 얻은 것이지 사람의 힘을 말미암지 않았다는 사실을 모른다. 만약 음욕(淫慾)을 단절하여 스스로 수양(修養)하지 않고 그저 정화(精華)가 소모(耗竭)되는 것을 방치한다면 일찍 죽게 될 것이니 매우 애석한 일이다. 또 어찌 '욕정을 절제하여 얻은 아들 딸은 귀하면서도 오래 살고, 욕정을 많이 부려 얻은 아들딸은 미련하고 일찍 죽는다'는 것을 알겠는가.

문 形而上者 謂之道 形而下者 謂之器 如何

'형이상적인 것을 도(道)라 이르고 형이하적인 것을 기(器)라고 한다'[38]는 말의 뜻은 무엇입니까?

답 形而上者 無形質 形而下者 有體用 無形質者 係乎性 汞也 有體用者 係乎命 鉛也 總而言之 無出身心也

형이상적인 것은 형질(形質)이 없고 형이하적인 것은 체용(體用)이 있다. 형질이 없는 것은 성(性)과 연관(係)되니 그것은 수은[汞]이며, 체용이 있는 것은 명(命)과 연관되니 그것은 납[鉛]이다. 이것을 총괄해서 말한다면 몸과 마음에서 벗어나지 않는 것이라 할 수 있다.

---

38 『주역』「계사상(繫辭上)」에 나오는 내용이다.

문

聖人 以易洗心 退藏於密 密是何也

성인(聖人)이 '역(易)으로써 마음을 깨끗이 씻어 수습하여 은밀한 곳에 감춘다'[39]라고 하신 말씀 가운데 '은밀함[密]'이란 무엇입니까?

답

誠之至也 易理致廣大而盡精微 聖人玩味其理 洗心滌慮 藏於極誠矣

정성[誠]이 지극하다는 말이다. 역의 이치[易理]란 극도로 광대함을 이루고 정미함을 다한 것인데 성인(聖人)이 그 이치를 완미(玩味)하여 마음과 생각을 맑게 하고 지극한 정성으로 간직한다는 뜻이다.

문

書云 人心惟危 道心惟微 惟精惟一 允執厥中 不知中如何執

『서경』에서 '인심(人心)은 위태롭고 도심(道心)은 은미하니 정미롭게 하고 한결같이 하여야만 진실로 그 중도(中道)를 견지할 수 있다.'[40]라고 했는데 잘 모르겠습니다만 중(中)을 어떻게 견지할 수 있는지요?

답

執者 一定之辭 中者 正之中也 道心微而難見 人心危而不安 雖至人亦有人心 雖下愚亦有道心 苟能心常正得中 所以微妙而難見也

'견지한다'는 것은 '하나로 고정한다[一定]'는 뜻이고 '중(中)'이란 것은 '올바름에 근거한 적절함[正之中]'을 의미한다. 도심(道心)은 은미(隱微)하여 보기가 어렵고 인심(人心)은 위태로워서 불안(不安)한

---

39 『주역』 「계사상(繫辭上)」에 나오는 말이다.
40 『서경(書經)』 「우서(虞書)」 「대우모(大禹謨)」에 나오는 말이다.

데, 비록 지인(至人)이라 하더라도 인심(人心)을 지니고 있으며 비록 하우(下愚)라 해도 도심(道心)을 지니고 있다. 그러므로 정말로 마음을 항상 바르게 할 수 있다면 중(中)을 얻을 수 있으니 그렇기 때문에 '미묘하여 보기 어렵다'라고 한 것이다.

若心稍偏而不中 所以危殆而不安也 學仙之人 擇一而守之不易 常
執其中 自然危者 安而微者著矣 金丹用中爲玄關者 亦是這箇道理

만약 마음이 조금이라도 치우치면 중을 얻지 못하니 그렇기 때문에 '위태로워서 불안하다'라고 한 것이다. 선도(仙道)를 배우는 사람들이 이처럼 하나를 택하여 바꾸지 않고 지켜서 항상 그 중(中)을 견지한다면 자연히 '위태로운 인심'은 편안해지고 '은미한 도심'은 드러나게 될 것이다. 금단수련(金丹修鍊)에서 중(中)을 현관(玄關)이라 하는 것도 역시 이와 같은 도리(道理)이다.

문 上天之載 無聲無臭 如何

'상천(上天)의 일은 소리도 없고 냄새도 없다'[41]라고 했는데 무슨 뜻입니까?

답 誠之昭著 雖無聲可聞 無臭可知 天道亦不可掩 如道經云 大量玄玄
亦是眞之至也

상천의 진실함은 공명하게 드러나기 때문에 비록 소리가 없어도

---

41 『시경(詩經)』 「대아(大雅)」 '문왕(文王)'편에 나오는 말이다.

들을 수 있고, 냄새가 없어도 알 수 있으니 천도(天道)는 은폐할 수 없다는 의미이다. 이것은 예컨대 도경(道經)에서 말한 "한없이 아득하고 하득하다[大量玄玄]"[42]라는 것과 같으니 이것 또한 지극히 진실한 것이다.

문 不識不知 順帝之則 如何

'아무것도 모르고 상제(上帝)의 법칙만을 따른다'[43]라고 하였는데 이 말은 무슨 뜻입니까?

답 聖人生而知之 默而順之天理 所謂不思而得不勉而中 得無爲自然 之道也 此則中庸所謂誠而明也 若謂明而誠 正是聖人之教耳

성인(聖人)은 태어나면서부터 천리(天理)를 알아 묵묵히 따른다는 의미이니, 이른바 '생각하지 않아도 터득하고 힘쓰지 않아도 중도에 들어맞는다'[44]는 것으로서 무위자연의 도를 얻은 경우이다. 이것은 「중용(中庸)」에서 이른바 "성(誠)으로 말미암아 밝아진다"는 말인데, "밝힘을 말미암아 진실해진다"는 말은 바로 성인(聖人)의 교화(敎化)에 해당한다.

學道之人 夙有根器 一直了性 自然了命也 此生而知之也 根器淺薄

---

42 『영보무량도인상품묘경(靈寶無量度人上品妙經)』에 나오는 말이다.
43 『시경(詩經)』「대아(大雅)」 '황의(皇矣)'편에 나오는 말이다.
44 『중용(中庸)』에 나오는 말이다.

者 不能一直了性 自教而入 從有至無 自粗達妙 所以先了命而後了
性也 此學而知之也

　도(道)를 배우는 사람 가운데 근기(根器)를 타고난 사람은 곧바로
성을 깨닫고 자연히 명(命)을 알게 되니, 이는 '태어나면서부터 아
는 것'[生而知之]이다. 그러나 근기가 부족한 사람은 곧바로 성(性)을
깨닫지 못하기 때문에 가르침을 받아서 도에 들어가되 유(有)로부
터 무(無)에 이르며 거친 곳(粗)에서부터 시작하여 오묘한 경지(妙)
에 도달한다. 이는 먼저 명(命)을 알고 난 다음에 성(性)을 깨닫게
되는 경우이니 곧 '배워서 아는 것'[學而知之]이다.

문 夫子飯蔬食飮水 曲肱而枕之 樂亦在其中矣 夫子樂在何處

　공자가 '거친 밥을 먹고 물을 마시며 팔을 굽혀 베개 삼아 베더라
도 낙(樂)은 또한 그 가운데 있다'[45]라고 하셨는데 공자의 즐거움은
어디에 있었습니까?

답 夫子所樂者天 所知者命 故樂天知命而不憂 雖匡人所逼 猶且弦歌
自娛 於易得不遠復以修身 復見天地之心 窮理盡性以至於命 此金
丹之妙也

　공자가 즐긴 것은 하늘[天]이고 안 것은 명(命)이었다. 그렇기 때
문에 천리(天理)를 즐거워하고 천명(天命)을 알아서 근심하지 않았

---

45 『논어(論語)』 「술이(述而)」에 나오는 말이다.

으니, 비록 광인(匡人)에게 핍박(逼迫)을 당했을 때[46]에도 여전히 거문고를 타고 노래 부르며 스스로 즐거워하였다. 이것은 역(易)의 이치로 보면, 머지않아 회복되는 이치[47]를 터득하여 몸을 닦아서 다시 천지(天地)의 마음을 알게 되고[48] 이치를 궁구(窮究)하고 성(性)을 다하여 명(命)에 도달하는 경우이니 이것이 바로 금단(金丹)의 오묘함(妙)이다.

문

顏子簞瓢之樂何如

안자(顏子)의 '단표(簞瓢)의 즐거움'[49]을 어떻게 생각하시는지요?

답

顏子得夫子樂天知命不憂之理 故不改其樂也 所以如愚 心齋坐忘 黜聰明 去智慮庶乎屢空 亦金丹之妙也

안자는 공자의 '천리(天理)를 즐거워하고 천명(天命)을 알아 근심하지 않으신 이치'를 터득했기 때문에 그 즐거움을 고치지 않았다. 그래서 '안자는 어리석은 듯 행동했다.'[50] 또 '심재(心齋)하고 좌망(坐忘)했으며 총명함을 버리고'[51] 지려(智慮)를 제거하였다. 거의 도(道)

---

46 광(匡) 땅 사람들이 공자를 양호(陽虎)로 오인하여 공자를 구금한 일이 있다. 양호는 노나라 계시(季氏)의 가신으로 일찍이 광 땅에서 포학을 부린 일이 있었다.

47 『주역』 복괘(復卦) 초구(初九) 효사(爻辭)에 나오는 내용이다.

48 『주역』 복괘의 단사(彖辭)에 나오는 내용이다.

49 거친 도시락과 표주막의 물로도 즐거워한다는 뜻으로, 『논어(論語)』 「옹야(雍也)」에 나오는 내용이다.

50 『논어(論語)』 「위정(爲政)」에 나오는 내용이다.

51 '심재(心齋)'는 모든 잡념을 버렸음을 나타내는 말이고, '좌망(坐忘)'은 물아일체

에 가까웠으며 자주 궁핍함에 처했다. [이러한 안자의 경지는] 또한 금단(金丹)의 오묘함(妙)이기도 하다.

문 曾子被破褐 而頌聲滿天地 天子不得而臣 諸侯不得而友 是如何

증자(曾子)는 누더기 갈옷을 입고 지냈어도 그를 칭송하는 소리가 천지에 가득하여 천자(天子)도 그를 신하로 불러들이지 못했고 제후(諸侯)도 그를 벗으로 사귈 수 없었습니다. 그 이유는 무엇입니까?

답 曾子一唯之妙 口耳俱忘 所以修身齊家治國平天下 得一貫之道

증자의 일유지묘(一唯之妙)[52]가 가능했던 것은 그가 입이나 귀를 모두 잊을 수 있었기 때문이다. 이 때문에 수신(修身) 제가(齊家) 치국(治國) 평천하(平天下)를 해나감에 있어서 '하나로 통하는[一貫] 도(道)'를 터득한 것이다.

문 子路問死 夫子答曰 未知生 焉知死 是如何

자로(子路)가 '죽음'에 관해 질문하자 공자께서는 '삶을 모르는데

(物我一體)의 경지를 나타내는 말이다. '심재', '좌망', '黜聰明' 등은 모두 『장자(莊子)』에서 안자와 관련하여 나오는 말들이다.

52 공자는 일찍이 증자[曾參]에게 "삼(參)아! 우리 도(道)는 한 가지 이(理)가 만 가지 일을 꿰뚫고 있다."고 하자 증자가 "예[唯]"라고 대답한 일이 있다.(『논어(論語)』「이인(里仁)」 "子曰 參乎 吾道一以貫之 曾子曰 唯") 여기서 말하는 '일유지묘'란 이 구절을 줄여서 말한 것으로 '공자의 일이관지(一以貫之)의 도를 깨달은 신묘함' 정도의 뜻이라 할 수 있다.

어떻게 죽음을 알겠는가?'[53]라고 하셨는데, 이는 무슨 뜻입니까?

답 生死乃晝夜之常 知有晝則知有夜 易云 原始返終 則知死生之說 丹書云 父母未生以前是金丹之基 釋云 未有此身 性在何處

생사(生死)는 밤낮[晝夜]이 영원히 계속되는 것과 같다. 따라서 낮이 있음을 알면 밤이 있음도 알게 된다. 『주역(周易)』에서는 "시초에 근원하여 돌이켜 마침[終]을 연구한다. 그러므로 '생(生)'과 '사(死)'가 무엇인가에 관해 알게 된다"[54]고 했고, 『단서(丹書)』에는 "부모가 아직 태어나기 이전이 바로 금단(金丹)의 터(基)이다"라고 했으며, 불교에서는 "아직 이 몸이 있기 이전에 성(性)은 어디에 존재했는가?"라고 했다.

以此求之 三教入處 只要原其始 自知其終 溯其流而知其源 人能窮究此身其所從來 生死自然都知也 汝曾看太極圖否 太極未判之前是甚麼 若窮得透則知此身之前 原始 可以要終也.

이런 말들을 통해 생각해 보면 유불도 삼교 모두에 있어서 처음 공부해 들어가는 곳은 오직 그 '시초'에 근원하여 자연스럽게 그 '마침(終)'을 알아내고자 하는 것이며 그 '흐름'을 거슬러 올라가서 그 '근원'을 알아내고자 하는 것이다. 따라서 사람들이 나의 이 육신이 '어디로부터 온 것인가[所從來]'를 깊이 연구해낼 수 있다면 삶과 죽음을

---

53 『논어(論語)』「선진(先進)」에 나오는 내용이다.
54 『주역』「계사상(繫辭上)」에 나오는 내용이다.

모두 저절로 알게 될 것이다. 너는 일찍이 태극도(太極圖)를 보았는
가? 태극(太極)이 아직 갈라지기 이전은 무엇인가? 만약 이 점을 철
저하게 밝혀낼 수 있다면 이 육신이 있기 이전에 대해 알게 될 것이
고 '시초에 근원'하여 마침을 완수하는 것이 가능해 질 것이다.

문 太極未判 其形若雞子 雞子之外 是甚麼

태극(太極)이 아직 갈라지지 않고 있을 때의 모습이 마치 달걀과
같다면 달걀 밖은 무엇입니까?

답 太虛也 凡人受氣之時 形體未分 亦如雞子 旣生之後 立性立命 一
身之外 皆太虛也

태허(太虛)이다. 무릇 사람이 처음 기(氣)를 받아 형체가 분화되지
않았을 때는 또한 달걀과 같다. 이미 태어난 뒤에 성(性)과 명(命)이
성립된다. 육신 밖은 모두 태허(太虛)이다.

문 人在母腹中時 還有性否

사람이 태아 상태로 어미의 배 속에 있을 때도 여전히 성(性)이 있
을까요?

답 腹中穢汙 靈性豈存得住

어미의 뱃속은 매우 더러우니 이곳에 어찌 신령스런 성이 머무를
수 있겠는가?

124

문 懷胎五七箇月 其胎忽動 莫非性乎

임신한 후 5~7개월이 되면 태아가 움직이게 되는데 이것이 바로 태아에도 성이 있다는 증거 아닌가요?

답 非性也 一氣而已 人在腹中時 隨母呼吸 一離母胎 立性立命 便自有天地 且如蛇斬作兩段前尚走尾尚活 又有人煮蟹旣熟 遺下生脚尚動 豈性也 汝究此理 則知氣動也 非性也

성이 아니다. 하나의 기운[一氣]일 뿐이다. 태아가 뱃속에 있을 때는 어미의 호흡에 따라 함께 호흡한다. 그러다가 모태(母胎)에서 분리되면 성(性)과 명(命)이 성립되어 저절로 하나의 천지(天地)를 갖게 되는 것이다. 또 예를 들어 뱀 한 마리를 두 동강 낸다고 치자. 동강난 뱀의 머리 부분은 앞을 향해 달리는데 떨어진 꼬리 부분은 여전히 살아 움직인다. 또 어떤 사람이 게의 몸통을 삶아 푹 익히더라도 떨어져 남은 살아있는 다리는 여전히 움직인다. 이를 어찌 성(性)이라 할 수 있겠는가? 네가 이 이치를 연구한다면 이러한 현상은 기의 움직임 때문이지 성이 아님을 알게 될 것이다.

문 語云 吾道一以貫之 如何

『논어(論語)』에 "우리 도(道)는 한 가지 이(理)가 만 가지 일을 꿰뚫고 있다."[55]라고 한 말씀을 어떻게 이해해야 할까요?

---

55 『논어(論語)』「이인(里仁)」에 나오는 내용이다.

답

聖人言身中一天理 可以貫通三才三教 萬事無不備矣 如釋氏無我
無人無眾生無壽者 道教了一萬事畢 皆一貫也

성인(聖人)께서는 우리 몸의 천리(天理)가 삼재(三才)와 삼교를 관
통하여 만사가 갖추어지지 않음이 없음을 말씀하신 것이다. 예를
들어 불교에서 '아상(我相)도 없고 인상(人相)도 없고 중생상(眾生相)
도 없고 수자상(壽者相)도 없다'[56]는 것이나, 도교(道敎)에서 '하나를
깨달으면 만사가 끝난다'는 등의 말이 모두 '하나로 꿰뚫는다'는 것
이다.

문

世尊拈花示眾 獨迦葉微笑 世尊云 吾有正法眼藏 涅槃妙心 分付摩
訶伽葉 不知微笑者何事

석가세존(釋迦世尊)이 꽃을 들어 대중에게 보였을 때 가섭(迦葉)만
이 홀로 미소 지었습니다. 세존이 말씀하길 "나는 바른 법을 볼 수
있는 안목과 열반의 오묘한 경지를 지녔으니 이를 마하가섭(摩訶伽
葉)에게 전한다"[57]라 하였는데 무엇 때문에 미소를 지었습니까?

답

世尊拈花示眾 眾皆不見佛心 獨迦葉見佛心之妙 所以微笑 故世尊
以心外之妙 分付與迦葉也

세존이 대중에게 꽃을 들어 보일 때 대중이 모두 부처의 마음을
보지 못하였는데 가섭만이 홀로 부처의 오묘한 마음을 보았기에 미

---

56 『금강경(金剛經)』에 나온다.
57 『오등회원(五燈會元)』에 나온다.

소 지은 것이다. 그러므로 세존이 심외(心外)의 신묘한 표현으로 가섭에게 전한 것이다.

문 達摩西來 不立文字 直指人心 見性成佛 如何是見性

달마가 서쪽에서 와서 문자에 의지하지 않고 마음을 곧바로 가리켜 본성을 알아 성불한다고 하였는데 어떻게 해야 성을 알 수 있습니까?

답 達摩以眞空妙理 直指人心見性者 使人轉物情空 自然見性也 豈在乎筆舌傳之哉

달마가 진공묘리(眞空妙理)에 의거하여 곧바로 마음을 가리켜 불성을 안다고 한 것은 사람들로 하여금 사물의 실정[物情]이 공(空)하다고 생각을 바꾸게 하면 저절로 불성을 알게 된다는 것이다. 구태여 필설로 전할 것이 있겠는가?

문 儒有先天易 釋有般若經 道有靈寶經 莫非文字乎

유교에는 『선천역(先天易)』[58]이 있고, 불교에는 『반야경(般若經)』[59]이 있고, 도교에는 『영보경(靈寶經)』[60]이 있으니 이것이 문자가 아니고 무엇이겠습니까?

---

58 소강절에 의해 확립된 역학의 용어로, 문왕 이전의 복희역을 말한다. 문자가 없이 그림만 있는 역을 말한다.

59 대승불교 초기에 성립된 불교 경전으로, 반야라는 명칭을 갖는 불경들은 모두 반야경에 속한다.

60 갈홍의 집안에서 만든 도교 경전들 혹은 영보파들의 경전을 말한다.

非也 皆聖人以無言而形於有言 顯眞常之道也 釋教一大藏敎典及
諸家語彔因果 儒敎九經三傳諸子百家 道敎洞玄諸品經典及諸丹
書 是入道之徑路超升的梯階 若至極處 一箇字也使不著

그렇지 않다. 이는 모두 성인이 말로 할 수 없는 것을 말로 구체
화하여 참된 도리를 드러낸 것이다. 불교에는 대장경전과 여러 종
파의 어록이 있고, 유교에는 구경삼전(九經三傳)과 제자백가가 있으
며, 도교에는 통현(洞玄)의 여러 경전[61]과 여러 단서(丹書)들이 있지
만 이는 도로 들어가는 지름길이고 도약해 나가는 계제(階梯)인 것
이다. 그 극처(極處)에 이르러서는 한 글자도 붙일 수 없다.

汝問餘數事 亦只是過河之筏 向上一著 當於言句之外求之 或築著
磕著 悟得透得 復歸於太極 圓明覺照 虛徹靈通 性命雙全 形神俱
妙 虛空同體 仙佛齊肩 亦不爲難

그대가 내게 여러 가지를 물었으나 역시 강을 건너기 위한 뗏목
일 뿐이다. 거기에서 한 발 더 나아가려면 언어나 문자 밖에서 구
하여야 한다. 쌓기도 하고 부수기도하면서 투철히 깨달아 태극으로
다시 돌아가면 원각(圓覺)이 환하게 비추고, 허령(虛靈)하고 통철(通
徹)하여, 성(性)과 명(命)이 모두 온전하고, 형(形)과 신(神)이 묘를 갖
추어 허공과 동체가 될 것이다. 그리하면 선(仙)과 불(佛)이 어깨를

---

61 도교 경전을 분류하는 삼동 중에 동현 계에 속하는 경전을 말한다. 도교 경전
은 삼동사보의 분류 체계를 갖는데, 삼동(三洞)에는 동진(洞眞)·동현(洞玄)·동
신(洞神)이 속한다.

나란히 하는 것이 또한 어렵지 않다.

문 先生云 三教一理 極荷開發 但釋氏涅槃 道家脫胎 似有不同處

선생님의 삼교가 하나의 이치라는 말씀에 깊이 가르침을 받았습니다. 그런데 불가의 열반(涅槃)과 도가의 탈태(脫胎)는 다른 점이 있는 것 같습니다.

답 涅槃與脫胎 只是一箇道理 脫胎者 脫去凡胎也 豈非涅槃乎 如道家鍊精化氣 鍊氣化神 鍊神還虛 卽抱本歸虛 與釋氏歸空一理 無差別也

열반과 탈태는 하나의 도리일 뿐이다. 탈태는 범인의 태를 벗어남이니 어찌 열반이 아니겠는가? 도가의 연정화기(鍊精化氣) 연기화신(鍊氣化神) 연신환허(鍊神還虛)와 같은 것은 근본을 품어 안고 허(虛)로 돌아감이니 불가에서 공(空)으로 돌아간다는 것과 같은 이치로서 차이가 없다.

문 脫胎後 還有造化麼

탈태한 후에도 여전히 조화(造化)가 있습니까?

답 有造化在 聖人云 身外有身 未爲奇特 虛空粉碎 方露全眞 所以脫胎之後 正要脚踏實地 直待與虛空同體 方爲了當 且如佛云眞空 儒曰無爲 道曰自然 皆抱本還元 與太虛同體也 執著之徒 疇克知此一貫之道哉

조화가 있다. 성인은 "몸 밖에 몸이 있으면 기특(奇特)함이 되지 못한다. 허공까지도 부수어야만 참됨이 온전히 드러난다."고 말씀하였다. 그러므로 탈태한 후에 착실히 실천하여 허공과 동체가 되기를 올곧게 기다려야만 바야흐로 깨닫게 될 것이다. 또한 불가에서 진공(眞空)이라 하고, 유가에서 무위(無爲)라 하고, 도가에서 자연(自然)이라 함과 같은 것은 모두 근본을 품고 본원(本元)으로 돌아가 태허(太虛)와 동체가 되는 것이다. 집착하는 무리 중에 누가 이 일관(一貫)의 도를 알겠는가?

潔庵曰 先生精造金丹之妙道 融通三敎之玄機 隨問隨答 極玄極妙
豈敢自秘當刊諸梓 與同志之士 相與開發 隋珠趙璧 自有識者

선생께서 금단(金丹)의 오묘한 도[妙道]에 정밀한 조예가 있고, 삼교의 현기(玄機)에 두루 통달하였기에 질문에 따라 답한 것이 지극히 현묘하였다. 어찌 감히 감추어 두고 혼자서만 볼 수 있겠는가? 마땅히 출간하여 뜻을 함께하는 선비들과 더불어 개발해야 할 것이다. 그러면 이것이 천하의 보배임을 저절로 알게 될 것이다.

2. 조정암문답(趙定庵問答)

前代祖師 高眞上聖 有無上至眞之道 留傳在世 度人 汝還知否?

전대의 조사(祖師)와 고명한 성현이 더없이 참된 도를 가지고 세상에 머물러 전하면서 사람들을 제도하였는데 그대도 알고 있는가?

弟子初進玄門 至愚至蠢 蒙師收錄 千載之幸也 無上正眞之道 誠未知之 望師開發

제가 현문(玄門)에 처음 들어왔을 때 매우 어리석었는데 선생님께서 거두어주셨으니 천만다행입니다. 더없이 바르고 참된 도에 대해서는 진실로 알지 못하니 선생님의 가르침을 받고 싶습니다.

無上正眞之道者 無上可上 玄之又玄 無象可象 不然而然 至極至妙之謂也 聖人强名曰道 自古上仙 皆由此處了達 未有不由是而修證者 聖師口口 歷代心心相傳 所授金丹之旨 乃無上正眞之妙道也

더없이 바르고 참된 도란 더 오를 곳도 없고 현묘하고도 현묘하며 형상화할 수 있는 모습도 없으며 그렇게 하려고하지 않아도 그렇게 되는 지극히 묘한 것을 말하는 것인데, 성인이 이것을 억지로 도(道)라고 이름 지었다. 예로부터 상등의 선인은 모두 이로 말미암아 깨달았으니 이것을 거치지 않고 닦아서 깨닫는 경우는 없었다. 역대 성사(聖師)들이 입에서 입으로 마음에서 마음으로 서로 전수한 금단의 뜻이 바로 더없이 바르고 참된 묘도(妙道)이다.

정암 無上正眞之妙 喩爲金丹 其理云何

더없이 바르고 참된 묘함을 금단에다 비유하였는데 그 이치가 무엇입니까?

영섬자 金者堅也 丹者圓也 釋氏喩之爲圓覺 儒家喩之爲太極 初非別物 只是本來一靈而已 本來眞性 永劫不壞 如金之堅 如丹之圓 愈鍊愈明 釋氏曰○此者眞如也 儒曰○此者太極也 吾道曰○此乃金丹也 體同名異

금(金)은 단단하고 단(丹)은 둥근 것이다. 불가에서는 원각(圓覺)이라 하고, 유가에서는 태극(太極)이라 하였는데, 이는 애초에 다른 것이 아니고 본래 하나의 신령스러움일 따름이다. 본래의 진성(眞性)은 영원토록 파괴되지 않으니 이는 마치 견고하고 둥근 금단처럼 단련할수록 더욱 선명해진다. 불가에서는 이 ○을 진여(眞如)라 하고 유가에서는 이 ○를 태극이라 하며 우리 도가에서는 이 ○를 금단이라 하였는데 이는 본체는 같고 이름만 다른 것이다.

易曰 易有太極 是生兩儀 太極者 虛無自然之謂也 兩儀者 一陰一

陽也 陰陽 天地也 人生於天地之間 是謂三才 三才之道 一身備矣
太極者 元神也 兩儀者 身心也 以丹言之 太極者 丹之母也 兩儀者
眞鉛眞汞也 所謂鉛汞者 非水銀朱砂硫黃黑錫草木之類 亦非精津
涕唾心腎氣血 乃身中元神 身中元氣 身不動 精氣凝結 喩之曰丹
所謂丹者 身也 ○者 眞性也 丹中取出○者 謂之丹成 所謂丹者 非
假外而造作 由所生之本而成正眞也 世鮮知之

『주역』에 "역(易)에 태극이 있는데 여기에서 양의(兩儀)가 생긴다"
고 하였다. 태극이란 텅 비어 없으면서 저절로 그렇게 되는 것을 말
한다. 양의란 음양이 작용하는 것인데 음양은 천지이다. 사람이 천
지사이에 생겨나니 이를 삼재(三才)라 하는데, 삼재의 도는 한 몸에
갖추어져 있다. 태극은 원신(元神)이고 양의는 몸과 마음이다.

  이를 단(丹)의 측면에서 말하자면 태극은 단의 모태이고 양의는
진연(眞鉛) 진홍(眞汞)이다. 이른바 연홍(鉛汞)이란 수은(水銀)·주사
(朱砂)·유황(硫黃)·흑석(黑石)·초목(草木) 같은 류가 아니고, 또한
진액(津液)의 분비물·심신(心腎)의 기혈 같은 것도 아니라, 몸속의
원신(元神)이고 원기(元氣)이다. 심신이 움직이지 않아 정기가 응결
되는 것을 비유하여 단이라 한다. 이른바 단이란 신(身)이고, ○는
진성(眞性)이다. 단 속에서 ○를 취해내는 것을 '단이 이루진다[丹
成]'고 한다. 이른바 단(丹)이란 밖에서 빌려와 만들어내는 것이 아
니라 생겨나는 근본을 통하여 참을 이루는 것인데 세상에 이를 아
는 이가 드물다.

今之修丹之士 多不得其正傳 皆是向外尋求 隨邪背正 所以學者多

而成者少也 或鍊五金八石 或鍊三遜五假 或鍊雲霞外氣 或鍊日月
精華 或採星曜之光 或想空中丸塊而成丹 或想丹田有物而爲丹 或
肘後飛金精 或眉間存想 或還精補腦 或運氣歸臍 乃至服穢吞精 納
新吐故 八段錦 六字氣 搖夾脊 絞轆轤 閉尾閭 守臍蒂 採天癸 鍊秋
石 屈伸導引 撫摩消息 黙朝上帝 舌拄上齶 三田還返 閉息行氣 三
火聚於膀胱 五行攅於苦海

오늘날 단을 수련하는 인사들이 대부분 바른 법을 전수받지 못하
고 모두 밖으로 찾아다녀 바른 방법은 외면하고 그릇된 방법을 따르
기 때문에 배우는 이는 많으나 성취한 이는 적다. 오금팔석(五金八石)[1]
을 연마하기도 하고, 삼손오가(三遜五假)를 연마하기도 하며, 혹은 운
하외기(雲霞外氣)를 단련하고, 혹은 일월정화(日月精華)를 연마하며 별
빛을 채취하기도 하고, 공중에 둥근 덩어리가 있다고 상상하여 단을
이루려는 경우도 있고, 단전에 무언가 있어 그것이 단이 된다고 여기
는 경우도 있다. 주후비금정[2]을 하기도 하고, 미간에 집중하거나 정
액(精)을 되돌려 뇌를 보양하기도 하며, 기운을 돌려 배꼽에 모으기
도 한다. 심지어는 똥을 먹고 정액을 삼키고, 묵은 기운을 뱉고 새 기

---

1 '오금'은 외단(外丹) 황백술에서 사용하는 5종의 금속으로 보통 금, 은, 동, 철, 납을 가리킨다. '팔석' 역시 외단 황백술에서 사용하는 8가지 광석약물이다.
2 신장 속의 원양의 기를 채취하여 니환에 들이는 수련법이다. 다른 말로 '추연 (抽鉛)이라고도 하고 '하전반상전(下田返上田)'이라고도 한다.

운을 들이마시며, 팔단금(八段錦)[3]·육자기(六字氣)[4]로 협척(夾脊)[5]을 돌리고, 녹로(轆轤)[6]를 묶으며 미려(尾閭)[7]를 닫고 배꼽을 지키고 정액을 모으며, 추석(秋石)을 단련하고, 굴신(屈伸)하고 도인(導引)하고 안마(按摩)하고 숨을 골라 묵묵히 상제(上帝)를 알현하기도 한다. 혀로 윗잇몸을 받쳐서 세 단전으로 돌이키고, 폐식(閉息)하여 운기(運氣)하고, 삼화(三火)[8]를 방광에 모으며, 오행을 고해(苦海)[9]에 모으기도 한다.

---

3 도인법에서 기인하여 북송시대에 완전한 체계를 갖춘 건신술(健身術)로, 8단계로 진행되는 몸동작이다. 매 단계마다 특정한 신체의 부위를 집중해 단련한다. 예를 들면 5단계는 심장의 화기를 단련하는 것이고, 6단계는 신장과 허리를 단련하는 것처럼, 각 단계 마다 신체의 주요 부위를 달리해 수련하는 건신술이다.

4 호흡을 하면서 기를 들이마시거나 뱉어내는 수련법이다. 기를 뱉어낼 때, 취(吹), 호(呼), 희(唏), 가(呵), 허(噓), 희(呬)와 같은 특정한 음의 소리를 내면, 심장과 폐장, 비장 등의 장기에 있는 나쁜 기를 뱉어내게 되고, 이를 통해 신체가 건강하게 만드는 수련법이다.

5 경혈의 이름. 등에서부터 허리까지의 척추를 따라 내려가는 자리에 있는 혈이다.

6 경혈의 이름. 꼬리뼈에서 위로 척추를 따로 올라가는 자리에 있는 혈이다.

7 경혈의 이름. 엉덩이 부분에 있는 혈이다.

8 삼초(三焦)의 화를 말한다. 의학에서 인체를 상중하로 구분하고, 이를 상초, 중초, 하초라고 부른다. 상초의 화는 심장의 화와 폐장의 화를 말하며, 상초에 화가 깃들면, 입이 마르고, 눈이 붉게 되며, 귀에서 이명이 들리고 잠을 이루지 못한다고 한다. 중초의 화는 비장과 위장의 화를 말하며, 중초에 화가 깃들면, 먹어도 배가 부르지 않고, 위에서는 위산이 가득 차게 되고 배는 더부룩하게 된다고 한다. 하초의 화는 간장의 화를 말하며, 간장에 화가 깃들면, 음부가 가렵고 황색의 소변을 보고, 똥은 딱딱하게 된다고 한다.

9 하단전 아래 방광 앞의 혈자리이다.

如斯小法 何啻千門 縱勤功採取 終不能成其大事 經云 正法難遇 多迷眞道 多入邪宗 此之謂也 夫至眞之要 至簡至易 難遇易成 若 遇至人點化 無不成就

이런 작은 법이 어찌 천 가지뿐이겠는가? 부지런히 채취한다할 지라도 끝내 그 대사(大事)를 이룰 수는 없다. 경(經)에 "바른 법은 만나기 어렵고 대개는 참된 도를 의심하여 그릇된 종파로 들어감이 많다"고 하였으니 이를 두고 말한 것이다. 지극히 참된 요체는 매 우 간이(簡易)하여 만나기는 어렵지만 이루는 것은 쉬우니 지인(至 人)의 교화를 만난다면 성취하지 못할 것이 없다.

정암
弟子夙生 慶幸得遇老師 幸沾法乳 金丹之要 望賜點化

제가 늦지 않게 태어나 다행스럽게도 선생님을 뵈어 법의 맛을 누렸습니다. 금단의 요체를 일깨워 주십시오.

영섬자
汝今諦聽 當爲汝談 夫鍊金丹者 全在奪天地造化 以乾坤爲鼎器 日 月爲水火 陰陽爲化機 烏兎爲藥物 仗天罡之幹 運斗柄之推遷 採藥 有時 運符有則 進火退符 體一年之節候 抽鉛添汞 象一月之虧盈 攢簇五行 合和四象 追二氣歸黃道 會三性於元宮 返本還元 歸根復 命 功圓神備 凡蛻爲仙 謂之丹成也.

그대를 위해 말하겠으니 잘 들어야 할 것이다. 무릇 금단을 단 련함이란 전적으로 천지의 조화를 장악하는 데 있다. 건곤을 솥으 로 삼고, 일월을 수화(水火)로 삼고, 음양을 변화의 기틀로 삼고, 까마귀와 토끼[10]를 약물로 삼는다. 천강(天罡)[11]의 회전과 두병(斗柄)[12]의 움직임에 의지하여 때에 맞춰 채약하고 법칙에 따라 화후를 운행[運符]한다. 화부(火符)의 진퇴[13]는 일년의 절후를 본받는 것이고, 연홍(鉛汞)을 추출하고 더함은 달의 기울고 참을 상징한 것이다. 오행을 찬족(攢簇)[14]하고 사상(四象)을 화합하며 두 기운을 황도(黃道)[15]에 귀착시키고 원궁(元宮)에 삼성(三性)[16]을 모은다. 이렇게 본원으로 돌이키고 근본으로 돌아가 명(命)을 회복하여 공력이 원만하고 신(神)이 갖추어지면 범인의 허물을 벗어나 신선이 될 것이니, 이를 단성(丹成)이라고 한다.

天地造化 誠恐難奪
천지의 조화는 참으로 장악하기 어려운 것 같습니다.

無出一身 奚難之有 天地形體也 水火精氣也 陰陽身心也 烏兔性情

---

10 까마귀와 토끼는 각각 해와 달, 즉 진음(眞陰)과 진양(眞陽)을 상징한다.
11 북두성의 가운데의 별자리 이름이다.
12 두북두칠성의 자루에 해당하는 별들을 말한다.
13 '화'는 양(陽)이고, '부'는 음(陰)이다. 양화(陽火)는 의념을 집중하여 운행하게 하고, 음부(陰符)는 마음을 고요하게 하여 적정(寂靜)하게 하는 것이다.
14 오행을 한 곳으로 모으는 수련이다. 오행을 인체에 적용하면, 정(精), 신(神), 혼(魂), 백(魄), 의(意)인데, 이를 한곳에 모으는 도교의 수련법이다.
15 두 기운은 선천기(先天氣)와 후천기(後天氣), 황도는 독맥(督脈)을 말한다.
16 삼성(三性)은 성(性), 신(神), 의(意)를 말하고, 원궁(元宮)은 하단전(下丹田)을 말한다.

也 所以形體爲鼎爐 精氣爲水火 情性爲化機 身心爲藥材 聖人恐學
者無以取則 遂以天地喩之 人身與天地造化 無有不同處 身心兩箇
字 是藥也是火 所以天魂地魄 乾馬 坤牛 陽鉛 陰汞 坎男 離女 日烏
月兎 無出身心兩字也

일신(一身)에서 벗어나지 않는데 무슨 어려움이 있는가? 천지는
형체를 의미하고, 수화(水火)는 정기(精氣)를, 음양은 심신을, 까마
귀와 토끼는 성정(性情)을 뜻한다. 그러므로 형체는 솥과 화로가 되
고, 정기(精氣)는 수화가 되고, 성정은 조절하는 장치가 되며, 심신
은 약재가 된다. 배우는 이가 본받을 기준이 없을까 성인이 염려한
나머지 천지로 비유하였으니 사람의 몸은 천지의 조화와 같지 않
은 것이 없다. '심신(心身)' 두 글자는 신(身)이 약(藥)이고 심(心)이 화
(火)이다. 그러므로 천혼(天魂)·지백(地魄), 건마(乾馬)·곤우(坤牛),
양연(陽鉛)·음홍(陰汞), 감남(坎男)·리녀(離女), 일오(日烏)·월토(月
兎) 등이 심신(心身) 두 글자에서 벗어나지 않는다.

天罡斡運者 天心也 丹書云 人心若與天心合 顚倒陰陽止片時 又云
以心觀道 道卽心也 以道觀心 心卽道也 斗柄推遷者 玄關也 夫玄
關者 至玄至妙之機關也 今之學者 多泥於形體 或云眉間 或云臍輪
或云兩腎中間 或云臍後腎前 或云膀胱 或云丹田 或云首有九宮 中
爲玄關 或指産門爲生身處 或指口鼻爲玄牝 皆非也 但著在形體上
都不是 亦不可離此一身向外尋求

북두성[天罡]이 회전하는 것은 천심(天心)이다. 『단서(丹書)』에 말하
기를 "사람의 마음이 하늘의 마음과 합한다면 음양이 전도되는 것

은 순식간에 지나지 않는다."[17] 하였고, 또 "마음으로 도를 살피면 도가 곧 마음이고, 도로 마음을 살피면 마음이 곧 도이다."라고 하였다.

두병(斗柄) 움직임은 현관이다. 무릇 현관이란 지극히 현묘한 작용의 핵심기관이다. 오늘날 배우는 사람들이 대개가 형체에 얽매인 나머지 현관이 미간(眉間)에 있다느니, 배꼽이라느니, 두 신장의 가운데라느니, 배꼽 뒤와 신장의 앞이다, 방광이다 단전이다 하기도 한다. 또 머리에 있는 구궁(九宮)[18]의 가운데가 현관이라 하기도 하고, 혹은 산문(產門)[19]을 가리켜 몸이 생기는 곳이라 하기도 하고, 입과 코를 현빈(玄牝)이라 하기도 하는데 모두 잘못된 것이다. 형체에 집착하여서도 안 되지만 또 이 일신을 벗어나 밖에서 찾아도 안 된다.

諸丹經皆不言正在何處者 何也 難形筆舌 亦說不得 故曰玄關 所以
聖人只書一中字示人 此中字玄關明矣 所謂中者 非中外之中 亦非
四維上下之中 不是在中之中 釋云 不思善 不思惡 正恁麼時 那箇是
自己本來面目 此禪家之中也 儒曰 喜怒哀樂未發 謂之中 此儒家之

---

17 『음부경(陰符経)』에 나온다.
18 『황정경(黃庭経)』에서는 뇌 속에 구궁이 있는데, 양미간에서 1치 들어간 곳을 명당궁(明當宮), 2치 들어간 곳을 통방궁(洞房宮), 3치 들어간 곳을 단전궁(丹田宮) 혹은 니환궁(泥丸宮), 4치 들어간 곳을 유주궁(流珠宮), 5치 들어간 곳을 오제궁(五帝宮)이라고 부른다. 여기에서 명당궁의 위로 1치 들어간 곳을 천정궁(天庭宮), 통방궁에서 위로 1치 들어간 곳을 극진궁(極眞宮), 단전궁에서 위로 1치 들어간 곳을 단현궁(丹玄宮), 유주궁에서 위로 1치 들어간 곳을 태황궁(太皇宮)이라 한다.
19 여성의 생식기이다.

中也 道曰 念頭不起處 謂之中 此道家之中也 此乃三教所用之中也

여러 단경에서 모두 꼭 집어 어디에 있다고 말하지 않은 것은 무엇 때문인가? 필설로 형용하기 어렵고 말로 할 수도 없기 때문에 '현관'이라고 한 것이다. 그러므로 성인이 단지 '중(中)'이라는 한 글자를 써서 사람들에게 보였으니 이 '중'자가 현관을 가리키는 것임은 틀림없다. 이른바 '중'이란 중심과 주변이라 할 때의 중심도 아니고, 사방과 상하의 가운데도 아니며, 그 속에 있다는 뜻도 아니다. 석가가 "선(善)을 생각하지도 악(惡)을 생각하지도 않는다. 바로 그러할 때에 무엇이 자기의 본래면목인가?"라고 하니 이는 선가(禪家)의 중이고, 유가에서 "희노애락(喜怒哀樂)이 아직 일어나지 않을 때를 중이라 한다." 하였으니 이는 유가의 중이며, 도가에서 "하나의 생각도 일어나지 않는 것을 중이라 한다." 하였으니 이는 도가의 중이다. 이것이 삼교에서 사용하는 '중'의 개념이다.

易曰 寂然不動 中之體也 感而遂通 中之用也 老子云 致虛極 守靜 篤 萬物幷作 吾以觀其復 易云 復其見天地之心 且復卦 一陽生於五 陰之下 陰者靜也 陽者動也 靜極生動 只這動處 便是玄關也 汝但 於二六時中 擧心動念處著工夫 玄關自然見也 見得玄關 藥物火候 運用抽添 乃至脫胎神化 幷不出此一竅

『주역(周易)』에 '고요하여 움직이지 않는다[寂然不動]'라고 함은 중의 체(體)이고, '감동하여 마침내 통한다[感而遂通]'라고 함은 중의 용(用)이다. 『노자(老子)』에서는 "허극(虛極)을 지극하게 하고 정독(靜篤)을 지킴으로써 만물이 다투어 자라날 때에 나는 그 회복의 시초를 본다."[20]라고 하였고, 『주역(周易)』에서는 "복괘(復卦, ☷☳)에서 그 천지의 마음을 볼 수 있다"고 하였다. 복괘는 하나의 양(陽)이 다섯 음(陰)의 아래에서 생겨남을 상징하는데, 음은 고요함을 양은 움직임을 의미한다. 이처럼 고요함이 극도에 이르면 움직이게 마련이니 움직이는 그곳이 바로 현관이다. 그대가 다만 하루를 지내는 동안 마음에서 생각이 움직이려는 곳에서 공부를 착수한다면 현관을 자연히 보게 될 것이다. 현관을 보게 된다면 약물과 화후를 운용하고 추첨하는 것에서 범인을 벗어나 신선이 되는데 이르기까지 모두 이 현관일규[一竅]를 벗어나지 않는다.

採藥者 采身中眞鉛眞汞也 藥生有時 非冬至 非月生 非子時 祖師云錬丹不用尋冬至 身中自有一陽生 又云 鉛見癸生須急採 金逢望遠不堪嘗 以此求之 身中癸生 一陽時也 便可下手採之 二氣交合之後 要識持盈 不可太過 望遠不堪嘗也

'채약'이란 몸속의 진연(眞鉛)과 진홍(眞汞)을 캐는 것이다. 약이 생기는 데는 때가 있으니 동지도 아니고 달이 생길 때도 아니고 자시(子時)도 아니다. 조사(祖師)가 말하길 "연단함에 꼭 동지(冬至)를 기다릴 필요가 없으니, 몸속에서 일양(一陽)이 저절로 생겨난다."고 하였고, 또 말하기를 "연(鉛)이 계(癸)의 생성을 만나면 반드시 급히 채취하여야 하며, 금(金)이 보름달을 만나면 맛볼 수 없다"고 하였다. 이런 말로 찾아본다면 몸 가운데 정액[癸]이 생길 때가 일양이

---

20 『노자(老子)』 제16장에서 나오는 내용이다.

생길 때로서 채집에 착수하여야 할 때이다. 두 기가 교합한 후에는 가득한 채로 유지할 줄을 알아야 하니 너무 지나쳐서는 안 된다. 보름이 지나면 맛볼 수 없다.

進火退符 無以取則 遂以一年節候 寒暑往來 以爲火符之則 又以一月盈虧 以明抽添之旨 且如冬至一陽生 復卦十二月二陽 臨卦正月三陽 泰卦二月四陽 大壯卦三月五陽 夬卦四月純陽 乾卦陽極陰生五月一陰 姤卦六月二陰 遯卦七月三陰 否卦八月四陰 觀卦九月五陰 剝卦十月純陰 坤卦陰極陽生 周而復始 此火符進退之機

화부(火符)[21]의 진퇴를 법칙으로 취할 기준이 없어서 결국 일년의 절후와 추위와 더위의 왕래함으로 화부의 법칙을 삼았고, 또 달이 차고 기우는 것으로 추첨[22]하는 뜻을 밝혔다. 동지에 일양(一陽)이 생겨나는 복괘(復卦), 12월 이양(二陽)의 임괘(臨卦), 정월 삼양(三陽)의 태괘(泰卦), 2월 사양(四陽)의 대장괘(大壯卦), 3월 오양(五陽)의 쾌괘(夬卦), 4월 순양(純陽)의 건괘(乾卦), 양이 극도에 이르면 음이 생겨나니 5월 일음(一陰)의 구괘(姤卦), 6월의 이음(二陰)의 돈괘(遯卦), 7월 삼음(三陰)의 비괘(否卦), 8월 사음(四陰)의 관괘(觀卦), 9월 오음

---

21 다른 말로 화후(火侯)라고도 한다. 외단에서는 솥에 불때기를 말하고, 강하게 불을 때거나 약하게 불을 때거나 하는 방법과 시기를 총괄해서 화부라고 한다. 내단 수련할 때도 외단의 불때기를 그대로 적용해 그 수련을 강하게 하거나 부드럽게 하거나 하는 방법과 시기를 총괄해서 화부라고 한다.

22 외단에서 솥에 납과 수은 등을 더하거나 빼내는 것을 말한다. 내단에서는 수련의 강도나 방법에서 더하거나 강하게 하는 것을 의미한다.

(五陰)의 박괘(剝卦), 10월 순음(純陰)의 곤괘(坤卦)와 같은 것이 바로 그것이다. 이렇게 음이 극도에 이르면 양이 생겨나므로 한 바퀴를 돌아 다시 시작하니 이것이 화부가 나아가고 물러나는 기틀이다.

奈何學者執文泥象 以冬至日下手進火 夏至退符 二八月沐浴 尤不知其要也 聖人見學者錯用心志 又以一年節候 促在一月之內 以朔望象冬夏至 以兩弦比二八月 以兩日半准一月 以三十日准一年 世人又著在月上 又以一月盈虧 促在一日 以子午體朔望 以卯酉體二弦 學者又著在日上 近代眞師云 一刻之工夫 自有一年之節候 又曰父母未生以前 烏有年月日時 此聖人誘喻初學勿錯用心 奈何執著之徒 不窮其理 執文泥象 徒爾勞心

그런데 어찌된 일인지 배우는 이들이 문자와 형상에 집착하여 동지를 화부에 나아가는 시작으로 삼고, 하지를 화부에서 물러나는 시점으로 삼으며, 2월과 8월을 목욕(沐浴)[23]하는 기간으로 삼고 있으니 이는 더욱 더 그 요점을 모르는 것이다. 성인이 배우는 이들이 마음과 뜻을 잘못 쓰는 것을 보고, 또 일년의 절후를 한 달로 축소하여 초하루와 보름을 동지와 하지의 상징으로 삼고, 상현과 하현을 2월과 8월의 비유로 삼았으며, 이틀 반을 한 달의 기준으로 삼고, 삼십일을 일년의 기준으로 삼았다. 그러자 세상 사람들이 또 한 달을 가지고 집착하므로, 성인이 또다시 한 달에 달이 차고 기

---

23 외단에서 불때기를 잠시 쉬는 시기를 목욕이라고 한다. 내단에서도 수련을 잠시 쉬는 것을 의미한다.

우는 것을 하루로 축소하여, 자시(子時)와 오시(午時)로 초하루와 보름을 체현하고, 묘시(卯時)와 유시(酉時)로 상현과 하현을 체현하였다. 그러자 배우는 이들이 또다시 하루에 집착하였다. 근래의 어느 진사(眞師)는 말하기를 "일각(一刻)의 공부에 자연히 일년의 절후가 있다"라고 했으며, 또 "부모에게서 태어나기도 전에 어떻게 연월일시(年月日時)가 있겠는가?"라고 하였다. 이는 성인이 처음 공부하는 이들이 잘못 생각하지 않도록 깨우친 말이다. 그런데 어찌된 일인지 집착하는 무리들이 그 이치는 궁리하지 않고 문자와 형상에만 얽매여 쓸데없이 그 마음을 수고롭게 한단 말인가?

餘今直指與汝 身中癸生 便是一陽也 陽升陰降 便是三陽也 陰陽分 是四陽 體二月 如上弦 比卯時 宜沐浴 然後進火 陰陽交 神氣合 六陽也 陰陽相交 神氣混融之後 要識持盈 不知止足 前功俱廢 故曰 金逢望遠不堪嘗 然後退符 象一陰 乃至陰陽分 象三陰 陰陽伏位 宜沐浴 象八月 比下弦 如酉時也 然後退至六陰 陰極陽生 頃刻之 間一周天也 汝但依而行之 久久工夫 漸凝漸結 無質生質 結成聖胎 謂之丹成也

내가 이제 그대에게 곧바로 말해주리라. 몸 가운데 계(癸)가 생기는 것이 곧 일양(一陽)이고, 양이 올라가고 음이 내려가는 것이 곧 삼양(三陽)이다. 음양의 나뉨이 사양(四陽)으로 2월을 체현한다. 상현은 묘시(卯時)로 비유하니 목욕하기에 적당하다. 그런 후에 진화

(進火)²⁴하여 음양이 사귀고 신기(神氣)가 합하는 것이 육양(六陽)이다. 음양이 서로 사귀어 신기가 혼융한 후에는 가득한 채로 지킬 줄 알아야 한다. 만족하여 그칠 줄 모르면 앞서 들인 공력이 모두 물거품이 되고 만다. 그러므로 "금단을 만나도 보름이 지나면 맛볼 수 없다"라고 하였다. 그런 후에 퇴부(退符)²⁵를 하니 일음(一陰)을 상징하고, 음양이 나뉘는데 이르는 것으로 삼음(三陰)을 상징한다. 음양이 전도되려는 때가 목욕하기에 적당하니 8월을 상징하고, 하현을 유시(酉時)로 비유한다. 그런 후에 육음(六陰)까지 물러나면 음이 극도에 달하여 양이 생겨나니 잠깐사이에 일년이 된다. 그대가 다만 이에 의거하여 행하고 오래도록 공부하여 점차점차 응결되면 바탕이 없는 데서 바탕이 생겨 성태(聖胎)를 맺을 것이니 이를 단이 이루어 졌다고 말한다.

정암

下手工夫 周天運用 已蒙開發 種種異名 不能盡知 望師指示

공부를 시작할 때 주천운용(周天運用)²⁶해야 한다는 것에 대해서는 이미 가르침을 받았습니다. 그런데 갖가지 이명(異名)을 다 알지는 못하겠습니다. 선생님께서 가르쳐 주십시오.

---

24 화후에서 불때기를 시작하는 것을 말한다.
25 화후를 물리치는 것을 말한다.
26 1년 동안의 천체의 변화와 절기의 변화, 한달의 변화와 하루의 변화에 따라 수련을 해감을 말한다.

異名者 只是譬喻 無出身心兩字 下工之際 凝耳韻 含眼光 緘舌氣
調鼻息 四大不動 使精神魂魄意各安其位 謂之五氣朝元 運入中宮
謂之攢簇五行 心不動 龍吟 身不動 虎嘯 身心不動 謂之降龍伏虎
龍吟則氣固 虎嘯則精固 握固靈根也 以精氣喩之龜蛇 以身心喩之
龍虎 龜蛇打成一片 謂之合和四象

이명(異名)이란 단지 사물에 비유한 것으로서 '심신(心身)' 두 글자
를 벗어나지 않는다. 공부를 시작할 때 청각을 닫고, 눈빛을 거두
며, 혀의 기운을 봉하고, 코의 숨을 조절하며, 사대(四大)를 움직이
지 않아 정신(精神)·혼백(魂魄)·의(意)가 각기 제자리에서 편안하
게 하는 것을 '오기(五氣)가 조원(朝元)한다'고 하고, 그것을 운행하
여 중궁(中宮)으로 들이는 것을 '오행을 찬족(攢簇)한다'고 한다. 마
음이 움직이지 않는 것을 '용의 울음'이라 하고, 몸이 움직이지 않
는 것을 '범의 울음'이라 하며, 심신이 움직이지 않는 것을 '용호를
항복시킨다'고 한다. 용이 울면 기(氣)가 단단해 지고, 범이 울면 정
(精)이 단단해져 영근(靈根)을 견고하게 장악한다. 정기를 거북과 뱀
으로 비유하고, 심신을 용호에 비유하여 한 덩어리가 되는 것을 '사
상(四象)을 화합한다'고 한다.

以性攝情 謂之金木併 以精禦氣 謂之水火交 木與火同源 兩性一家
東三南二 同成五也 水與金同源 兩性一家 北一西方四共之也 土居
中宮 屬意 自己五數 戊己還從生數五 心身意打成一片 三家相見結
嬰兒 總謂之三五混融也 鍊精化氣 鍊氣化神 鍊神還虛 謂之三花聚
鼎 又謂之三關 今之學人 多指尾閭夾脊玉枕 爲三關者 只是功法

非至要也 擧心動念處爲玄牝 今人指口鼻者 非也

성(性)으로써 정(情)을 통괄하는 것을 '금목(金木)이 아우른다'고 하고, 정(精)으로써 기(氣)를 제어하는 것을 '수화(水火)가 사귄다'고 한다. 목(木)과 화(火)는 같은 근원이어서 두 성(性)이 일가(一家)가 되니 '동삼(東三) 남이(南二)가 함께 오(五)를 이룬다'는 것이다. 수(水)와 금(金)은 근원이 같아서 두 성(性)이 일가가 되니 '북일(北一)과 서방사(西方四)가 함께한다'는 것이다. 토(土)는 중궁(中宮)에 위치하여 의(意)에 속하고 자신의 수는 오(五)인데, 이를 '무기(戊己)가 도리어 생수(生數) 오(五)를 따른다'고 한 것이다. 심신의(心身意)가 한 덩어리가 되는 것을 '삼가(三家)가 서로 만나 영아를 맺었네'라고 총결하여 '삼오(三五)가 혼융한다'고 한다. 연정화기(鍊精化氣), 연기화신(鍊氣化神), 연신환허(鍊神還虛)를 '삼화취정(三花聚鼎)'이라 하고 '삼관(三關)'이라고도 한다. 오늘날 공부하는 사람들은 미려(尾閭)·협척(夾脊)·옥침(玉枕)을 가리켜 삼관이라 하는 경우가 많은데, 이는 단지 공부하는 방법이지 지극한 요점은 아니다. 그리고 마음속에 생각이 움직이는 곳을 가리켜 '현빈(玄牝)'이라 하니, 오늘날 사람들이 입과 코를 현빈이라 지적하는 것은 잘못된 것이다.

身心意爲三要 心中之性 謂之砂中汞 身中之氣 謂之水中金 金本生水 乃水之母 金反居水中 故曰母隱子胎 外境勿令入 內境勿令出 謂之固濟 寂然不動 謂之養火 虛無自然 謂之運用 存誠篤志 謂之守城 降伏內魔 謂之野戰 眞汞 謂之姹女 眞鉛 謂之嬰兒 胎意 謂之黃婆 性情 謂之夫婦 澄心定意 性寂神靈 二物成團 三元輻輳 謂之

成胎 愛護靈根 謂之溫養 所謂溫養者 如龍養珠 如鷄覆子 謹謹護
持 勿令差失 毫髮有差 前功俱廢也 陽神出殼 謂之脫胎 歸根復命
還其本初 謂之超脫 打破虛空 謂之了當也

심신의(心身意)가 세 가지 요체가 되니, 마음속의 성(性)을 '사중홍
(砂中汞)'이라하고, 몸 가운데의 기를 '수중금(水中金)'이라 한다. 금
(金)은 수(水)를 낳으므로 금은 본래 수의 어미이다. 그런데 금(金)이
도리어 수(水) 가운데 위치해 있기 때문에 '어미가 자식의 태에 숨
어 있다'고 말한다. 외경(外境)으로 하여금 내경(內境)에 들어오지 못
하게 하고, 내경으로 하여금 밖으로 나가지 못하게 하는 것을 '고제
(固濟)'라고 한다. 고요하여 움직이지 않는 것을 '양화(養火)'라고 하
고, 텅 비어 없으면서 저절로 그러한 것을 '운용(運用)'이라 한다. 진
실하게 뜻을 독실하게 하는 것을 '수성(守城)'이라 하고, 내면의 마
구니를 항복시키는 것을 '야전(野戰)'이라 한다. 진홍(眞汞)을 '차녀
(姹女)'라 하고, 진연(眞鉛)을 '영아(嬰兒)'라 한다. 태의(胎意)를 '황파
(黃婆)'라 하고, 성정(性情)을 '부부(夫婦)'라고 한다. 마음을 맑히고
뜻을 안정시키면 성(性)이 고요하고 신(神)이 신령스럽게 되어, 성
과 신[二物]이 한 덩어리가 되고, 삼원(三元)이 한곳으로 모이게 되
니 이를 '성태(聖胎)'라 한다. 영근(靈根)을 아껴 보호하는 것을 '온양
(溫養)'이라고 한다. 이른바 온양이란 용이 여의주를 키우고 닭이 알
을 품듯이 정성스럽게 간직하여 잃어버리지 않게 하는 것이니, 조금
이라도 어긋남이 있다면 이전에 수련한 공력이 모두 못쓰게 되기 때
문이다. 양신(陽神)이 껍질을 벗는 것을 '탈태(脫胎)'라 하고, 근원으
로 돌아가 명(命)을 회복하여 그 본래의 시초로 환원하는 것을 '초탈

(超脫)'이라고 하며, 허공을 타파하는 것을 '요당(了當)'이라고 한다.

정암
金丹成時 還可見否
금단이 이루어지는 것을 또한 볼 수 있습니까?

영섬자
可見
볼 수 있다.

정암
有形否
형체가 있습니까?

영섬자
無形
형체가 없다.

정암
旣無形 如何可見
형체가 없는데 어떻게 볼 수 있습니까?

영섬자
金丹只是强名 豈有形乎 所謂可見者 不可以眼見 釋曰 於不見中
親見 親見中不見 道經云 視之不見 聽之不聞 斯謂之道 視之不見
未嘗見 聽之不聞 未嘗不聞 所謂可見可聞 非耳目所及也 心見意
聞而已
금단(金丹)이란 단지 부득이해서 이름을 붙인 것이니 어찌 형체가
있겠는가? '볼 수 있다'는 것은 눈으로 볼 수 있는 것이 아니다. 불

가에서는 "보이지 않는 가운데 분명하게 알며, 분명하게 알지만 눈으로는 볼 수 없다."[27]고 하였고, 도경에서는 "보아도 보이지 않고 들어도 들리지 않으니 이것을 도라 한다."[28]고 하였다. 보아도 보이지 않는다고 하였지만 보이지 않은 적이 없고, 들어도 들리지 않는다고 하였지만 들리지 않은 적이 없으니, 이른바 볼 수 있고 들을 수 있다는 것은 귀로 듣고 눈으로 본다는 것이 아니라 마음으로 보고 뜻으로 듣는다는 말이다.

譬如大風起 入山撼木 入水揚波 豈得謂之無 觀之不見 搏之不得
豈得謂之有 金丹之體 亦復如是 所以鍊丹之初 有無互用 動靜相須
乃至成功 諸緣頓息 萬法皆空 動靜俱忘 有無俱遣 始得玄珠成象
太一歸眞也

비유하자면 큰 바람이 일어났을 때 산에 들어가면 나무를 흔들고 물에 들어가면 파도를 일으키는 것과 같으니 어찌 '없다'고 할 수 있겠는가? 보아도 보이지 않고 잡아도 잡히지 않으니 어찌 '있다'고 할 수 있겠는가? 금단의 체도 이와 같은 것이다. 그러므로 연단하는 시초에 유무(有無)가 상호작용하며 동정(動靜)이 서로 의지하여 수련이 완성되는 단계에 이르면 여러 인연이 순식간에 사라지고, 만법(萬法)이 모두 공(空)이 되고, 동정을 모두 잊게 되며 유무를 모

두 버려 비로소 현주(玄珠)가 모양을 이루어 태일(太一)[29]의 참됨으로 돌아가게 된다.

性命雙全 形神俱妙 出有入無 逍遙云際 果證金仙也 所以經典丹書
種種異名 接引學人 從粗達妙 漸入佳境 及至見性悟空 其事卻不在
紙上 譬若過河之舟 濟渡斯民 旣登彼岸 舟船無用矣 前賢云 得免
免忘蹄 得魚忘筌 此之謂也 且餘今語此授汝 卻不可執在言上 但只
細嚼熟玩其味[30] 窮究本源 苟或一言之下 心地開通 直入無爲之境
是不難也 更有向上機關 未易輕述 當於言外求之

성(性)과 명(命)을 다 같이 온전히 하고, 형(形)과 신(神)이 모두 묘하게 되어, 유(有)에서 나와 무(無)로 들어가, 구름위에서 노닐게 되면 이것이 바로 금선(金仙)임을 알 수 있다. 경전과 단서(丹書)에 여러 가지 다른 명칭을 둔 이유는 배우는 사람들을 직접 이끌어 거친 데서 묘한 데로 이르고, 점차 아름다운 경지로 들어가게 하려는 것이다. 그러다가 배우는 사람들이 본성을 알고 공(空)을 깨닫는데 이르면 그 때의 일은 책 속에 있는 것이 아니다. 이것을 비유하자면 강을 지나가는 배가 백성들을 실어 저편 언덕에 내려주고 나면 그 배는 더 이상 소용이 없게 되는 것과 같다. 옛 현인이 "토끼를 잡으

면 올무를 잊어버리고, 물고기를 잡으면 통발을 잊어버린다"고 하였으니 바로 이를 두고 한 말이다.

일단 내가 지금 이 점을 그대에게 말해 주지만 그렇다고 이 말에만 집착하지 말고 오직 그 맛을 잘 음미하여 되새겨 본원을 궁구해야할 것이다. 더러 한마디 말만 듣고도 마음이 열려 어렵지 않게 곧바로 무위의 경지에 들어가는 경우도 있지만, 다시 그보다 높은 기관은 쉽게 기술할 수 없으니 마땅히 언어의 밖에서 구해야 할 것이다.

3. 금단혹문(金丹或問)

予觀丹經子書 後人箋注 取用不一 或著形體 或泥文墨 或以淸靜爲
苦空 或以汞鉛爲有象 所見不同 後人豈得不惑 殊不知至道則一 豈
有二哉 又近來丹書所集 多是傍門 如解七返九還 寅子數坤申之類
不亦謬乎 予今將丹書中精要 集成或問三十六則 以破後人之惑 達
者味之

내가 보기에 단경(丹經)과 단서(丹書)에 대해 후인들이 주석을 낼 때
취해서 사용하는 것이 한결같지 않아서, 혹은 형체에 집착하기도 하
고, 혹은 문자와 책[文墨]에 빠지기도 하고, 혹은 청정(淸靜)을 불교의
수행[苦空]으로 삼기도 하고, 혹은 연홍(鉛汞)에 상(象)이 있다고 여기
는 등 소견이 같지 않으니, 후인들이 어찌 미혹되지 않을 수 있겠는
가? 후인들은 지극한 도(道)가 하나이지 둘이 아니라는 것을 결코 알
지 못한다. 또한 근래에 단서(丹書)에 실린 내용 가운데 바르지 못한
것이 많다. 예를 들면 칠반구환(七返九還)을 해석할 때에 인(寅)과 자
(子)에서 곤신(坤申)[1]을 세는 것으로 해석하는 부류도 또한 잘못된 것

---

1 천간(天干)과 지지(地支) 중에 지지를 곤(坤)으로 표현했다. 구환의 '구'와 칠반의

이 아니겠는가? 내가 지금 단서 가운데 정수가 되는 핵심[精要]을 혹문(或問) 형식의 36칙(則)[2]으로 집성하여 후인들의 미혹을 깨뜨려 놓았으니 통하고 싶은 자는 깊이 음미해야 할 것이다.

문 何謂九還

무엇을 '구환(九還)'이라고 합니까?

답 九乃金之成數 還者 還元之義 則是以性攝情而已 情屬金 情來歸性 故曰九還 丹書云 金來歸性初 乃得稱還丹 此之謂也 若以子數至申 爲九還者 非也

'구(九)'는 금(金)의 성수(成數)[3]이며 '환'이라는 것은 '환원(還元)'의 뜻이니 이것은 성(性)으로 정(情)을 통섭하는 것일 뿐이다. 정은 금에 속하는데 정이 성으로 돌아가기 때문에 '구환(九還)'이라고 한다. 『단서』에서 말하기를 "금이 처음의 성으로 돌아가야만 '환단(還丹)'이라 일컬을 수 있다"라고 한 것이 바로 이것이다. 만약에 자(子)의 수(數) 1에서 신(申)의 수 9에 이르는 것을 '구환'이라고 한다면 이는 잘못된 것이다.

'칠'을 지지의 숫자로 계산한 것을 말한다.

2 혹문(或問)형식의 36칙(則)은 한문 글쓰기 갈래의 하나이다. '혹자의 질문'을 가정하여 이에 대해 답변을 하는 방식으로 글을 전개해 나간다. 여기에서는 이하 36개의 질문과 답변으로 글을 전개한 것을 말한다.

3 하도의 수를 생수와 성수로 구분하여 말하는데, 성수(成數)는 6, 7, 8, 9이고, 생수(生數)는 1, 2, 3, 4이다.

문 何謂七返

무엇을 '칠반(七返)'이라고 합니까?

답 七乃火之成數 返者 返本之義 則是鍊神還虛而已 神屬火 鍊神返虛 故曰七返 或以寅至申爲七返 非也 悟眞篇云 休將寅子數坤申 只要 五行准繩 正謂此也

'칠(七)'은 화(火)의 성수이고, '반(返)'이라는 것은 근본으로 돌아간다는 뜻이니 이것은 연신환허(鍊神還虛)일 따름이다. 신(神)은 화(火)에 속하는데 신을 단련하여 허(虛)로 돌아가기 때문에 '칠반(七返)'이라고 한다. 그런데 어떤 사람은 인(寅)의 수 3에서 신(申)의 수9에 이르는 것을 '칠반'이라고 하는데 잘못된 것이다. 『오진편』[4]에서는 "인(寅)과 자(子)에서 곤신(坤申)을 세지 말고 오직 오행으로 기준을 삼아야 한다"라고 하였으니 바로 이것을 두고 말함이다.

문 何謂三關

무엇을 '삼관(三關)'이라 합니까?

---

4 북송시기 장백단(張伯端)의 저술. 내단 도교의 철리를 시적 표현으로 서술했다. 『오진편』에서는 인간에게는 본디 외단의 단사(丹砂)·수은(水銀)으로 대체할 것이 갖춰져 있다고 말한다. 그것이 용호진음양(龍虎眞陰陽)의 기(氣)이며, 진양[眞陽, 또는 진연(眞鉛)], 진음[眞陰, 또는 진홍(眞汞)], 이 두 가지를 단련하여 금단을 만든다. 금단이야말로 근본이 되는 핵심이라고 제창하고 있다. 장백단의 금단도는 남송의 백옥섬(白玉蟾) 등에 계승되면서 도교 교단에서 기반을 가지게 되었다.

三元之機關也 鍊精化氣 爲初關 鍊氣化神 爲中關 鍊神還虛 爲上
關 或指尾閭夾脊玉枕爲三關者 只是工法 非至要也 登眞之要 在乎
三關 豈有定位 存乎口訣

삼원(三元)의 기관(機關)이다. '연정화기'가 초관(初關)이고, '연기화
신'이 중관(中關)이고, '연신환허'가 상관(上關)이다. 그런데 어떤 사
람은 미려, 협척, 옥침을 가리켜 삼관이라고 하는데 이것은 다만 공
부의 방법이지 지극한 요체는 아니다. 진선(眞仙)에 오르는 요체가
삼관에 있으니 어찌 정해진 위치가 있겠는가? 구결에 있다.

何謂玄關
무엇을 '현관(玄關)'이라 합니까?

至玄至妙之機關也 初無定位 今人多指臍輪 或指頂門 或指印堂 或
指兩腎中間 或指腎前臍後 已上皆是傍門 丹書云 玄關一竅 不在四
維上下 不在內外偏傍 亦不在當中 四大五行不著處 是也

지극히 현묘한 기관이기에 애당초 정해진 위치가 없다. 그런데
요즘 사람들 중에 배꼽 주위나 혹은 정수리나 혹은 인당 혹은 양 신
장 중간 혹은 신장 앞 배꼽 뒤를 가리키는 사람들이 많은데 이상은
모두 방문(傍門)이다. 『단서』에서 말하기를 "현관의 한 구멍은 사방
과 상하에 있지 않으며, 안과 밖 좌우에 있지 않으며, 또한 가운데
에도 있지 않고, 사대(四大) 오행도 있지 않는 곳이다"라고 하였는
데 바로 이것이다.

문 何謂三宮

무엇을 '삼궁(三宮)'이라 합니까?

답 三元所居之宮也 神居乾宮 氣居中宮 精居坤宮 今人指三田者 非也

삼원(三元)이 있는 궁(宮)이다. 신(神)은 건궁(乾宮)에 있고, 기(氣)는 중궁(中宮)에 있고, 정(精)은 곤궁(坤宮)에 있다. 지금 사람들은 삼전(三田)[5]을 가리켜 삼궁이라고 하는데 이것은 잘못된 견해이다.

문 何謂三要

무엇을 '삼요(三要)'라 합니까?

답 歸根之竅 復命之關 虛無之谷 是謂三要 或指口鼻爲三要者 非也

근본으로 돌아가는 구멍, 명(命)을 회복하는 관문, 허무의 계곡을 일러 삼요라고 한다. 어떤 사람은 입과 코를 가리켜 '삼요'라고 하는 데 이것은 잘못된 견해이다.

문 何謂玄牝

무엇을 '현빈(玄牝)'이라 합니까?

답 穀神不死 是謂玄牝 或指口鼻者 非也 紫陽眞人云 念頭起處爲玄牝
斯言是也 予謂 念頭起處 乃生死之根 豈非玄牝乎 雖然亦是工法

---

5 인체에 있는 상단전(上丹田), 중단전(中丹田), 하단전(下丹田)을 말한다.

最上一乘 在乎口訣

계곡의 신은 죽지 않으니 이것을 현빈이라고 한다.[6] 그런데 어떤 사람은 입과 코를 가리켜 현빈이라고 하는데 이것은 잘못된 견해이다. 자양진인(紫陽眞人)[7]이 이르기를 "생각이 일어나는 곳이 현빈이다"라고 하였으니 이 말이 옳다. 내가 생각건대, 생각이 일어나는 곳이 곧 생사의 근본이니 어찌 현빈이 아니겠는가? 비록 그렇기는 하나 이 또한 공부하는 방법에 불과하고 최상의 법은 구결에 있다.

문
何謂眞種子
무엇을 '진종자(眞種子)'라 합니까?

답
天地未判之先 一點靈明是也 或謂人從一氣而生 以氣爲眞種子 或謂因念而有此身 以念爲眞種子 或謂稟二五之精而有此身 以精爲眞種子 此三說似是而非 釋云 無量劫來生死本 癡人喚作本來眞 此之謂也

천지가 아직 나뉘기 전에 한 점의 영명(靈明)스러운 것이 바로 진종자이다. 어떤 사람은 사람이 일기(一氣)에서 태어난다고 여겨 일기(一氣)를 진종자라 하기도 하고, 어떤 사람은 생각으로 인하여 이 몸이 있다고 여겨 생각을 진종자라 하기도 하고, 어떤 사람은 음양오행의 정(精)을 품부 받아 이 몸이 생긴다 하여 정(精)을 진종자라

---

6 『노자(老子)』 6장에 나오는 내용이다.

7 장백단(987~1082)을 말한다. 북송 때의 천태인. 자는 평숙, 호는 자양·자양선인. 내단파 남종의 개산조사이다.

하기도 하는데 이 세 가지 설은 옳은 것 같지만 잘못되었다. 불가에서 말하기를 "무량(無量) 세월 생사(生死)의 근본을 어리석은 사람들이 본래의 '나'라고 부르고 있네"[8]라고 하였으니 이것을 두고 말한 것이다.

문 何謂鼎爐
무엇을 '정로(鼎爐)'라 합니까?

답 身心爲鼎爐 丹書云 先把乾坤爲鼎器 次搏烏兔藥來烹 乾心也 坤身也 今人外面安爐立鼎者謬矣
몸과 마음이 정로가 된다. 『단서(丹書)』에서 말하기를 "먼저 건곤(乾坤)을 정로로 삼고, 그 다음 오토(烏兔)의 약을 빚어서 삶는다."라고 하였으니 건은 마음이고 곤은 몸이다. 그런데 오늘날 사람들이 안로(安爐)와 입정(立鼎)을 외부적인 일로 보는 것은 잘못이다.

문 何謂藥物
무엇을 '약물(藥物)'이라 합니까?

답 眞鉛眞汞 爲藥物 只是本來二物是也
진연(眞鉛) · 진홍(眞汞)이 약물이 되니, 다만 본래 이 두 물건이 바로 약물이다.

---

8 『벽암록(碧巖錄)』 10권에 나오는 내용이다.

문 何謂內藥 何謂外藥

무엇을 '내약(內藥)'이라 하고, 무엇을 '외약(外藥)'이라 합니까?

답 鍊精 鍊氣 鍊神 其體則一 其用有二 交感之精 呼吸之氣 思慮之神
皆外藥也 先天至精 虛無空氣 不壞元神 此內藥也 丹書云 內外兩
般作用 正謂此也

연정(鍊精)·연기(鍊氣)·연신(鍊神)은 그 체(體)는 하나이나 그 용
(用)은 둘이다. 교감(交感)의 정(精), 호흡의 기(氣), 사려(思慮)의 신
(神)은 모두 외약이며, 선천지정(先天至精), 허무공기(虛無空氣), 불괴
원신(不壞元神)[9]이 내약이다. 『단서(丹書)』에 말하기를 "안과 밖 두 가
지가 작용한다."라고 하였는데 바로 이것을 말함이다.

문 敲竹喚龜吞玉芝 如何說

'대나무를 치고 거북을 불러 옥지(玉芝)[10]를 삼킨다'는 것은 무엇을
말하는 것입니까?

답 敲竹者 息氣也 喚龜者 攝精也 鍊精化氣 以氣攝精 精氣混融 結成
玉芝 采而吞之 保命也

'대나무를 친다'는 것은 숨을 멈추는 것이고, '거북을 부른다'는 것

---

9 파괴되거나 없어지지 않는 원신을 말한다.

10 옥액이라고도 한다. 입속의 진액으로 『황정내경경(黃庭內景經)』에서는 옥액(玉
液), 예천(醴泉), 옥장(玉漿)이라고도 부른다.

은 정(精)을 수렴하는 것이다. 정(精)을 단련하여 기(氣)로 승화시켜, 기로써 정을 수렴하면 정과 기가 혼융하여 옥지(玉芝)를 결성하니, 그때 옥지를 캐서 삼키면 명(命)이 보존된다.

문 鼓琴招鳳飮刀圭 如何說

'거문고를 타고 봉황새를 불러 도규(刀圭)[11]를 마신다'는 것은 무엇을 말하는 것입니까?

답 鼓琴者 虛心也 招鳳者 養神也 虛心養神 心明神化 二土成圭 采而飮之 性圓明也

'거문고를 탄다'는 것은 마음을 텅 비우는 것이고, '봉황새를 부른다'는 것은 신(神)을 기르는 것이다. 마음을 텅 비우고 신을 기르면 마음이 밝아지고 신이 조화되어 두 개의 토[二土]가 규(圭)를 이룬다. 이 규를 캐서 마시면 성(性)이 원만해지고 밝아진다.

문 如何是五氣朝元

무엇이 '오기조원(五氣朝元)' 입니까?

답 身不動精固 水朝元 心不動氣固 火朝元 性寂則魂藏 木朝元 情忘則魄伏 金朝元 四大安和則意定 土朝元 此之謂五氣朝元也

몸이 움직이지 않아 정(精)이 견고하면 수(水)가 원기에 모여들

---

11 한약을 뜨는 도구를 말하지만, 여기서는 단약을 의미한다.

고, 심(心)이 움직이지 않아 기가 튼튼하면 화(火)가 원기에 모여들고, 성(性)이 고요하매 혼이 간직되면 목(木)이 원기에 모여들고, 정(情)을 잊으매 백(魄)이 굴복되면 금(金)이 원기에 모여들고, 몸이 안정되고 조화로우매 의(意)가 일정해지면 토(土)가 원기에 모여든다. 이것을 오기조원(五氣朝元)이라고 말한다.

문 何謂黃婆
무엇을 '황파(黃婆)'라 합니까?

답 黃者 中之色 婆者 母之稱 萬物生於土 土乃萬物之母 故曰黃婆 人之胎意是也 或謂脾神爲黃婆者 非也
'황(黃)'이라는 것은 중앙의 색이며, '파(婆)'라는 것은 어미의 호칭이다. 만물이 토에서 생기니 토는 만물의 어미이므로 '황파'라고 한다. 사람이 뜻을 배태하는 것이 바로 이것이다. 그런데 어떤 사람은 비신(脾神)[12]을 황파라고 하는데 잘못된 견해이다.

문 何謂金公
무엇을 '금공(金公)'이라 합니까?

답 以理言之 乾中之陽 入坤成坎 坎爲水 金乃水之父 故曰金公 以法象言之 金邊著公字 鉛也

---

12 비장의 신을 말한다.

이치로 말한다면 건(乾☰) 가운데의 양(陽)이 곤(坤☷)으로 들어가 감(坎☵)이 이루어지는데, 감은 수(水)가 되고, 금(金)이 바로 수(水) 의 아비이기 때문에 '금공(金公)'이라 하는 것이다. 법상의 측면에서 말한다면 '금(金)'자 옆에 '공(公)'자를 붙인 것이 '연(鉛)'이다.

坎爲太陰 如何喩嬰兒
감(坎)은 태음(太陰)이 되는데 어찌하여 '영아(嬰兒)'로 비유합니까?

坎本坤之體 故曰太陰 因受乾陽而成坎 爲少陽 故喩之爲嬰兒 謂負陰抱陽也
감은 본래 곤(坤)의 체(體)이므로 태음이라 하는 것이다. 그렇지만 건양(建陽)을 받음으로 인하여 감을 이루어 소양(少陽)이 되기 때문에 영아라고 비유한 것이다. 이는 '음을 지고 양을 감싼다[負陰抱陽]' 는 의미이다.

離爲太陽 卻如何喩爲姹女
리(離)는 태양(太陽)이 되는데 어찌하여 '차녀(姹女)'[13]로 비유합니까?

---

13 '차녀'란 말의 일차적인 의미는 '소녀(少女)' 또는 '미녀(美女)'를 뜻하는데, 도교 수련에서는 진홍(眞汞)을 상징하는 은어로 쓰인다.

답 離本乾之體 故曰太陽 因受坤陰而成離 爲少陰 故喩之爲姹女 謂雄
裏懷雌也

　리는 본래 건의 체이므로 태양이라 하는 것이다. 그렇지만 곤음
(坤陰)을 받아 리를 이루어 소음(少陰)이 되기 때문에 차녀로 비유한
것이다. 이는 '수컷이 암컷을 품고 있다[雄裏懷雌]'는 의미이다.

문 何謂眞金

　무엇을 '진금(眞金)'이라 합니까?

답 金乃元神也 曆劫不壞 愈鍊愈明 故曰眞金

　금은 바로 원신(元神)이다. 오랜 세월을 거치더라도 깨지지 않으
며 단련할수록 밝아지기 때문에 진금이라고 한다.

문 如何是子母

　'어미를 자식으로 삼는다[子母]' 는 것은 무엇입니까?

답 水中金也 金爲水之母 金藏水中 故母隱子胎也 則是神乃身之母 神
藏於身 喩爲母隱子胎

　수(水) 가운데 금(金)이다. 금은 수의 어미가 되지만, 수 가운데 감
추어져 있기 때문에 '어미가 자식의 태속에 숨은 것'이다. 그러므로
신(神)은 바로 몸의 어미이지만 몸속에 감추어져 있으므로 비유하
기를 '어미가 자식의 태속에 숨었다'고 한 것이다.

문 何謂賓主

'주인을 손님으로 삼는다[賓主]'는 것은 무엇입니까?

답 性是一身之主 以身爲客 今借此身養此性 故讓身爲主 丹書云 饒他
爲主我爲賓 此之謂也

　성(性)은 한 몸의 주인이므로 몸이 손님이 된다. 그런데 지금 이
몸을 빌려 성을 기르기 때문에 몸을 주인으로 삼은 것이다. 『단서
(丹書)』에서 말하기를 "그가 주인이 되도록 양보하고 내가 손님이
된다."[14]라고 하였으니 이것을 두고 말한 것이다.

문 何謂先天一氣

무엇을 '선천일기(先天一氣)'라고 합니까?

답 天地未判之先 一靈而已 身中一點眞陽是也 以其先乎覆載 故名先天

천지가 나뉘기 전에는 하나의 신령스러움일 뿐이니, 몸 가운데
한 점 진양(眞陽)이 바로 그것이다. 천지(天地)보다 앞서기 때문에
'선천'이라고 한다.

문 何謂水火

무엇을 '수화(水火)'라고 합니까?

---

14 『오진편(悟眞篇)』「단학직지(丹學直指)」4에 나오는 내용이다.

답

天以日月爲水火 易以坎離爲水火 禪以定慧爲水火 聖人以明潤爲
水火 醫道以心腎爲水火 丹道以精氣爲水火 我今分明指出 自己一
身之中 上而炎者皆爲火 下而潤者皆爲水 種種異名 無非譬喩 使學
者自得之也

하늘에서는 일월(日月)이 수화가 되고, 『역(易)』에서는 감리(坎離)
가 수화가 된다. 선가(禪家)에서는 정혜(定慧)를 수화로 삼고, 성인
(聖人)은 명윤(明潤)[15]을 수화로 삼으며, 의가(醫家)에서는 심신(心腎)
을 수화로 삼고, 단도(丹道)는 정기(精氣)를 수화가 삼는다. 내가 지
금 분명히 지적하겠다. 자기의 한 몸속에서 위로 타오르는 것은 모
두 '화(火)'가 되고 아래로 적시는 것은 모두 '수(水)'가 된다. 종종 나
오는 이명(異名)들은 비유 아님이 없으니 배우는 자로 하여금 스스
로 터득하게 하려고 한 것이다.

문

如何是火中有水

무엇을 '화(火) 가운데 수(水)가 있다'고 합니까?

답

從來神水出高原 以理言之 水不能自潤 須仗火蒸而成潤 以法象言
之 火旺在午 水受氣在午 以此求之 火中有水明矣 若以一身言之
則是氣中之液也

원래부터 신수(神水)는 고원(高原)에서 나오는 내용이다. 이를 이
치의 측면에서 말한다면 수(水)는 스스로 사물을 적시지 못하고 반

---

15 환하고 온화하며 환하고 윤화함의 뜻이다.

드시 불에 의해서 증발하여 적실 수 있다는 것이며, 법상의 측면에서 말한다면 화(火)는 오시(午時)에 왕성하고, 수는 오시에 기를 받는다는 것이다. 이것으로 미루어본다면 화 가운데 수가 있음이 분명하다. 만약 일신(一身)의 측면에서 말한다면 기(氣) 가운데의 액(液, 진액)이 여기에 해당된다.

문 如何水中有火
어떻게 수(水) 가운데 화(火)가 있을 수 있습니까?

답 以理言之 日從海出 以法象言之 水旺在子 火受胎在子 以一身言之 則是精中之氣也
이치로 말한다면 해는 바다에서 뜨는 것이며, 법상으로 말한다면 수는 자시에 왕성하고 화는 자시에 배태함을 받는다는 것이다. 일신(一身)으로 말한다면 정(精) 가운데의 기(氣)가 여기에 해당된다.

문 如何是旣濟
무엇을 '기제(旣濟)'라고 합니까?

답 水升火降 曰旣濟 易曰 山下有澤 損 君子以 懲 忿窒欲 此旣濟之方 懲忿則火降 窒欲則水升
수(水)가 올라가고 화(火)가 내려가는 것을 '기제'라고 한다. 『역(易)』에서 말하기를 "산 아래에 연못이 있는 것을 '손괘(損卦)'라 하는데 군자가 이것을 본받아 분노를 억제하고 욕심 억누른다."라고 하였으니 이것이 기제의 방법이다. 분노를 억제하면 화는 내려가고 욕망을 막으면 수는 올라간다.

문 如何是未濟
무엇을 '미제(未濟)'라고 합니까?

답 不能懲忿 則火上炎 不能窒欲 則水下濕 無明火熾 苦海波翻 水火 不交 謂之未濟

　분노를 억제하지 못하면 화는 위로 타오르고 욕망을 억누르지 못하면 물은 아래로 불어난다. 무명(無明)의 불꽃이 타오르고 고해(苦海)에 파도가 뒤집혀 수(水)와 화(火)가 서로 통하지 않는 것을 '미제'라고 한다.

문 如何是金木倂
무엇을 '금(金)과 목(木)이 병존한다'라고 합니까?

답 情來歸性 謂之交倂 情屬金 性屬木
　정(情)이 성(性)으로 돌아가는 것을 '사귀어 병존한다'라고 하는데, 정은 금에 속하고 성은 목에 속한다.

문 如何是間隔
무엇을 '간격(間隔)'이라고 합니까?

답

情逐物 性隨念 情性相違 謂之間隔

정(情)이 외물을 쫓아가고 성(性)이 상념을 따라가서, 정(情)과 성(性)이 서로 떨어져 있는 것을 '간격'이라고 말한다.

문

如何是淸濁

무엇을 '청탁(淸濁)'이라고 합니까?

답

心不動 水歸源 故淸 心動 水隨流 故濁

마음이 움직이지 않으면 물이 근원으로 돌아가므로 '청(淸)'하게 되고, 마음이 움직이면 물이 흐르는 대로 가기 때문에 '탁(濁)'하게 된다.

문

何謂二八

무엇을 '이팔(二八)'이라고 합니까?

답

一斤之數也 半斤鉛 八兩汞 非眞有斤兩 只要二物平勻 故曰二八 丹書云 前弦之後後弦前 藥物平平火力全 比喩陰陽平也 亦如二八 月 晝夜停也

한 근(斤)의 수량이다. '반근(半斤)의 납', '팔량(八兩)의 수은'이라는 것은 진짜로 근량이 있는 것은 아니고, 단지 두 가지 물질이 균등해야 하기 때문에 이팔(二八)이라고 한 것이다. 『단서』에서 말하기를 "상현의 뒤이자 하현의 이전처럼, 약물이 균등하여야 화력이 온전해진다"[16]라고 하였는데 음양의 균등함을 비유한 것이다. 그리고 또한 2월(춘분) 8월(추분) 밤낮이 같은 것과도 같다.

문 如何是沐浴
무엇을 '목욕(沐浴)'이라고 합니까?

답 洗心滌慮 謂之沐浴
마음과 생각을 씻어내는 것을 '목욕'이라고 한다.

문 如何是丹成
무엇을 '단성(丹成)'이라고 합니까?

답 身心合一 神氣混融 情性成片 謂之丹成 喩爲聖胎 仙師云 本來眞性是金丹 四假爲爐鍊作團 是也
신심(身心)이 합일되고, 신기(神氣)가 융화되며, 정성(情性)이 한 덩어리가 되는 것을 '단성'이라고 하니 '성태(聖胎)'로 비유된다. 선사(仙師)가 말하기를 "본래 진성(眞性)이 금단이니, 몸을 화로로 삼아 제련하여 단(團)을 만든다"라고 하였으니 이것을 두고 말함이다.

문 何謂養火
무엇을 '양화(養火)'라고 합니까?

---

16 여조(呂祖)의 『지현편(指玄篇)』에 나오는 내용이다.

답 絶念 爲養火

생각을 끊는 것이 양화이다.

문 如何是脫胎

무엇을 '탈태(脫胎)'라고 합니까?

답 身外有身 爲脫胎

몸 밖으로 몸이 나가 있는 것이 '탈태'이다.

문 如何是了當

무엇을 '요당(了當)'이라고 합니까?

답 與太虛同體 謂之了當 物外造化 未易輕述 在人自得之也

태허(太虛)와 더불어 동체가 됨을 '요당'이라고 한다. 사물을 넘어선 조화는 가벼이 글로 표현할 수 없으니 배우는 사람들이 자득함에 달려있다.

4. 전진활법(全眞活法)

수제문인(授諸門人) : 여러 문인(門人)에게 전수한다

全眞道人 當行全眞之道 所謂全眞者 全其本眞也 全精全氣全神 方
謂之全眞 才有欠缺 便不全也 才有點汙 便不眞也

전진도의 사람은 마땅히 전진의 도를 행해야 하니, 이른바 전진
이라는 것은 본래의 진(眞)을 온전히 하는 것이다. 정(精)을 온전히
하고, 기(氣)를 온전히 하고, 신(神)을 온전히 해야만 비로소 전진이
라 이를 수 있다. 조금이라도 흠결이 있으면 온전한 것이 아니며,
조금이라도 오점이 있으면 진이 아니다.

全精可以保身 欲全其精 先要身安定 安定則無欲 故精全也 全氣可
以養心 欲全其氣 先要心淸靜 淸靜則無念 故氣全也 全神可以返虛
欲全其神 先要意誠 意誠則身心合 而返虛也 是故精氣神爲三元藥
物 身心意爲三元至要

정(精)을 온전히 해야만 몸을 보전할 수 있다. 정을 온전히 하려
면 먼저 몸을 안정해야하고, 몸이 안정되면 욕심이 없어지기 때문

에 정이 온전해진다. 기(氣)를 온전히 해야만 마음을 함양할 수 있다. 그 기를 온전히 하려면 먼저 마음이 청정해야 하고, 마음이 청정해지면 잡념이 없어지기 때문에 기가 온전해진다. 신(神)을 온전히 해야만 허(虛)로 돌아갈 수 있다. 그 신을 온전히 하려면 먼저 의(意)를 성실히 해야 하니, 의를 성실히 한다면 신심(身心)이 합하여서 허로 돌아간다. 그러므로 정(精)·기(氣)·신(神)은 삼원(三元)의 약물이 되고, 신(身)·심(心)·의(意)는 삼원의 지극한 요체가 된다.

學神仙法 不必多爲 但錬精氣神三寶爲丹頭 三寶會於中宮 金丹成矣 豈不易知 豈爲難行 難行難知者 爲邪妄眩惑爾

신선의 법을 배우려면 많은 것을 할 필요가 없고, 다만 정·기·신, 삼보(三寶)를 수련하는 것을 연단의 으뜸으로 삼으면 된다. 삼보가 중궁(中宮)에 모이면 금단(金丹)이 이루어지게 된다. 이것이 어찌 알기 어렵고 행하기가 어렵겠는가? 행하기 어렵고 알기 어려운 것은 사사롭고 망령된 것에 현혹되었기 때문이다.

錬精之要 在乎身 身不動 則虎嘯風生 玄龜潛伏 而元精凝矣 錬氣之要 在乎心 心不動則龍吟雲起 朱雀斂翼 而元氣息矣 生神之要 在乎意 意不動則二物交 三元混一 而聖胎成矣 乾坤鼎器坎離藥物 八卦三元五行四象 並不出身心意三字

정(精)을 단련하는 핵심은 몸에 있다. 몸이 요동하지 않으면 범이 울어 바람이 생기고, 현귀(玄龜)[1]가 머리를 숙이고 숨어서 원정(元精)이 응결된다. 기(氣)를 단련하는 핵심은 마음에 있다. 마음이 요동하지 않으면 용이 울어 구름이 일어나고, 주작(朱雀)[2]이 날개를 접고 가만히 있어서 원기가 자라난다. 신(神)을 생성하는 핵심은 의(意)에 있다. 의가 요동하지 않으면 정과 기[二物]가 사귀어 삼원이 하나로 합해져서 성태(聖胎)가 이루어진다. 건곤(乾坤)·정기(鼎器)·감리(坎離)·약물(藥物)·팔괘(八卦)·삼원(三元)·오행(五行)·사상(四象)이 모두 '심신의(心身意)' 세 글자를 벗어나지 않는다.

全眞至極處 無出身心兩字 離了身心 便是外道 雖然 亦不可著在身心上 才著在身心 又被身心所累 須要即此用 離此用 予所謂身心者 非幻身肉心也 乃不可見之身心也 且道如何是不可見之身心 雲從山上 月向波心 身者 歷劫以來淸靜身 無中之妙有也 心者 象帝之先靈妙本 有中之眞無也 無中有象坎＝＝ 有中無象離＝＝ 祖師云 取將坎位中心實 點化離宮腹內陰 自此變成乾健體 潛藏飛躍盡由心 予謂身心兩字 是全眞致極處 復何疑哉

전진(全眞)의 지극한 경지도 '신심(身心)' 두 글자를 벗어나지 않으니, 심신(心身)을 떠난다면 그것은 바로 외도(外道)이다. 비록 그렇기는 하나 또한 심신(心身)에 고착되어선 안 된다. 심신에 고착되면 또다시 심신에 얽매이게 된다. 그러므로 모름지기 핵심은 심신에

1 여기서는 남자의 생식기를 말한다.
2 여기서는 생각이나 감정을 말한다.

나아가 심신을 쓰되, 심신을 쓰는 것에서 떨어져 있어야 한다. 내가 말하는 심신이라는 것은 육신과 심장이 아니고 눈으로 볼 수 없는 심신이다. 무엇이 눈으로 볼 수 없는 심신인가하면, 구름이 산위에서 일어나고 달이 일렁이는 물결 가운데로 향하는 것과 같다.

신(身)이란 억겁 이래로 맑고 고요한 몸이니, 무(無) 가운데 신묘하게 있는 것이고, 심(心)이라고 하는 것은 상제(上帝) 이전과 같은 신령스럽고 오묘한 근본이니 유(有) 가운데 참으로 없는 것이다. 무(無) 가운데 신묘하게 있는 것을 괘로 표현하면 감괘(☵)이고, 유(有) 가운데 참으로 없는 것을 괘로 표현하면 리괘(☲)이다.

조사(祖師)께서 "감괘 가운데 양효를 취하여 이괘 속의 음효를 변화시킨다. 이때부터 변화되어 굳건한 건괘의 체가 이루어지니, 잠겨 감추어짐과 날아 뛰는 것이 모두 다 마음으로 말미암아 행해진다."라고 하셨는데 내 생각에는 '심신(心身)' 두 글자야말로 전진의 지극한 경지이다. 다시금 의심할 것이 무엇이 있겠는가?

鍊丹之要 只是性命兩字 離了性命 便是旁門 各執一邊 謂之偏枯
祖師云 神是性兮氣是命 即此義也

단(丹)을 단련하는 핵심은 단지 '성명(性命)' 두 글자에 있다. 성명을 벗어나면 곧 정도(正道)가 아니다. 각각 성이나 명의 한쪽만 집착하는 것을 두고 '편고(偏枯, 반신불수)'라고 한다. 조사께서 "신(神)은 성(性)이요 기(氣)는 명(命)이다"라고 말씀하셨는데 바로 이 뜻이다.

鍊氣在保身 鍊神在保心 身不動則虎嘯 心不動則龍吟 虎嘯則鉛投
汞 龍吟則汞投鉛 鉛汞者 即坎離之異名也 坎中之陽 即身中之至精
也 離中之陰 即心中之元氣也 鍊精化氣 所以先保其身 鍊氣化神
所以先保其心 身定則形固 形固則了命 心定則神全 神全則了性 身
心合 性命全 形神妙 謂之丹成也 精化氣 氣化神 未爲奇特 夫何故
猶有鍊神之妙 未易輕言 予前所言 金丹之大槩 若向這裏具隻眼 方
信大事不在紙上 其或未然 須知下手處 既知下手處 便從下手處做
將去 自鍊精始 精住則然後鍊氣 氣定則然後鍊神 神凝則然後返虛
虛之又虛 道德乃俱

기(氣)를 단련하는 것은 몸을 보전하는데 있으며, 신(神)을 단련하
는 것은 마음을 보전하는데 있다. 몸을 움직이지 않으면 범이 울고,
마음을 움직이지 않으면 용이 노래한다. 범이 운다는 것은 납을 수
은에 집어넣는 것이요, 용이 노래한다는 것은 수은을 납 속에 집어
넣는 것이다. '수은과 납'이라는 것은 감리(坎離)의 다른 이름이다.
감괘 가운데 양은 바로 몸속의 지극한 정(精)이고, 이괘 가운데 음
은 바로 마음속의 원기(元氣)이다. 정(精)을 단련하여 기(氣)로 변화
시키는 것은 먼저 그 몸을 보존하기 위해서이고, 기를 단련하여 신
(神)으로 변화시키는 것은 먼저 그 마음을 보존하기 위해서이다. 몸
이 안정되면 형체가 견고해지고, 형체가 견고해지면 명(命)을 완성
한다. 마음이 안정되면 정신이 온전해지고, 정신이 온전해지면 성
(性)을 완성한다. 심(心)·신(身)이 합해 지고, 성(性)·명(命)이 온전
해지고, 형(形)·신(神)이 신묘해지는 것을 단성(丹成)이라고 한다.
정(精)이 기(氣)로 화하고, 기가 신(神)으로 화하는 것은 특이한 것이

아니다. 무엇 때문인가? 아직 연신(鍊神)의 오묘함이 남아있기 때문이다. 이는 가벼이 말할 수 없다.

내가 이제까지 말한 것이 금단의 대체적인 요체이다. 만약 이에 대해 특별한 안목을 갖춘다면 중요한 일은 글에 있지 않다는 것을 비로소 믿게 될 것이다. 혹시 그렇지 못할 경우에는 모름지기 착수처를 알아야 한다. 그리고 이미 착수처를 알았다면 착수처로부터 수련을 해나가야 한다. 그 과정은 정(精)을 단련하는 것으로부터 시작한다. 정이 모인 다음에는 기(氣)를 단련하고, 기가 안정된 다음에는 신(神)을 단련하고, 신이 응집된 다음에는 허(虛)로 돌아간다. 비우고 또 비워야 마침내 도덕(道德)이 갖추어진다.

鍊精在知時 所謂時者 非時候之時也 若著在時上 便不是 若謂無時
如何下手 畢竟作麼生 咦 古人言 時至神知 祖師云 鉛見癸生須急
采斯言盡矣

정(精)을 단련하는 관건은 때를 아는 데 있다. 이른바 때라는 것은 시간이 아니다. 만약에 시간에 집착한다면 그것은 옳지 않다. 그렇지만 만약에 정해진 때가 없다고 말한다면 착수할 곳이 없을 것이니 그렇다면 필경 어떻게 되겠는가? 아! 고인이 말하길 "때가 이르면 신(神)이 저절로 안다"라고 하였고, 조사가 말하길 "연(鉛)이 계(癸)의 생성을 만나면 반드시 급히 채취해야 한다." 라고 하였으니 이 말에 그 뜻이 다 드러났다.

鍊氣在調燮 所謂調燮者 調和眞息 燮理眞元也 老子云 玄牝之門

是謂天地根 綿綿若存 用之不勤 其調燮之要乎 今人指口鼻爲玄牝

之門 非也 玄牝者 天地闔闢之機也 易繫云 闔戶之謂坤 闢戶之謂

乾 一闔一闢之謂變 一闔一闢 卽一動一靜 老子所謂用之不勤之義

也 丹書云 呼則接天根 吸則接地根 呼則龍吟雲起 吸則虎嘯風生

予謂 呼則接天根 吸則接地根 卽闔戶之謂坤 闢戶之謂乾也 呼則龍

吟雲起 吸則虎嘯風生 卽一闔一闢之謂變 亦用之不勤之義也 指口

鼻爲玄牝 不亦謬乎 此所謂呼吸者 眞息往來無窮也

기를 단련하는 관건은 조섭(調燮)에 있다. 이른바 조섭이라는 것
은 진식(眞息)을 조화롭게 하고 진원(眞元)을 섭리하는 것이다. 노자
가 말하길 "현빈(玄牝)의 문을 하늘과 땅의 뿌리라고 한다. 면면히
존재하는 것 같지만 아무리 써도 고갈되지 않는다."라고 하였으니
이것이 조섭의 요점이다.

그런데 요즘 사람들은 입과 코를 가리켜 현빈(玄牝)의 문이라고
하지만, 이것은 잘못된 것이다. 현빈이라는 것은 천지가 닫히고 열
리는[闔闢] 기틀이다. 『주역(周易)』 「계사」에 말하길 "문을 닫는 것을
'곤(坤)'이라 이르고, 문을 여는 것을 '건(建)'이라 하고, 한번 열리고
한번 닫히는 것을 일러 '변(變)'이라 한다."라고 하였다. '한번 닫히
고 한번 열린다'라고 하는 것은 바로 '한번 동(動)하고 한번 정(靜)하
다'라고 하는 것이니 바로 노자가 말한 "아무리 써도 고갈되지 않는
다."라는 의미이다.

『단서(丹書)』에 말하길 "숨을 내쉬면 하늘의 뿌리에 접하고, 숨을
들이쉬면 땅의 뿌리에 접한다. 숨을 내쉬면 용이 울어 구름이 일어
나고, 숨을 들이쉬면 범이 울어 바람이 일어난다."라고 하였다. 그

런데 나의 생각에는 "숨을 내쉬면 하늘의 뿌리에 접하게 되고 숨을 들이쉬면 땅의 뿌리에 접하게 된다"는 것은 바로 "문을 닫는 것을 '곤'이라 이르고 문을 여는 것을 '건'이라 이른다"에 해당되고, "숨을 내쉬면 용이 울어 구름이 일어나고 숨을 들이쉬면 범이 울어 바람이 일어난다"라는 것은 바로 "한번 닫히고 한번 열리는 것을 일러 '변'이라고 한다"에 해당되니 또한 "아무리 써도 고갈되지 않는다"는 의미이다. 입과 코를 가리켜 현빈이 된다고 하는 것은 또한 잘못된 것이 아니겠는가? 여기서 이른바 호흡이라는 것은 진식이 무궁하게 오고가는 것이다.

구결(口訣)

外陰陽往來 則外藥也 內坎離輻輳 乃內藥也 外有作用 內則自然 精氣神之用有二 其體則一 以外藥言之 交合之精先要不漏 呼吸之氣更要細細 至於無息 思慮之神貴在安靜 以內藥言之 鍊精 鍊元精 抽坎中之元陽也 元精固 則交合之精自不泄 鍊氣 鍊元氣 補離中之元陰也 元氣住 則呼吸之氣自不出入 鍊神 鍊元神也 坎離合體成乾也 元神凝 則思慮之神泰定 其上更有鍊虛一著 非易輕言 貴在默會 心通可也 勉旃勉旃

밖에서 음양이 왕래하는 것은 바로 외약(外藥)이고, 안에서 감리(坎離)가 한곳으로 모이는 것은 바로 내약(內藥)이다. 외약은 작용이 있지만, 내약은 자연(自然)히 그렇게 된다. 정기신(精氣神)의 쓰임은 둘이지만 그 체는 하나이다. 외약의 측면에서 말하면 교합된 정(精)은 우선 새지 않아야 하고, 호흡의 기는 다시 미세하게 하여 숨을 쉬지 않는 것과 같이 하여 사려의 신(神)이 안정되는 것이 중요하다. 내약의 측면에서 말하면 정(精)을 단련하는 것은 원정(元精)을 단련하는 것인데, 이는 감괘 가운데 원양(元陽)을 뽑아내는 것이다. 원정이 확고하면 교합된 정은 저절로 새지 않는다. 기를 단련하는 것은 원기(元氣)를 단련하는 것인데, 이는 이괘 가운데의 원음(元陰)을 보충하는 것이다. 원기가 머물러 있으면 호흡의 기는 저절로 출입하지 않는다. 신을 단련한다는 것은 원신(元神)을 단련하는 것인데 감괘와 리괘가 체를 합하여 건괘를 이룬 것이다. 원신이 응집되면 사려의 신은 편안하고 안정된다. 그 위에 허(虛)를 단련하는 한 단계가 더 있으나 쉽게 말할 수 없다. 묵묵히 이해하고 마음으로 통하는 데 달려있으니 힘쓰고 또 힘써야 할 것이다.

中和集

제4권

都梁清庵瑩蟾子李道純元素撰,
門弟子損庵寶蟾子蔡志頤編

도량(都梁) 청암(淸菴) 영섬자(瑩蟾子)
이도순(李道純) 원소(元素)가 찬(撰)하
고, 문인 손암(損菴) 보섬자(寶蟾子) 채
지이(蔡志頤)가 펴내다.

1. 논(論)

성명론(性命論)

夫性者 先天至神 一靈之謂也 命者 先天至精 一氣之謂也 精與神[1]
性命之根也 性之造化系乎心 命之造化系乎身 見解知識出於心也
思慮念想心役性也 擧動應酬出於身也 語默視聽身累命也 命有身
累則有生有死 性受心役則有往有來 是知身心兩字精神之舍也 精
神乃性命之本也 性無命不立 命無性不存 其名雖二 其理一也 嗟乎
今之學徒淄流道子 以性命分爲二 各執一邊 互相是非 殊不知孤陰
寡陽 皆不能成全大事 修命者 不明其性 寧逃劫運 見性者 不知其
命 末後何歸

대저 성(性)이란 선천(先天)의 지극한 신(神)으로 하나의 신령한 것
을 이른 것이고, 명(命)이란 선천의 지극한 정(精)으로 하나의 기(氣)
를 이른 것이니, 정(精)과 신(神)이 성과 명의 근본이다. 성의 조화
는 심(心)에 달려있고, 명의 조화는 몸에 달려있다.

---

1 神은 저본에는 없으나 문맥을 고려하여 보충하였다.

견해나 지식은 심(心)에서 나온 것이므로 사려와 생각은 심이 성(性)을 부린 것이고, 거동과 응수는 몸에서 나온 것이므로 말하거나 침묵하거나 보거나 듣는 것은 몸이 명(命)을 번거롭게 한 것이다. 명이 몸의 얽매임을 받게 되면 생사(生死)가 있게 되고, 성이 마음의 부림을 받게 되면 왕래(往來)가 있게 된다. 이것을 통해 심(心)과 신(身)이 정(精)과 신(神)의 집이며, 정(精)과 신(神)이 성(性)과 명(命)의 근본임을 알 수 있다. 성은 명이 없으면 성립되지 못하고, 명은 성이 없으면 존재하지 못하니 그 이름은 비록 두 가지이지만 그 이치는 하나이다.

아! 그런데 지금의 학도들 중에서 불가나 도가들이 성과 명을 나누어 둘로 만들고서 각기 그 한 쪽을 잡아 서로 간에 시비를 하니, 이는 자못 음(陰)이나 양(陽) 하나만으로는 큰일을 온전히 이룰 수 없다는 것을 알지 못하기 때문이다. 명을 닦는 자가 그 성을 밝히지 않고 어떻게 윤회를 피할 수 있겠으며, 성을 알려는 자가 그 명을 알지 못한다면 끝내 어디로 귀착할 것인가?

仙師云 鍊金丹不達性 此是修行第一病 只修眞性不修丹 萬劫英靈
難入聖 誠哉言歟 高上之士 性命兼達 先持戒定慧而虛其心 後鍊精
氣神而保其身 身安泰則命基永固 心虛澄則性本圓明 性圓明則無
來無去 命永固則無死無生 至於混成圓頓 直入無爲 性命雙全 形神
俱妙也 雖然卻不可謂性命本二 亦不可做一件說 本一而用則二也
苟或執著偏枯 各立一門而入者 是不明性命者也 不明性命則支離
爲二矣 性命旣不相守 又焉能登眞仙躐境者哉

선사(仙師)가 말하였다. "금단(金丹)만 단련하고 성(性)을 통달하지 않으면 그것이야말로 수행의 제일 병통이다. 단지 진성(眞性)만 닦고 단(丹)을 닦지 않으면 만겁토록 수행하더라도 정신[英靈]이 성인의 경지에 들어가기가 어렵다."[2]고 하였는데 정말로 좋은 말씀이다!

최고의 선비는 성과 명을 아울러 통달하는데 먼저 계정혜(戒定慧)를 견지하여 그 마음을 비운 다음 정기신(精氣神)을 단련하여 그 몸을 보존한다. 몸이 편안하여 펴지면 명(命)의 터전이 영구히 견고해지고, 마음을 비워 맑게 하면 성(性)의 근본이 원만하게 밝아진다. 성이 원만하게 밝아지면 왕래가 없어지고, 명이 영구히 견고해지면 생사(生死)가 없어진다. 그리고 혼륜하게 원만한 깨침을 이루는데 이르러 곧바로 무위(無爲)의 경지에 들어가면 성과 명이 모두 온전해지고 형(形)과 신(神)이 모두 오묘해진다.

비록 그렇기는 하지만 성명이 본래 둘이라고 할 수도 없고 또 하나라고 할 수도 없으니, 근본은 하나이지만 쓰임은 둘인 것이다. 혹 한쪽만 집착하여 각기 하나의 문로(門路)를 세워서 들어가는 자는 성명에 대해서 밝지 못한 자이다. 성명에 대해서 밝지 못하면 두 갈래로 나누어지게 된다. 성명이 이미 서로 지켜주지 못하는데 또 어찌 진선(眞仙)의 경지에 오를 수 있겠는가.

---

2 여동빈(呂洞賓)의 〈현빈가(玄牝歌)〉에 나온다.

괘상론(卦象論)

海瓊眞人云 上品丹法無卦爻 諸丹書皆用卦爻者 何也 此聖人設敎
而顯道也 古云 大道無言 無言不顯其道 卽此義也 所謂卦者 掛也
如掛物於空懸示人 猶天垂象見吉凶 使人易見也 象也者 像此者也
爻也者 效此者也 卦有三爻象三才 卽我之三元也 畫卦六爻 象六虛
卽我之六合也 丹書用卦用爻者 蓋欲學者法象安爐依爻進火 易爲
取則也 海瓊眞人謂無卦爻者 警拔後人不可泥於爻象 卽此用而離
此用也

해경진인(海瓊眞人)[3]이 말하기를 "상품(上品)의 단법(丹法)에는 괘
(卦)나 효(爻)가 없다"[4]고 하였다. 그런데 여러 『단서(丹書)』에서는 모
두 괘나 효를 사용하는데 이것은 무엇 때문인가? 이는 성인이 가
르침을 베풀어 도(道)를 드러내려 했기 때문이다. 예부터 이른 말에
"대도(大道)는 말이 없기 때문에 말하지 않으면 그 도가 드러나지 않
는다"고 한 것이 바로 이 뜻이다. 이른바 괘라는 것은 걸어 놓는 것
[掛]이다. 예를 들면 공중에 물건을 걸어 사람에게 보이는 것과 같
으며, 하늘이 상(象)을 드리워 길흉을 보여주어 사람으로 하여금 쉽
게 알게 하는 것과도 같다. 상이라는 것은 이것을 형상화한 것[像]

---

3 백옥섬(白玉蟾, 1194~1229)이다. 백옥섬은 남송(南宋)시기 도사. 내단파 남종(南
宗) 제5대 조사로, 원래 성은 갈(葛)씨이고 이름은 장경(長庚), 자는 여해(如晦), 또
다른 자로는 백수(白叟)가 있으며, 호는 해경자(海瓊子)이다.
4 백옥섬의 『도덕보장(道德寶章)』에 나온다.

이고, 효라는 것은 이것을 본받는 것[效]이다. 괘에는 세 효가 있고, 상(象)에는 삼재(三才)가 있는데 이것이 바로 나의 삼원(三元)이다. 괘를 그릴 때 여섯 효를 그리는 것은 육허(六虛)를 형상한 것으로 이것이 바로 나의 육합(六合)이다. 『단서(丹書)』에서 괘와 효를 사용하는 것은 아마도 학자로 하여금 상을 본받아 화로를 안치하고, 효에 의거하여 불을 때게 하여 쉽게 법칙을 취하게 하고자 한 것이다. 해경진인이 '상품의 단법은 괘나 효가 없다'라고 한 것은 후대 사람들이 효나 상에 빠져서는 안 된다는 것을 경계한 것이니 이는 이것을 쓰면서도 이러한 쓰임에서 벗어나게 하는 것이다.

譬如此身未生之前 如如不動 即太極未分之時 因有此身 立性立命 即太極生兩儀也 有形體便有性情 即兩儀生四象也 至於精神魂魄 意氣身心 悉皆具足 即四象生八卦也

비유하자면 이 몸이 아직 태어나기 이전에 전혀 움직이지 않는 것은 곧 태극이 나뉘기 이전의 때에 해당되고, 이 몸이 생겨남으로써 성과 명이 정립되는 것은 곧 태극이 양의를 생성한 것에 해당된다. 형체가 있자마자 성정이 있게 되는 것은 곧 양의(兩儀)가 사상(四象)을 생성한 것에 해당된다. 정신(精神)·혼백(魂魄)·의기(意氣)·신심(身心)에 이르기까지 모두 갖추어지게 되는 것은 곧 사상이 팔괘(八卦)를 생성한 것에 해당된다.

先賢云 崇釋則離宮修定 歸道乃水府求玄 謂修煉性命之要也 離宮修定者 持戒定慧 使諸塵不染 萬有一空 即去離中之陰也 水府求玄

者 煉精氣神 使三花聚鼎 五氣朝元 而存坎中之陽也 特達之士 二
理總持 負陰抱陽 虛心實腹 即取坎中之陽 而補離中之陰 再成乾體
也 紫陽眞人云 取將坎位中心實 點化離宮腹裏陰 自此變成乾健體
潛藏飛躍 盡由心 正謂此也

선현(先賢)이 "불교를 숭상하는 사람은 이궁(離宮, 리괘, 심장)에서
정혜를 닦고, 도교에 귀의한 사람은 수부(水府, 감괘, 신장)에서 현
묘함을 구한다."[5]라고 하였는데 이는 성명을 닦는 요체를 말한 것
이다. '이궁에서 정혜를 닦는다'는 것은 계정혜를 지켜 모든 번뇌에
물들지 않고 온갖 것들이 공(空)이라는 것을 알아서 곧바로 리괘 중
효의 음(陰)을 제거한다는 것이다. '수부에서 현묘함을 구한다'라는
것은 정기신을 단련하여 삼화(三花, 정기신)로 하여금 솥에 모이게
하고 오기(五氣)로 하여금 원기(元氣)에 모여들게 하여 감괘 중효의
양(陽)을 간직한다는 것이다.

특별히 통달한 선비는 이 두 가지 이치를 모두 견지하여 음을 등
에 지고 양을 껴안아 마음을 비우고 배를 채우니, 곧 감괘 중효의
양을 취하여 리괘 중효의 음을 보충하여 다시 건체(乾體)를 이룬다.
자양진인이 말하였다. "감괘 자리의 가운데의 실(實)을 취하여 리궁
속의 음을 변화시킨다. 이때부터 변화하여 건괘의 강건한 체가 이
루어지니 침잠하거나 비약하는 것이 모두 마음으로부터 말미암는
다"[6]고 하였는데 바로 이것을 두고 말한 것이다.

---

5 『낙록자소식부(珞琭子消息賦)』에 나오는 말이다.
6 『오진편(悟眞篇)』에 나오는 말이다.

行火候 用卦爻者 乾坤二卦 健順相因 往來推盪 定四時成歲 四德
運化 無有窮也 行火進退 抽添加減 則而象之 簇一年於一月 簇一
月於一日 簇一日於一時 簇一時於一刻 簇一刻於一息 大自元會運
世 細至一息之微 皆有一周之運 達此理者 進火退符之要得矣

화후를 행할 때 괘와 효를 사용하니, 건곤 두 괘의 강건함과 유순함이 서로 연속 작용하여 왕래하고 변화해가면서 사시(四時)를 정하고 한해를 이루어 사덕(四德, 元亨利貞)이 운행 변화함에 끝이 없는데, 화후를 행할 때 추첨(抽添)하고 가감(加減)하는 것은 이것을 본뜬 것이다. 일년을 한달로 축소하고, 한달을 하루로 축소하고, 하루를 한 시각으로 축소하고, 한 시각을 일각으로 축소하고, 일각을 한 호흡으로 축소하니, 크게는 원회(元會)의 운세[7]로부터 작게는 미세한 한 호흡에 이르기까지 모두 일주(一周)의 운행이 있다. 이 이치를 통달하는 자는 화후를 시작하거나 물리는 때의 요령을 얻게 된다.

雖然丹道用卦 火候用爻 皆是譬喻 卻不可執在卦爻上 當知過河須
用筏 到岸不須船 得魚忘筌 得兔忘蹄可也 紫陽眞人云 此中得意休
求象 若究群爻謾役情 又云 不刻時中分子午 無爻卦內定乾坤 皆謂
此也 予謂生而知之者 不求自得 不勉而中 又豈在誘喻 故上品丹法
不用卦爻也 中下之士 不能直下了達 須從漸入 故諸丹書皆以卦爻

---

7 '원회(元會)의 운세'는 소강절이 우주의 운행 원리를 설명할 때 사용하는 개념이다.

爲法則也 達者味之 而自得之矣

    비록 그렇지만 단도(丹道)를 설명할 때 괘를 사용하고 화후를 설명할 때 효를 사용하는 것은 모두 비유이다. 그러므로 모름지기 괘와 효에 집착해서는 안 된다. 마땅히 강을 건널 때 뗏목을 사용하다가 해안에 도달하여서는 배가 필요 없듯이, 고기를 잡으면 통발을 잊어버리듯이, 토끼를 잡으면 올무를 잊어버리듯이 해야 할 것이다. 자양진인이 "이 가운데에서 뜻을 얻었다면 상(象)을 구하지 말아야 하니, 만약 여러 효들을 계속 궁구하면 부질없이 마음만 피로케 한다"[8]고 하였고, 또 "시각이 없는 가운데에서 자시와 오시를 나누고, 효가 없는 괘 가운데에서 건곤을 정한다"[9]고 하였는데, 모두 이러한 의미를 말한 것이다. 내 생각에는 태어나면서 아는 자는 구하지 않아도 저절로 얻고 힘쓰지 않아도 적중하니 또 어찌 인도할 것이 있겠는가. 그러므로 상품(上品)의 단법은 괘와 효를 사용하지 않는다. 중품과 하품의 선비들은 곧 바로 깨달아 통달할 수 없으므로 마땅히 점차 진입해 들어가야 한다. 그러므로 여러 단서들이 모두 괘와 효로 법칙을 삼은 것이다. 통달한 자는 이것을 음미하여 스스로 터득하게 될 것이다.

---

8 『오진편(悟真篇)』에 나오는 말이다.
9 장백단의 『환진집(還眞集)』에 나오는 말이다.

2. 설(說)

사생설(死生說)

太上云 人之輕死 以其求生之厚 是以輕死 又曰 夫惟無以生爲者
是賢於貴生 是謂求生了不可得 安得有死耶 有生卽有死 無死便無
生 故知性命之大事 生死爲重焉 欲知其死 必先知其生 知其生則自
然知死也 子路問死 子曰 未知生 焉知死 大哉 聖人之言也 易繫所
謂原始要終 故知死生之說 其斯之謂歟

태상노군(太上老君)이 말하기를 "사람들이 죽음을 가볍게 여기는
것은 살고자 하는 마음이 너무 두텁기 때문이다. 이 때문에 죽음을
가볍게 여기게 된다."[1]고 하였다. 또 말하기를 "오직 자기의 삶만을
도모하지 않는 자가 삶을 귀하게 여기는 자보다 현명하다."[2]고 하
였는데 이것을 일러 '사는 이치를 구하여도 끝내 얻을 수 없다'라는
것이니 어떻게 죽는 이치를 알 수 있겠는가.

---

1 『노자(老子)』 75장에 나온다.
2 『노자(老子)』 75장에 나온다.

190

태어남이 있으면 죽음이 있게 되고 죽음이 없으면 태어남도 없게 된다. 그러므로 성명(性命)이라는 큰일을 아는 데에는 생사가 가장 중요하다. 그 죽음을 알려면 반드시 먼저 그 태어남을 알아야 하니, 그 태어남을 알게 되면 저절로 죽음을 알게 된다.

자로(子路)가 죽음에 대해서 묻자 공자가 말하기를 "사는 것을 알지 못하는데 죽음을 어찌 알겠느냐?"[3]라고 하였으니 성인의 말씀이야 말로 매우 위대하다. 『역(易)』「계사(繫辭)」에서 이른바 "처음을 따져서 마침을 살피기 때문에 생사의 설을 안다"고 하였는데 이것을 말하는 것이 아니겠는가.

予謂學道底人 欲要其終 先原其始 欲明末後 究竟只今 只今脫灑
末後脫灑 只今自由 末後自由

내 생각에 도를 배우는 사람이 그 마침을 알고자 하면 먼저 그 처음을 따져야 하고, 그 끝을 밝히려면 현재를 따져야 하는데, 지금 초탈하면 끝에서도 초탈하고, 지금 자유로우면 끝에서도 자유롭다.

亙古亙今 曆代聖師 脫胎神化 應變無窮者 良由從前淘汰得清潔
末後所以輕擧 若復有人於平常一一境界 觀得破 打得徹 不爲物
眩 不被緣牽 則末後一一境界眩他不得 一一情緣牽他不住 我見
今時打坐底人 纔合眼一切妄幻魔境都在目前 既入魔境 與那陰魔
打成一片 不自知覺

---

3 『논어(論語)』「선진편(先進篇)」에 나온다.

예부터 지금에 이르기까지 역대의 성사(聖師)들이 탈태하여 신(神)으로 화(化)하여 무궁한 변화에 응한 것은 참으로 이전의 잘못들은 깨끗하게 없애어 결국에 신선이 된 것이다. 만약 다시 어떤 사람이 평상시에 모든 일에서 완전히 간파하고 남김없이 깨우쳐 사물에 의해 현혹 당하지 않고, 인연에 이끌리지 않으면 결국에 가서는 모든 일이 그를 현혹하지 못하고, 모든 정념이 그를 잡지 못하게 된다. 내가 보기에 지금 정좌하고 있는 사람들은 눈을 감자마자 모든 허망한 마구니들이 눈앞에 나타나, 이미 마구니의 경계에 들어가 요괴나 마구니와 하나가 되었는데도 스스로 깨닫지 못한다.

間有覺者 亦不能排遣 卻如簡有氣底死人 六根具足 不能施爲 被他撓亂 擺撥不下 只今旣不得自由生死 岸頭怎生得自由去也 若是簡決烈漢 合眼時與開眼時則一同 於一一妄幻境界 都無染著 去來無礙 得大自在 只今旣脫灑 末後奚患其不脫灑耶

간혹 그러한 상태를 깨닫는 경우가 있다 하더라도 또한 물리칠 수 없으면 도리어 숨만 쉬는 시체와 같다 하겠다. 육근(六根)이 충분히 갖추어졌는데 수행을 하지 않고 마구니에게 어지럽힘을 당해 떨쳐버리지 못한다. 지금 이미 생사의 경계를 자유롭게 하지 못하니 앞으로 어찌 자유롭게 살아 갈 수 있겠는가. 만일 굳센 사람이 눈을 감았을 때나 떴을 때나 한결같아서, 낱낱의 허망한 경지에 전혀 오염되거나 집착함이 없고 오고 감에 장애가 없어서 대자유를 얻었다면 지금 이미 탈태한 것이다. 나중에 어찌 탈태하지 못할까 걱정하겠는가.

清庵道人 不惜兩片皮 爲損庵輩饒舌 只如今做底工夫 便是末後大
事 只今是因末後是果 只今一切念慮 都屬陰趣 一切幻緣 都屬魔境
若於平常間 打拼得潔淨 末後不被他惑亂 念慮當以理遣 幻緣當以
志斷 念慮絕則陰消 幻緣空則魔滅 陽所以生也 積習久久 陰盡陽純
是謂仙也 或念增緣起 從意隨順 則陰長魔盛 陽所以消也 積習久久
陽盡陰純 死矣 大修行人分陰未盡 則不仙 一切常人分陽未盡 則不
死 作是見者 玄門高士

청암도인(清庵道人)이 손암 무리들을 위해 아낌없이 다음과 같이
말해 주노라. 지금 하는 공부가 바로 나중에는 대사(大事)의 근본이
된다. 지금은 원인이 되고 나중은 결과가 되는 셈이다. 지금의 일체
사려(思慮)는 모두 음(陰)에 속하고, 일체의 허황된 인연은 모두 마
구니의 짓[魔境]에 속하는데, 평상시에 이러한 것들을 깨끗이 물리
쳐 버리면 나중에 가서는 그것들에 의해 미혹되지 않는다. 사려는
마땅히 이치로써 물리치고, 헛된 인연은 의지로서 끊어야 한다. 사
려가 끊어지면 음이 사라지고, 헛된 인연이 없어지면 마구니의 짓
도 소멸되므로 양이 생겨난다. 이렇게 몸에 배도록 꾸준히 익히면
음이 다하고 양만 남게 되니, 이를 신선이라고 한다. 간혹 잡념이
늘어나고 생각이 많아져 마음 내키는 대로 하면 음이 자라 마구니
가 왕성해져서 양이 소멸한다. 그렇게 오래도록 몸에 배어 쌓이면
양은 다하고 음만 남아 죽게 된다. 아무리 수행을 크게 한 사람이라
도 조그만 음이라도 다 없애지 않으면 신선이 되지 못하고, 보통사
람일지라도 조금의 양이라도 남아 있다면 죽지 않는다. 이러한 견
해를 가진 자는 현문(玄門)의 뛰어난 선비이다.

諸法眷等立決定志 存不疑心 直下打併 教赤灑灑 空蕩蕩 勿令秋毫

許塵染著 便是淸淨法身也 汝若不著一切相 則一切相亦不著汝 汝

若不染一切法 則一切法亦不執汝

여러 도우(道友)들이 확고한 뜻을 세우고 의심하지 않는 마음을 간직하여 서슴없이 타개하여 깨끗이 씻어버려 추호라도 속세의 때가 물들지 않게 한다면 이것이 바로 청정한 법신이다. 네가 만약 일체의 상에 집착하지 않으면 일체의 상도 또한 너를 붙잡지 않을 것이고, 네가 만약 일체 법에 오염되지 않으면 일체 법도 또한 너를 잡지 않을 것이다.

汝若不見一切物 則一切物亦不見汝 汝若不知一切事 則一切事亦

不知汝 汝若不聞一切聲 則一切聲亦不聞汝 汝若不緣一切覺 則一

切覺亦不緣汝 至於五蘊六識 亦復如是 六塵不入 六根淸靜 五蘊皆

空 五眼圓明 到這裏 六根互用 通身是眼 群陰消盡 遍體純陽 性命

雙全 形神俱妙 與道合眞也 更有甚死生可超 更有甚只今末後 也無

因 也無果 和無也無 倒大輕快 倒大自在 咦 無生法忍之妙 至是盡

矣

네가 만약 일체 사물을 보지 않으면 일체 사물도 또한 너를 보지 않을 것이며, 네가 만약 일체의 일들을 모르면 일체의 일 또한 너를 모를 것이고, 네가 만약 일체의 소리를 듣지 않으면 일체의 소리도 또한 너를 듣지 않을 것이며, 네가 만약 일체의 깨달음에 연연하지 않으면 일체의 깨달음도 또한 너에게 연연하지 않을 것이다. 그리고 오온(五蘊)과 육식(六識)[4]에 있어서도 또한 이와 같다. 육진(六塵)[5]이 나에게 들어오지 않으면 육근이 청정해지고, 오온에 집착하지 않으면 오안(五眼)이 원만히 밝아진다. 이러한 경지에 이르면 육근이 상호 작용하여 온몸이 눈의 역할을 할 수 있어서 모든 음이 소진하고 온몸이 순양이 된다. 성(性)과 명(命)이 동시에 완전해지고, 형(形)과 신(神)이 모두 묘용(妙用)을 갖추어 참된 도와 합한다. 이처럼 된다면 초월할 만한 생사가 무엇이 있겠으며, 무슨 지금과 나중이 있겠는가. 원인도 없고 결과도 없으며, 무(無)까지도 없게 되어 대경쾌(大輕快) 대자재(大自在)의 경지로 전환될 것이다. 아! 무생법인(無生法忍)[6]의 묘가 이에 이르러 다하게 된다.

至元壬辰 上元日 清庵瑩蟾子 書於中和庵 贈蔡損庵輩

지원(至元) 임진년(1352) 상원일에 청암보섬자(清庵瑩蟾子)가 중화암에서 써서 채손암 무리에게 주다.

---

4 오온(五蘊)과 육식(六識)은 불교 용어로 우리의 감각 기관을 오온이라고 하고, 오온과 관련된 의식을 전오식이라고 하며, 전오식 외에 의식과 말나식, 아뢰야식으로 구분한다. 여기에서는 오온의 의식인 전오식과 의식을 말한다.
5 색·성·향·미·촉·법 등 외부에서 들어와 진성(眞性)을 어둡게 하는 것을 말한다.
6 불교의 궁극적인 해탈인 태어남이 없음의 법을 의미한다.

동정설(動靜說)

太上云 致虛極 守靜篤 萬物並作 吾以觀其復 此言靜極而動也 夫
物芸芸 各復歸其根 歸根曰靜 是謂復命 此言動極而復靜也 又云 復
命曰常 此言靜一動 動一靜 道之常也 苟以動爲動 靜爲靜 物之常
也 先賢云 靜而動 動而靜 神也 動無靜 靜無動 物也 其斯之謂歟 是
知保身心之要 無出乎動靜也 學道底人 收拾身心 致虛之極 守靜之
篤 則能觀復

　태상노군이 말하기를 "허(虛)를 극진하게 하고 정(靜)을 돈독하게
하는 가운데 만물이 생겨나니 나는 그 속에서 그들의 돌아감을 본
다."[7]라고 했는데 이 말은 '정(靜)이 극에 도달하면 다시 동(動)한다'
는 의미이다. 그리고 또 말하기를 "수많은 사물들이 모두 다시 근
본으로 돌아간다. 근본으로 돌아감을 정(靜)이라고 하고 이것을 일
러 복명(復命)이라고 한다."라고 했는데, 이 말은 '동(動)이 극에 도
달하면 다시 정(靜)해진다'는 의미이다. 또 이어서 '복명이란 항상
된 것[常]'이라고 했는데, 이것은 한번 고요하면 한번 움직이고, 한
번 움직이면 한번 고요함이 도의 항상된 것임을 말한다. 그런데 만
약 움직임을 움직임으로만 여기고 고요함을 고요함으로만 여긴다
면 이것은 다만 현상의 외형적 일정함에 불과하다. 선현이 "고요하
다가 움직이고 움직이다가 고요함은 신묘한 이치이며, 움직이기만
하고 고요함이 없거나 고요하기만 하고 움직임이 없는 것은 현상적

7　이 글에서 인용하는 태상노군의 말은 『노자(老子)』16장 본문의 내용이다.

사물이다"고 했는데 바로 이러한 것을 두고 한 말인가 싶다. 이로 인해서 심신(心身)을 보전하는 요점이 동정(動靜)을 벗어나지 않는다는 것을 알겠다. 도를 배우는 사람이 심신을 수습할 때에 허(虛)를 극진하게 하고, 정(靜)을 돈독하게 한다면 능히 회복됨을 볼 수 있을 것이다.

易曰復其見天地之心乎 夫復之爲卦 自坤而復 自靜而動也 五陰至靜 一陽動於下 是謂復也 非靜極而動乎 觀復則知化 知化則不化 不化則復歸其根也 歸根曰靜 是謂復命 非動而復靜乎 易繫云 闔戶之謂坤 闢戶之謂乾 一闔一闢之謂變 往來不窮之謂通 一闔一闢 一動一靜也 往來不窮 動靜不已也 互動互靜 機緘不已 運化生成 是謂之變 推而行之 應變無窮 是謂之通 太上云 穀神不死 是謂玄牝 此言虛靈不昧 則動靜之機 不可揜也 又云 玄牝之門 是謂天地根 卽乾陽坤陰 一闔一闢而成變化也 又云 綿綿若存 用之不勤 卽往來不窮之謂通也

『주역』에서는 '복괘(復卦)에서 천지의 마음을 볼 수 있다'[8]라고 했는데 복괘의 의미는 순음인 곤괘(坤卦)에서 양으로 회복되는 것이니, 이는 고요함으로부터 움직임으로 전환되는 것이다. 그리고 복괘의 구성은 매우 고요한 5개의 음효(陰爻) 밑에서 일양(一陽)이 움직이는 것이다. 이것을 복(復)이라고 하는데, 이것이 '고요함이 극도에 달하면 움직인다'는 것이 아니겠는가? 복괘를 관찰하면 변화

---

8 복괘 단전에 나온다.

를 알 수 있고, 변화를 알면 변화하지 않고, 변화하지 않으면 다시 근본으로 되돌아간다. 근본으로 돌아감을 고요함이라고 하고, 이것을 복명이라고 하니, 이것은 '움직였다가 다시 고요해진다'는 것이 아니겠는가?

『주역(周易)』「계사(繫辭)」에서는 '문 닫는 것을 곤(坤)에 비유하고, 문 여는 것을 건(乾)에 비유[9]했는데, 문을 한 번 열고 닫음을 변(變)이라 하고, 끝없이 왕래함을 통(通)이라고 한다'라고 했다. '한 번 열고 닫음'은 '한 번 움직이면 한번 고요하다'는 의미이고, '끝없이 왕래함'이란 '끊임없이 움직이고 고요하다'는 의미이다. 번갈아 움직이고 고요하게 되면서 끝없이 작용하고 조화가 운행되어 생성하는 것을 변(變)이라 하고, 이러한 변화를 미루어 행하며 무궁한 변화에 수응함을 통(通)이라고 한다. 태상노군이 말하기를 "곡신(穀神)은 죽지 않으니 이를 현빈(玄牝)이라고 한다."[10]라고 했는데 이는 허령하여 어둡지 않으면 동정의 기틀에 가리지 않는다는 말이다. 또 말하기를 "현빈의 문은 천지의 근본을 말한다"라고 했는데, 이는 건양(建陽)과 곤음(坤陰)이 한번 열리고 한번 닫혀서 변화를 이룬다는 의미이다. 또 말하기를 "끊임없이 존재하여 아무리 써도 다하지 않는다"고 말했는데, 이는 끝없이 왕래함을 통(通)이라고 한다는 의미이다.

天根闔闢 猶人之呼吸也 呼則接天根 是謂闢也 吸則接地根 是謂闔

---

9 「계사상」 11장에 나온다.
10 『노자(老子)』 6장에 나오는 내용이다.

也 呼則龍吟雲起 吸則虎嘯風生 是謂變也 風雲際會 龍虎相交 動
靜相因 顯微無間 是謂通也 予所謂呼吸者 非口鼻也 眞息綿綿 往
來不息之謂也 苟泥於口鼻而爲玄牝 又焉能盡天地鼓舞之神哉

천근(天根)의 열리고 닫힘[11]은 사람의 날숨 들숨과 같다. 숨을 내쉬면 천근과 접하게 되니 이를 '열림'이라고 하며, 숨을 들이쉬면 지근(地根)과 접하게 되니 이를 '닫힘'이라고 한다. 숨을 내쉬면 용이 울부짖어 구름을 일으키는 것과 같고, 숨을 들이쉬면 범이 울부짖어 바람을 일으키는 것과 같으니 이것을 '변화'라고 한다. 바람과 구름이 만나고 용과 범이 서로 사귀듯이, 움직임과 고요함이 서로 꼬리를 물어 드러남과 은미함이 간격이 없게 되니 이것을 '통(通)'이라고 한다. 내가 말한 '날숨·들숨'이란 입과 코로 쉬는 것이 아니라 참된 호흡(眞息)이 끊임없이 왕래하여 그치지 않는 것을 말한다. 만약 입과 코로 하는 호흡에 집착하여 이를 '현빈'으로 여긴다면 또한 어찌 천지의 신묘한 변화를 극진하게 할 수 있겠는가?

知天地變動神之所爲者 是名上士 達是理者 則知乾道健而不息 即
我之心動而無爲工夫不息也 坤道厚德載物 即我之身靜而應物用
之無盡也 心法天故淸 身法地故靜 常淸常靜 則天地闔闢之機 我之
所維也 經云 淸者 濁之源 動者 靜之基 人能常淸淨 天地悉皆歸 正
謂此也

천지의 변동이 바로 신(神)이 행한 것임을 아는 사람을 상등의 선

11 『노자(老子)』 10장에 나오는 내용이다.

비[上士]라고 한다. 이 이치에 통달한 사람은 건도(乾道)가 강건하여 쉬지 않는 것처럼 내 마음이 움직이더라도 무위(無爲)의 공부는 쉼이 없고, 곤도가 후덕하여 만물을 싣는 것처럼 내 몸이 고요하여도 만물에 수응할 때는 아무리 써도 다함이 없게 된다. 마음은 하늘을 본받기 때문에 맑고, 몸은 땅을 본받기 때문에 고요하다. 항상 맑고 고요하게 된다면 하늘과 땅이 열리고 닫히는 작용이 나에게 달려있게 된다. 경(經)에 이르기를 '맑음은 탁함의 근원이며, 움직임은 고요함의 터전이니 누구든 항상 맑고 고요할 수 있다면 천지가 모두 나에게로 돌아오게 될 것이다'[12]고 했는데 바로 이것을 두고 한 말이다.

經閒庵輩叩予保身之要 予以動靜告之 蓋欲使其收拾身心 效天法地之功用也 夫保身在調爕 保心在撿攝 調爕貴乎動 撿攝貴乎靜 一動象天 一靜象地 身心俱靜 天地合也 至靜之極則自然眞機妙應 非常之動也 只這動之機關是天心也 天心旣見 玄關透也 玄關旣透 藥物在此矣 鼎爐在此矣 火候在此矣 三元八卦四象五行 種種運用 悉具其中矣

경한암(經閒菴) 무리가 몸과 마음을 보전하는 요점을 내게 묻기에 나는 동정(動靜)에 대한 이치로 말해주노라. 이것은 대개 그들로 하여금 몸과 마음을 수습할 때에 하늘과 땅의 공용(功用)을 본받게 하려고 한 것이다. 몸을 보전함은 조섭(調爕)[13]에 달려 있고, 마음을

---

12 『태상노군설상청정경주(太上老君說常淸靜經註)』에 나온다.
13 음양을 조화롭게 함을 말한다.

보전함은 검섭(撿攝)[14]함에 달려 있다. 조섭은 움직임을 귀하게 여기고, 검섭은 고요함을 귀하게 여긴다. 한번 움직임은 하늘을 본받는 것이고, 한번 고요함은 땅을 본받는 것이다. 몸과 마음이 모두 고요해지면 이것은 하늘과 땅이 합일된 것이다. 고요함이 지극해지면 자연히 진기(眞機)가 신묘하게 수응하는데 이것은 보통의 '움직임'이 아니니 이 움직임의 기관(機關)이 바로 천심(天心)이다. 천심이 드러나면 현관(玄關)이 뚫리게 된다. 현관이 뚫리면 약물이 이에 있고, 정로(鼎爐)가 이에 있고, 화후(火候)가 이에 있게 된다. 삼원(三元)·팔괘(八卦)·사상(四象)·오행(五行)의 각종 운용이 모두 그 속에 갖추어져 있을 것이다.

工夫至此 身心混合 動靜相須 天地闔闢之機 盡在我也 至於心歸虛寂 身入無爲 動靜俱忘 精凝氣化也 到這裏精自然化氣 氣自然化神 神自然化虛 與太虛混而爲一 是謂返本還元也 咦 長生久視之道 至是盡矣

공부가 이 정도 경지에 이르면 몸과 마음이 하나가 되고 움직임과 고요함이 서로 꼬리를 물게 되니, 하늘과 땅의 열림과 닫힘이 모두 내 속에 있게 된다. 그리고 마음이 텅 비어 고요한 데로 돌아가고 몸이 무위한 곳으로 들어가서, 움직임과 고요함을 모두 잊게 되고 정(精)이 응결되어 기(氣)로 변화하게 된다. 이런 경지에 도달하면 정(精)은 자연히 기(氣)로 변화하고, 기는 자연히 신(神)으로 변화

---

14 자신을 단속하고 감독함을 말한다.

하며, 신은 자연히 허(虛)로 변화하여 마침내 태허(太虛)와 혼합되어 하나가 되니 이를 '반본환원(返本還元)'[15]이라고 한다. 아! 장생(長生)의 도는 여기에 이르러 끝이 난다.

至元壬辰上元後四日 淸庵瑩然子 書於中和精舍 贈經閑庵輩

지원(至元) 임진년(1352) 4월에 청암(淸菴) 형섬자(瑩蟾子)가 중화정사(中和精舍)에서 써서 경한암 무리에게 준다.

---

15 내단 수련을 통해 금단을 형성한 상태를 가리킨다.

3. 가(歌)

원도가(原道歌) - 증야운((贈野雲) : 야운에게 주다

玄流若也透玄關　그대들[玄流]이 만약 현관을 꿰뚫어 안다면

躐景登眞果不難　신속하게 진경으로 오름이 과연 어렵지 않으리.

只是星兒孔竅子　하지만 미세한 구멍이

迷人如隔萬重山　사람을 미혹하여

　　　　　　　　만겹의 산이 가로막힌 것처럼 하리라.

世間縱有金丹客　세간에 설령 금단을 추구하는 사람이 있어도

大半泥文並著物　태반은 글자나 물건에 집착하고 마네.

雖然苦志敎門中　비록 열심히 수련한 사람이 있어도

卻似癡貓守空窟　어리석은 고양이가 텅빈 굴을 지키는 것과 같다.

或將金石爲丹母　어떤 사람은 금석을 단의 근본이라 여기고

或云口鼻爲玄牝　어떤 사람은 입과 코가 현빈이라고

　　　　　　　　집착하는가 하면

或云心腎爲坎離　또 어떤 이는 심장과 신장이 감리라 여기며

或云精血爲奇槖　또 어떤 이는 정혈을 음양으로 여기기도 한다.

勞形苦體費精神　육신을 수고롭게 하고 정신을 허비하지만

妙本支離道不伸　오묘한 이치의 근본이 지리멸렬,

　　　　　　　　도가 펼쳐지지 않는다.

直待靈源都喪盡　다만 영원(靈源)이 모두 사라질 때까지

　　　　　　　　기다려보지만

尙猶執著不回身　여전히 집착하여 몸을 돌이키지 못한다.

人人自有長生要　사람마다 스스로 장생의 요결을 지니고 있어

道法法人人不肖　도법이 사람을 가르치건만

　　　　　　　　사람은 따르지 않는다.

浮華亂目孰廻光　겉으로 드러난 화려함이 눈을 어지럽히니

　　　　　　　　그 누가 밝음을 돌이키며

薄霧牽情誰返照　안개가 마음을 끌어당기니

　　　　　　　　그 누가 도리어 비출 수 있겠는가?

我觀潁川野雲翁　내가 영천 야운 스님을 보아하니

奇哉道釋俱貫通　놀랍게도 도교와 불교를 모두 꿰뚫었도다.

玉鎖金枷齊解脫　옥사슬과 금칼[1]을 모두 벗어던지고

急流勇退慕玄風　세속의 급류에서 용감하게 물러나

　　　　　　　　현풍을 사모하도다.

我今得見知音友　내가 이제야 지음(知音)의 벗을 만났기에

1　모두 형구(刑具)이다. 옥과 금이 값비싼 보배이지만, 도리어 몸을 얽매는 형틀과 같다는 뜻으로도 쓰인다. 여기에서는 세상의 명예와 부귀를 비유적으로 말한 것이다.

故把天機都泄漏	일부러 천기에 대해 남김없이 말해주노라.
坎水中間一點金	감수(☵) 중간의 한 점 금을
急須取向離中輳	서둘러 취하여 리(☲) 속에 모아야 한다.
一句道心話與賢	한 가닥의 도심을 그대에게 말해주니
從今不必亂鑽研	이제부터 어지럽게 뚫고 연마할 필요 없네.
九夏但觀龍取水	세상에 다만 용이 물을 취하는 것만 보면
明明天意露眞詮	밝은 하늘의 뜻이 참된 도리를 드러내리라.
會得此機知採藥	이 천기를 이해하여 약을 채집할 줄 알게 되면
地雷震處鼓橐龠	지뢰가 울리는 곳에서 호흡이 이루어지리.
霎時雲雨大雾電	잠깐 사이에 구름이 일어나 크게 비를 뿌리면
萬氣鹹臻眞快樂	모든 기운이 참으로 쾌락한 곳으로 이르리.
水中取得玉蟾蜍	물속에서 달을 건져내어
送入懸胎鼎內儲	현태로 들여보내 솥 안에 쌓아두고
進火退符功力到	불 때고 불을 끄집어내어
	그 공력이 지극한 데 이르면
無中生有結玄珠	무 가운데서 유가 생기듯 현주가 맺히리라.
獲得玄珠未是妙	현주를 얻는다 해도 오묘할 것 없으니
調神溫養猶深奧	정신을 조절하여 도탑게 키워감이
	오히려 심오한 법이다.
鉛要走而汞要飛	납은 달아나려 하고 수은은 날아가려고 하니
水怕寒兮火怕燥	물은 차가워서는 안 되고
	불은 건조해서는 안 되네
火周須要識持盈	화후의 주기는 모름지기 붙잡아

가득하게 함을 알아야 하니

静定三元大寶成　고요하고 안정되면 삼원의 큰 보배가 완성되어

迸破頂門神蛻也　정수리를 부수고 나와 신이 해탈할 것이니

與君同步謁三淸　그 신이 그대와 함께 나란히 가서

삼청[2]을 알현하리라.

연허가(鍊虛歌)

작은 머리말[幷引]

道本至虛 虛無生氣 一氣判而兩儀立焉 淸而上者曰天 濁而下者曰
地 天圓而動 北辰不移 主動者也 地方而靜 東注不竭 主靜者也 北
辰天地之心 東注大地之氣 以虛養心 心所以靜 以虛養氣 氣所以運

도(道)는 본디 지극히 텅 비어 있으니, 허무(虛無)에서 기(氣)가 일
어나고, 그 한 기가 갈라져서 음과 양인 양의(兩儀)가 된다. 맑아서
위로 올라가는 것이 하늘이 되고, 탁해서 아래로 내려가는 것이 땅
이 된다. 하늘은 둥글어서 움직이는데 북극성은 움직이지 않고서
움직임을 주관한다. 땅은 네모져서 고요한데 물이 동쪽으로 고갈
되지 않고 끝없이 흘러가서 고요함을 주관한다. 북극성은 하늘과

2　삼청천(三淸天), 삼청경(三淸境)에 거처하는 세 명의 최고 존신(尊神), 즉 옥청원
시천존(玉淸元始天尊), 상청영보천존(上淸靈寶天尊), 태청도덕천존(太淸道德天尊)을
가리킨다.

땅의 마음이고, 동쪽으로 흘러가는 물은 하늘과 땅의 기운이다. 허(虛)로 마음을 기르기 때문에 마음이 고요해지고, 허(虛)로 기운을 기르기 때문에 기가 운행한다.

人心安靜 如北辰之不移 神至虛靈 作是見者 天道在己 氣常運動 如東注之不竭 形固常存 作是見者 地道在己

사람의 마음이 편안하고 고요하여 마치 북극성처럼 움직이지 않으면 정신이 허령함에 이른다. 이런 견해를 가진 사람은 하늘의 도가 그 자신에게 있게 된다. 그리고 기가 항상 움직여 마치 동쪽으로 흐르는 물처럼 고갈되지 않으면 육신이 영원히 유지된다. 이런 견해를 가진 사람은 땅의 도가 그 자신에게 있게 된다.

天地之道在己 則形神俱妙 陰陽不可得而推遷 超出造化之外也 是知虛者 大道之體 大地之始 動靜自此出 陰陽由此運 萬物自此生 是故虛者 天下之大本也

하늘과 땅의 도가 그 자신에게 있게 되면 정신과 육신이 동시에 오묘해져서 음양이 정신과 육신을 변화시킬 수 없으므로 조화의 밖으로 초월하게 된다. 이로 인해 허(虛)는 대도(大道)의 체(體)이며 하늘과 땅의 시작으로서 동정(動靜)이 이로부터 나오고, 음양(陰陽)이 이를 말미암아 움직이며, 만물이 이로부터 생겨남을 알 수 있다. 그러므로 허(虛)는 천하의 대본이다.

古杭王高士 以竹名齋 蓋有取於此也 處事以直 處世以順 處心以柔

處身以靜 竹之節操也 動則忘情 靜則忘念 應機忘我 應變忘物 竹之
中虛也 立決定志存不疑心 內外圓通 始終不易 竹之歲寒也 廣參至
士 遍訪明師 接待雲水 混同三教 竹之叢林也 兼之見素抱樸 少私寡
欲 調息運誠 觀化知復 非天下之致虛 孰能與於此 以竹名齋 宜矣

고항(皐杭) 왕고사(王高士)[3]가 서재 이름을 죽재(竹齋)라고 지었는
데, 이는 대체로 이러한 점을 취한 것이다. 일을 처리할 때 곧게 하
고, 처세를 순하게 하며, 마음을 부드럽게 갖고, 몸을 고요하게 하
였는데, 이것은 대나무의 지조를 본받은 것이다. 움직일 때 감정을
잊고, 고요할 때 잡념에 사로잡히지 않으며, 사물에 수응할 때 아집
을 잊어버리고, 변화에 대응할 때 외물에 얽매이지 않음은 대나무
속이 텅 빈 점을 본받은 것이다. 그리고 확고한 뜻을 세울 때 의심
하지 않는 마음을 보존하고, 안과 밖이 원만하게 소통되어 처음과
끝이 변하지 않음은 대나무가 겨울에 시들지 않음을 본받은 것이
다. 고매한 선비[至士]가 있는 곳을 두루 찾아다니고, 밝은 도사(道
師)들을 두루 방문하며, 구름과 물처럼 떠다니는 승도(僧徒)들을 접
대하여 삼교(三敎)를 섞어 하나로 만드는 것은 대나무가 떨기로 숲
을 이룸을 본받은 것이다. 그리고 여기에 겸하여 소박함을 마음에
품고 사사로움을 줄이고 욕심을 덜며 호흡을 고르게 하고 정성을
움직이며, 변화를 관찰하여 회복됨을 아니 세상에서 최고로 허(虛)
를 이룬 사람이 아니라면 그 누가 여기에 참여할 수 있겠는가? 그
러므로 서재 이름을 죽재라고 붙인 것은 당연한 일이다.

---

3 어떤 인물인지 미상이다.

辛卯歲 有全眞羽流 之金陵中和精舍 嘗談盛德 予深重之 自後三領
雲翰 觀其言辭 有致虛安靜之志 於是乎橫空飛劍兩訪先生 是乃已
亥重陽日也 觀其行 察其言 足見其深造玄理者也 於是乎 以珏蟾扁
子名 珏之爲字 二玉相並 俾之虛實相通 爲全形神之大方也 虛爲實
體 實爲虛用 虛實相通 去來無礙 玉又取潔白之義 虛室生白 神宇
泰定 自然天光發露 普照無私也 工夫至此 仙佛聖人之能事畢矣 辭
已既 故作是篇以記之 歌曰

신묘년(1351)에 전진교의 도사 무리[羽流]가 금릉(金陵)의 중화정
사(中和精舍)로 왔기에, 담소를 나누니 그 사람의 덕이 빼어나 내가
그를 중시하게 되었다. 그 뒤로 세 번 편지를 주고받으며 그의 말
을 살펴보니 허(虛)를 이루어 안정된 뜻이 담겨있었다. 이에 허공을
가로지르는 검처럼 주저하지 않고 선생을 방문하였는데, 때는 바야
흐로 기해년(1359) 9월 9일 중양절이었다. 선생의 언행을 살펴보니
현리(玄理)에 깊은 조예가 있음을 알 수 있었다. 이에 '각섬(珏蟾)'이
라고 편액을 써주었다. '각(珏)'이라는 글자는 '옥(玉)'자 두 개가 나
란히 배열되었으니, 이는 허와 실이 서로 소통되어 '형'과 '신'을 온
전하게 하는 중요한 방법이다. 이는 '허'가 '실'의 바탕이 되고 '실'은
'허'의 작용이 되는 등 '허'와 '실'이 서로 소통되어 오고 감에 장애가
없는 것이다. 또 '옥(玉)' 이라는 글자는 '희고 깨끗하다'는 의미를 취
한 것이다. 그리하여 빈방 문틈으로 햇빛이 들어오듯이 정신이 편
안하게 안정되면 자연히 천광(天光)이 빛나기 시작해 두루 비추어
사사로움이 없게 될 것이다. 공부가 이런 경지에 이르면 유불도(儒
佛道)에서 할 수 있는 일은 모두 끝난다. 내 말은 이미 끝났으나, 이

글을 지어 기록하고 다음과 같이 노래를 지었다.

爲仙爲佛與爲儒　선도와 불도 그리고 유도
三敎單傳一箇虛.　삼교는 오직 '허' 하나만 전한다.
亙古亙今超越者　예로부터 지금까지 뛰어난 사람들은
悉由虛裏做工夫.　모두 허를 바탕으로 공부하였다.
學仙虛靜爲丹旨　선도를 배울 때는 허정이 내단의 요지가 되고
學佛潛虛禪已矣.　불도를 배울 때 허에 잠기면
　　　　　　　　선정 공부가 끝난다.

扣予學聖事如何　성인되는 길을 나에게 묻는다면
虛中無我明天理.　허 가운데서 나를 없애면
　　　　　　　　천리가 드러난다고 대답하리라.

道體虛空妙莫窮　도체는 허공처럼 미묘하여 궁구할 수 없고
乾坤虛運氣圓融.　건곤은 허로 운용하여 기운이 막힘이 없다.
陰陽造化虛推蕩　음과 양의 조화는 허로 미루어 나아가니
人若潛虛盡變通.　사람이 허에 잠기면 변통을 극진할 수 있다.
還丹妙在虛無轂　단을 운용하는 묘리는 허무의 골짜기에 있으니
下手致虛守靜篤.　허를 이루는 공부를 하여
　　　　　　　　고요함을 독실하게 지킨다.

虛極又虛元氣凝　허를 극진히 하고 다시 극진함 비워버리면
　　　　　　　　원기가 응결되고
靜中又靜陽來復.　고요하게 하고 그 고요함마저 고요하게 하면
　　　　　　　　양이 회복된다.

210

虛心實腹道之基　마음을 비우고 배를 채움은 도의 터전이며

不昧虛靈採藥時.　마음이 어둡지 않고 신령할 즈음이

약을 채취할 때이다.

虛己應機眞日用　자신을 비우고 조화의 기틀에 수응함을

참으로 날마다 한다면

太虛同體丈夫兒.　태허와 체를 함께하는 대장부라.

採鉛虛靜無爲作　작위함 없이 허정 가운데 납을 모으고

進火以虛爲橐籥.　허로 풀무를 삼아 불을 지피며

抽添加減總出虛　추첨의 가감은 모두 허를 말미암으니

粉碎虛空成大覺.　허공을 깨부수면 큰 깨달음을 이루리라.

究竟道沖而用之　도가 충화된 상태까지 추구하여 사용하되

解紛剉銳要兼持.　어지러움을 풀고

아울러 날카로움도 꺾어야 한다.

和光混俗忘人我　빛을 누그러뜨리고 세속과 하나 되어

남과 나를 잊어버리면

象帝之先只自知.　상제 이전의 상태를 스스로 알게 될 것이다.

無畫以前焉有卦　획를 긋기 전에 어찌 괘가 있었겠는가?

乾乾非上坤非下.　건이라고 위에만 있지 않고

곤이라고 아래에만 있지 않다.

中間一點至虛靈　가운데 한 점이 지극히 허령하여

八面玲瓏無縫�.　팔면[4]은 티 없이 영롱하다.

4　단전을 상징한다.

四邊固密剔渾淪　　견고한 사면에서 혼륜을 버리면

簡是中虛玄牝門. 이것이 바로 가운데가 텅 빈 현빈의 문이다.

若向不虛虛內用　만약 텅 비지 않은 것을 텅 빔으로 운용하면

自然闔闢應乾坤. 자연히 열리고 닫힘이 건곤에 수응되리라.

玄牝門開功則極　현빈의 문이 열리면

　　　　　　　　수련의 공부가 극도에 이른 것이니

神從此出從此入. 신이 여기를 통해 나오고 들어간다.

出出入入復還虛　나갔다 들어오고 들어갔다 나와서

　　　　　　　　다시 허로 되돌아가면

平地一聲春霹靂. 봄철에 평지에서 벼락 한번 치리라.

霹靂震時天地開　벼락 칠 때 하늘과 땅이 열리고

虛中迸出一輪來　허공 가운데서 수레바퀴 하나가 솟아올라

圓陀陀地光明大　원만한 광명이 크게 드러나

無欠無餘照竹齋. 모자람도 남음도 없이 죽재를 비추리라.

竹齋主人大奇特　죽재 주인은 매우 기특해.

細把將來應時物. 장차 올 것을 자세히 헤아려

　　　　　　　　때맞춰 사물에 수응하였다.

虛裏安神虛裏行　허에서 정신을 편안히 하고, 허에서 행하며

發言闡露虛消息. 말을 하면 허에 대한 소식을 드러낸다.

虛至無虛絶百非　허가 무허의 경지에 이르면

　　　　　　　　모든 그릇됨이 끊어지고

潛虛天地悉皆歸. 허에 잠기면 하늘과 땅이 모두

　　　　　　　　나에게로 돌아온다.

虛心直節青青竹　속은 비고 곧게 뻗은 푸르른 대나무

簡是鍊虛第一機.　이것이 바로 허를 연마하는

　　　　　　　　　가장 중요한 관건이다.

파혹가(破惑歌) : 의혹을 깨뜨리는 노래

堪嗟世上金丹客　딱하다 세상의 금단객들이여

萬別千差殊不一　만 가지로 나뉘고 천 가지로 달라

　　　　　　　　한결같지 않구나.

執象泥文胡作爲　그림과 문자에 집착하여

　　　　　　　　무엇을 하려고 하는가?

摘葉尋枝徒費力　잎을 따고 줄기 찾느라 헛힘만 쓰고 마네.

採日精吸月華　일월의 정화를 채취하여 마시며

含光服氣及吞霞　빛을 머금고 기를 받으며 노을까지 마시지.

斂身偃仰爲多事　몸을 가누어 뒤집었다 엎었다 호들갑을 떨고

轉睛捏目起空花　눈알을 굴리고 눈을 누르다가

　　　　　　　　환영만 생기고 마네.

鍊稠唾嚥津液　진한 침을 모으고 진액을 삼키며

指捏尾閭幷夾脊　손가락으로 미려혈과 협척혈을 누르네.

注想存思觀鼻端　마음을 모아 코끝을 주시하다가

翻滄倒海食便溺　바다가 뒤집어지듯 날뛰며 똥오줌도 먹네.

守寂淡落頑空　고요함을 지키다가 멍한 데에 빠져

兀兀騰騰做奔功　가만히 있다가 벌떡 일어나 내달려 가네.

更有按摩幷數息　다시금 안마며 수식도 해보지만

總與金丹理不同　모두가 금단의 이치와는 같지 않네.

八段錦 六字氣　　팔단금과 육자기

辟穀休糧事何濟　벽곡과 휴량으로 어떤 일을 해내겠는가?

執著三峰學採陰　삼봉에 집착하여 채음을 배워

九淺一深爲進退　구천일심[5]으로 진퇴를 삼네.

擾腰兜腎守生門　허리를 흔들고 신장을 눌러 생문을 지키고

屈伸導引弄精魂　굽혔다 폈다 도인하며 정기와 혼을 희롱하네.

對爐食乳強兵法　화로를 대하여 젖을 먹는 것이

　　　　　　　　강병의 법이라 하니

簡樣家風不足論　각양의 가풍이야 논할 것도 없어라.

更有縮龜幷閉息　다시 귀두를 오므리고 숨도 멈추는 등

熊伸鳥引虛勞役　곰처럼 펴고 새처럼 당기며 헛되이 수고하네.

摩腰居士腹中溫　허리를 문지르는 거사는 뱃속이 따듯하고

行氣先生面上赤　기를 돌리는 선생은 얼굴이 붉구나.

擊天鼓 抱崑崙　천고를 두드리고 곤륜을 감싸 안아[6]

叩齒集神視頂門　이를 맞부딪치며 정신을 집중하여

5　방중술 중 하나로 음(陰)을 받아 양(陽)을 보충하는 것, 혹은 성행위의 기술을 말한다.

6　천고를 두드린다는 것은 두 손으로 귀를 막고 머리 뒤를 치는 수련법이고 곤륜은 머리 부위를 가리키는 도교의 용어이다.

정수리를 응시하네.

虛響認爲雄虎嘯	환청을 범의 포효로 듣고
肚鳴道是牝龍吟	뱃속의 꼬르륵 소리는 용의 읊조림이라 하네.
燒丹田 調煮海	단전을 불태우고 자해[7]를 조절하느라
晝夜不眠苦打睡	밤낮으로 잠 안자고 애써 눈꺼풀을 두드리네.
單衣赤脚受煎熬	홑옷 입고 맨발로 끓어오르는 열기를 받으니
前生欠少飢寒債	전생에 굶주리고 떨었던 일이 없었나 보네.
常持不語謾徒然	언제나 말하지 않고 있으나 부질없는 일
默朝上帝怎升遷	어떻게 묵묵히 상제를 알현할 수 있겠는가?[8]
呵手提囊眞九伯	손에다 훈김 넣어 음낭을 당기니
	정말로 바보천치
摩娑小便更狂顛	생식기를 비비니 다시금 미치광이.
弄金槍 提金井	금창[9]을 놀리고 금정[10]을 당기니
美貌婦人爲藥鼎	미모의 부인이 약 솥이 되었구나.
採他精血喚眞鉛	그의 정혈을 채취하여 진연이라 부르지만
喪失元和猶不省.	원화[11]를 상실한 줄 여전히 모르네.

---

7 하복부[氣海]와 음경을 안마하는 수련법. 저녁에 양기가 쇠하고 음기가 성해질 때 행한다.

8 원문은 묵조상제(默朝上帝)로 연단법의 하나이다. 고개를 숙이고 배꼽 밑을 응시하다가 뜻을 두뇌로 밀어 올리는 방법이다.

9 남자의 생식기를 가리키는 말이다.

10 여자의 생식기를 가리키는 말인 듯하다.

11 도교에서는 원화를 수련 과정 중에 생기는 침으로 보기도 한다.

有等葛藤口鼓禪　졸가리 없이 횡설수설 떠벌리는 선

鬪唇合舌逞能言　입술과 혀를 놀려 말재주를 부리네.

指空話空乾打鬨　공을 가리켜 공을 말하는데 너무나 요란하고

竪拳竪指不知原　주먹을 세우고 손가락을 세우나[12]

　　　　　　　근원을 알지 못하도다.

提話頭 幷觀法　화두를 제시하고 관법까지 곁들여

捷辯機鋒喧霅霅　민첩하게 혀를 놀려 천둥처럼 떠드네.

拈搥竪拂接門徒　회초리를 잡고 불자를 세워

　　　　　　　문도 앞에 나서서는

瞬目揚眉爲打發　눈을 깜짝거리고 눈썹을 치켜세우며

　　　　　　　깨우침을 준다 하네.

參公案 爲單提　공안을 참고하여

　　　　　　　그 중 하나만을 화두로 삼지만

眞箇高僧必不然　참된 고승은 반드시 그리 하지 않으리.

理路多通爲智慧　이치의 길을 두루 통해야 지혜롭게 되고

明心見性待驢年　오랜 세월 마음을 밝혀야 견성할 수 있으리.

道儒僧 休執著　도니 유니 불이니 집착하지 말고

返照廻光自忖度　회광반조[13]를 스스로 헤아려야 하네.

12　중국의 유마거사(維摩居士)는 도(道)는 하나뿐임을 교시하기 위해 종종 주먹 손
가락 봉 등을 세워 보여준 일이 있다.

13　내관법을 말한다.

忽然摸著鼻孔尖	홀연히 콧구멍 끝을 만지작거리다가[14]
始信從前都是錯	비로소 이전의 모든 것이 틀린 줄 알게 되네.
學仙輩絶談論	선술을 배우는 무리는 담론을 끊어야 하니
受氣之初窮本根	처음 기를 느낄 때 근본을 궁구하라.
有相有求俱莫立	상이나 구함이 있어도 모두 세우지 말고
無形無象更休親	무형과 무상도 가까이 말라.
心非火腎非水	심장은 화가 아니며 신장은 수가 아니니
凡精不可云天癸	정 또한 천계라 말할 수 없네.
黃婆元不在乎脾	황파는 원래부터 비장에 있지 않으며
玄牝亦休言口鼻	현빈도 입과 코라 말해선 안 되네.
卯非兔酉非鷄	묘는 토끼가 아니며 유가 닭이 아니듯
子非坎兮午非離	자는 감괘가 아니며 오는 리괘가 아니네.
一陽不在初三四	일양은 초삼사에 있지 아니하니[15]
持盈何執月圓時.	지영[16]을 어찌 달이 둥근 때로만 보는가.
肝非龍肺非虎	간장은 용이 아니며 폐장은 범이 아니니
精華焉得稱丹母	정화를 어찌 단모라 칭할 수 있으리오.
五行元只一陰陽	오행이란 원래 다만 하나의 음양이요
四象不離二玄牝.	사상은 두개의 현빈에서 떠나지 않는다네.

---

14 불교 선종에서는 불자의 몸에서 가장 중요한 것으로 정수리 눈 콧구멍을 치는데 코와 콧구멍은 '본래면목'을 의미한다.

15 일양이 초효나, 삼효, 사효에 있지 않음을 말한 것이다.

16 『노자(老子)』의 "持而盈之, 不如其已"에서 기인한 말이다.

採藥川源未易知	약을 캐는 근원은 쉽게 알 수 없지만
汞産東方鉛産西	수은은 동방에서 나고 납은 서방에서 난다네.
離位日魂爲姹女	리 자리의 일혼[17]이 차녀가 되고
坎宮月魄是嬰兒.	감 자리의 월백[18]이 바로 영아라네.
爲無爲 學不學	무위를 행하고 불학(不學)을 배워[19]
緣覺聲聞都倚閣	연각승[20]과 성문승[21]을 모두 다 버려라.
我今一句全露機	나의 지금 한마디가 천기를 온전히 드러내니
身心是火也是藥	몸과 마음이 화후이며 또한 약이라네.
身心定 玄竅通	신심이 안정되고 현규가 통하면
精氣神虛自混融	정기신이 텅 비어 저절로 융화되리.
三百日胎神脫蛻	삼백일간 잉태하여 정신도 탈태하면
翻身拶碎太虛空	육신을 부수고 나와 태허처럼 텅 비게 되리라.

현리가(玄理歌) – 두 수(二首)

1.

至道雖然無處所	지극한 도는 비록 일정하게 있는 곳이 없지만

---

17 진양을 상징한다.
18 진음을 상징한다.
19 『노자(老子)』 64장에 나온다.
20 부처의 가르침을 직접 듣지 않고 스스로 연기법을 깨달아 열반을 성취한 사람.
21 석가모니의 인연 설법(아함경 설법)을 직접 듣고 깨달은 사람이다.

也憑師匠傳規矩.　또한 스승을 통하여 그 법도가 전해지네.

屯蒙取象配朝昏　둔(屯)괘와 몽(蒙)괘에서 상(象)을 취해
　　　　　　　　아침과 저녁에 배정하며

復姤假名稱子午.　복(復)괘와 구(姤)괘에서 자(子)와 오(午)라는
　　　　　　　　이름으로 일컫네.

進火無中鍊大丹　무(無) 중에 불을 지펴 대단(大丹)을 정련하고

安爐定裏求眞土.　화로를 안정시켜 진토(眞土)[22]를 구하네.

身心意定共三家　신심의(身心意)가 안정되어 삼가를 이루고

鉛汞銀砂同一祖.　연홍은(鉛汞銀) 가루는
　　　　　　　　같은 뿌리에서 나왔네.

加減依時有後先　가감(加減)은 때에 맞추어 순서가 있고

守城在我分賓主.　수성(守城)[23]은 내게 달려 있어
　　　　　　　　주객이 구분되네.

南山赤子跨靑龍　남산(南山)의 적자(赤子)[24]는 청룡을 부리고

北海金公騎白虎.　북해(北海)의 금공(金公)[25]은 백호를 타네.

兩般藥物皆混融　두 가지 약물이 모두 한데 섞였다가

---

22 진의(眞意)라고도 하며 내단 수련 과정 중 납과 수은의 매합(媒合) 작용을 가리
킨다. 수련을 향한 강한 집념을 뜻하기도 한다.
23 마음을 집중하여 외물에 내달리지 않는 것을 성을 지키는 일에 비유한 표현
이다.
24 수은을 가리키는 듯하다.
25 납을 가리키는 말이다.

一對龜蛇自吞吐.　한번 귀사(龜蛇)[26]를 대하면
　　　　　　　　　절로 삼키고 토하네.

直超實際歸大乘　곧바로 실제를 초월하여
　　　　　　　　 대승(大乘)으로 돌아가니

頓悟圓通非小補.　돈오(頓悟)와 원통(圓通)에
　　　　　　　　　적지 않은 보탬이 되네.

密會眞機本自然　진기(眞機)와 은밀히 만남은
　　　　　　　　　본래 저절로 되는 것이니

可憐小法胡撐拄.　가련타, 자잘한 법으로
　　　　　　　　　어떻게 떠받칠 수 있겠는가?

口靈舌辯自誇能　신령한 달변으로 자신의 재능을 자랑하여

氣大心高誰敢覬　그 기고만장함을 누군들 감히 쳐다보랴.

未會潛心入竅冥　잠심하여 고요한 규(竅)에 들어갈 줄 모르고

何勞立志棲圜堵　왜 그리 수고롭게 뜻을 세워
　　　　　　　　　환도(圜堵)[27]에서 맴도는가?

初機自是不求師　처음엔 스스로 옳다 하여
　　　　　　　　　스승을 구하지 않다가

老倒無成甘受苦.　늙어 죽도록 이룬 것 없이 고생만 실컷 하네.

積功累行滿三千　수련을 거듭 쌓아 삼천(三千)을 채워야만

26　귀(龜)는 수(水)를 상징하고 사(蛇)는 화(火)를 상징한다. '귀사'는 물과 불의 응합(凝合)을 가리키는 말이다.

27　미상이다.

返照回光窮二五. 내면의 빛이 다시 밝아져 음양오행을 다하리.

起火東方虎嘯風 범이 바람을 불자 동쪽에 불이 일어나고

滌塵西極龍行雨. 용이 비를 내리자 서쪽에 티끌을 씻어내네.

驅雷掣電役天罡 천강(天罡)[28]을 부려 우레와 번개를 몰아가고

輔正除邪任玄武. 현무(玄武)[29]에 맡겨 정(正)을 돕고
사(邪)를 제거하네.

姹女縶離紫極宮 차녀(姹女)가 자극궁(紫極宮)[30]을 떠나자마자

金公已到朱陵府. 금공(金公)이 어느새
주릉부(朱陵府)[31]에 도달했네.

爐中大藥一九成 화로의 대약(大藥)이

---

28 북두(北斗)의 별무리 속에 36천강성(天罡星)이 있는데, 각 천강성마다 한 명의 신(神)이 있어 총 36(神將)이 있다고 말한다. 36천장은 모두 진무대제(真武大帝)에게 항복한 신들로서, 전부 진무대제에게 종속된 부하 신들이다. 도사들이 재초(齋醮) 의식을 행할 때, 항상 36천장을 소환하여 마귀들을 몰아낸다.

29 우리가 익히 알고 있는 거북이와 뱀이 합체한 그림이 현무도이고, 이는 현무신(玄武神)을 표현한 것이다. 고구려 고분에 그려진 현무도(玄武圖)는 거북과 뱀이 합체한 그림[龜蛇合體像]으로 유명하다. 본래 '현무(玄武)'는 북두칠성을 신격화한 것으로 오행설에서 북방은 물에 해당하므로 수신(水神)으로 인식되었고 또한 거북과 뱀[龜蛇]이 갖는 비늘과 등껍질로부터 무신(武神)으로서도 신앙되었다. 북송시대에 송나라의 성조(聖祖)인 조현랑(趙玄朗)의 '현(玄)'자를 피해 '현무'를 '진무(真武)'라고 바꿔 불렀다고 한다. 민간에서 진무대제에 대한 믿음이 성행했다. 이 때문에 복건(福建), 광동(廣東)으로부터 이주한 사람들로 성립한 타이완사회에서는 최고신의 하나로 독실한 신앙을 모으고 있다.

30 천상의 선인들이 사는 궁전을 가리키는 말이다.

31 주릉동천(朱陵洞天) 즉 신선이 사는 곳을 뜻하기도 하고, 주릉화부(朱陵火府) 곧 주사(朱砂)를 가리키기도 한다.

하나의 환(丸)으로 이루어지면

室內胎仙三疊舞. 방안의 태선(胎仙)이

삼첩(三疊)[32]의 춤을 추네.

四象五行都合和 사상(四象)과 오행(五行)이

모두 합하여 융화되니

九還七返功周普. 구환(九還)과 칠반(七返)의 수련이

두루 행해졌네.

皎蟾形兆出菴來 하얀 달의 자취가 집에서 나오니

燦燦光明充大宇. 휘황한 광명이 우주에 가득 차네.

2.

治人事天莫若嗇 사람을 다스리고 하늘을 섬길 때

'아낌'보다 좋은 것이 없으니

夫嗇謂之重積德. 무릇 아낀다는 것은

덕을 거듭 쌓음을 말함이라.

性天大察長根塵 천성(天性)을 너무 살피면

진근(塵根)[33]만 불어나고

理路多通增業識. 지혜의 길에 많이 통하면

---

32 상중하의 삼단전(三丹田)을 가리킨다.
33 불교에서는 '색(色)·성(聲)·향(香)·미(味)·촉(觸)·법(法)'을 '육진(六塵)'이라
하고 '안(眼)·이(耳)·비(鼻)·설(舌)·신(身)·의(意)'를 '육근(六根)'이라 하는데
육진과 육근이 상호 작용하여 인간의 번뇌를 만든다고 한다.

업식(業識)³⁴만 늘어나니

聰明智慧不如愚　총명과 지혜는 어리석음보다 못하거니

雄辯高談爭似嘿.　웅변과 고담이 침묵만 같겠는가?

絶慮忘機無是非　기심(機心)을 끊어서 시비(是非)를 없애고

隱耀含華遠聲色.　외부로 드러난 빛을 감추어

　　　　　　　　　성색(聲色)을 멀리하네.

寡欲薄味善根臻　욕심이 적고 음식이 담박하면

　　　　　　　　　선근(善根)³⁵이 모이고.

省事簡緣德本植.　일을 줄이고 인연을 간략히 하면

　　　　　　　　　덕의 뿌리가 자라나네.

一念融通萬慮澄　일념(一念)으로 통하면 온갖 생각이 맑아지고

三心剔透諸緣息.　삼심(三心)³⁶을 남김없이 버리면

　　　　　　　　　모든 인연이 그치네.

諦觀三敎聖人書　삼교의 성인들이 남긴 책을 자세히 보면

息之一字最簡直.　'그칠 식(息)' 한 글자가 가장 간이하도다.

若於息上做工夫　'식(息)'에서부터 공부를 해나가면

爲佛爲仙不勞力.　부처나 신선이 됨도 수고롭지 않으리.

息緣達本禪之機　인연을 그쳐 근본에 통달함은 선가의 요점이요

息心明理儒之極　마음을 그쳐 이치에 밝아짐은 유가의 극치이며

34　업을 말한다.
35　불교의 용어로서 선행을 할 수 있는 마음의 뿌리를 가리킨다.
36　불교의 용어로서 과거·현재·미래의 마음을 함께 지칭한 것이다.

息氣凝神道之玄　기운을 그쳐 정신을 모음은 도가가 현묘이니
三息相須無不克.　삼가의 '그침'이 서로 어울리면

　　　　　　　　이기지 못할 것이 없으리라.
說與知堂田皎蟾　지당(知堂) 전교섬(田皎蟾)[37]에게 말해주노니
究竟自心爲軌則.　결국에는 자신의 마음을 법도로 삼아야 하네.

성리가(性理歌)

兩儀肇判分三極　음양이 처음 쪼개져 천지인(天地人)이 나뉘니
乾以直專坤闢翕.　건은 곧음을 주로하고

　　　　　　　　곤(坤)은 화합을 관장하네.
天地中間玄牝門　천지의 가운데가 현빈의 문이니
其動愈出靜愈入.　움직일수록 더욱더 나오고

　　　　　　　　고요할수록 더욱더 들어가네.
道統正傳指歸趣　도통(道統)의 바른 길을 전한 바가 있으니
仲尼授參參授伋.　공자는 증삼(曾參)에게

　　　　　　　　증자는 자사(子思)에게 전하였네.
風從虎兮雲從龍　바람은 범을 따르고 구름은 용을 따르며
火就燥兮水流濕.　불은 마른 데에 나아가고

　　　　　　　　물은 젖은 데로 흐르네.

───────────────

37　미상이다.

224

致知格物有等倫　격물과 치지에는 단계가 있으나

入聖超凡無階級.　범인을 초월하여 성인에 올라섬에는
　　　　　　　　　등급이 없도다.

君子居易以俟命　군자는 그 처지를 편안히 여겨
　　　　　　　　　명(命)을 기다리며

內省不疚何慢悁.　안으로 살펴 병통이 없으니
　　　　　　　　　무엇을 근심하리오.

致用推明生殺機　그 쓰임은 생살(生殺)의 기틀을
　　　　　　　　　미루어 밝히는 것이고

存身究竟龍蛇蟄.　그 몸을 보전함은
　　　　　　　　　결국 용사(龍蛇)가 칩거함이네.[38]

回光照破夢中身　회광반조하여 꿈속의 몸을 깨뜨리고

直下掀翻舊書笈.　또다시 곧이어 오래된 책 상자를
　　　　　　　　　던져 버리네.

磨光刮垢絕根塵　때를 벗기고 빛을 내어
　　　　　　　　　진근(塵根)을 끊어 버리고

釋累淸心無染習.　욕심을 줄이고 마음을 맑게 하여
　　　　　　　　　나쁜 습관을 없애네.

潛心入妙感而通　잠심하여 묘한 지경에 들어가면
　　　　　　　　　느끼자마자 통하나니

萬裏長江一口吸.　만리의 장강을 한입에 마시는 것과 같네.

38　앞 행과 이 행은 『주역』「계사(繫辭)」하전 제5장에서 나오는 내용이다

何須乾鼎鍊金精	어찌 건정(乾鼎)에다 금(金)의 정(精)을 단련할 것이 있겠는가?
不假坤爐烹玉汁.	곤로(坤爐)에서 옥(玉)의 즙(汁)을 끓일 필요도 없네.
透徹羲皇未畫前	복희씨[39]가 괘를 그리기 이전의 시대를 꿰뚫어 알면
世界收來藏黍粒.	세계를 거두어 기장 한 알[40]에 넣어둘 수 있네.

화후가(火候歌)

欲造玄玄須謹獨	현묘한 도에 이르려면 신독(愼獨)을 해야 하니
謹獨工夫機在目.	신독 공부는 그 요점이 눈에 있네.
絶斷色塵無毀辱	색진(色塵)[41]을 끊어 버려야 욕될 일이 없나니
清虛方寸瑩如玉.	마음이 맑게 텅 비면 옥처럼 영롱하네.
極致沖虛守靜篤	텅 빔을 지극히 하여 고요함을 독실히 지키면
靜中一動陽來復.	고요함 속에서 움직임이 나와 양(陽)이 회복되네.

---

39 『주역』의 8괘를 최초로 그렸다고 알려진 전설상의 인물이다.

40 여기서 서립(黍粒, 기장 한 알)은 천지에 앞서 존재하는 진음(眞陰)과 진양(眞陽)을 상징하고 있다.

41 불교에서 말하는 '육진(六塵)' 가운데 하나로 눈으로 보는 티끌을 가리킨다.

初九潛龍須攝伏　초구(初九)의 잠룡(潛龍)은
　　　　　　　　모름지기 가만히 엎드려야 하고

進至見龍休太速.　현룡(見龍)의 단계에 이르기를
　　　　　　　　급히 서두르지 말아야 하네.[42]

才見乾乾光內燭　건건(乾乾)에 이르자마자 빛이 안을 비추니

或躍在淵時沐浴.　혹 뛰어오르거나 연못에 있게 되면
　　　　　　　　그때는 목욕을 하네.[43]

九五飛龍成化育　구오(九五)의 용이 날아
　　　　　　　　화육(化育)이 이루어지니[44]

陽極陰生須退縮.　양이 극도에 다다라 음이 생겨나면
　　　　　　　　물러나 움츠려야 하네.

防微杜漸坤初六　곤괘(坤卦) 초륙(初六)에선
　　　　　　　　미약하게 점차 자랄 때 막아야하니

退至直方金併木.　직방(直方)의 육이(六二)[45]에 물러나면
　　　　　　　　금이 목과 합하네.

六三不可榮以祿　육삼(六三)에서는 녹을 주어

---

42 앞 행과 이 행은 『주역』 건괘(乾卦)의 초구(初九)와 구이(九二)의 효사(爻辭) 내용을 가져온 것이다.

43 앞 행과 이 행은 『주역』 건괘(乾卦)의 구삼(九三)과 구사(九四)의 효사 내용을 가져온 것이다.

44 『주역』 건괘(乾卦) 구오(九五)의 효사 내용을 가져온 것이다.

45 『주역』 곤괘(坤卦) 육이(六二)의 효사 내용을 가져온 것이다.

영화롭게 해서는 안 되지만[46]

括囊以後神丹熟.　괄낭(括囊)의 육사(六四)[47] 다음에는
　　　　　　　　신단(神丹)이 익네.

若逢野戰志鈐束　만일 야전(野戰)의 상륙(上六)[48]을 만나면
　　　　　　　　뜻을 검속하여야 하니

陰剝陽純火候足.　음을 깎아내어 양이 순수해지면
　　　　　　　　화후는 충족되네.

一粒寶珠吞入腹　한 알의 보배 구슬을 삼켜 뱃속에 넣으면

作箇全眞仙眷屬.　전진(全眞)을 이루어 신선의 무리가 되니

一夫一婦常和睦　지아비와 지어미가 언제나 화목하고

三偶三奇時趁逐.　곤괘와 건괘가 때맞추어 따르네.

素女青郎一處宿　소녀(素女)와 청랑(青郎)[49]이 한곳에서
　　　　　　　　동숙을 하면

黑汞赤鉛自攢簇.　검은 수은과 붉은 납이 절로 모이네.

虛空造就無爲屋　허공에 나아가면 무위(無爲)의 집이 있어

這箇主人誠不俗.　그 주인은 참으로 속되지 않도다.

山嶽藏云天地肅　산악에 구름이 감추어져 천지는 엄숙하고

燦燦蟾光照虛穀.　환한 달빛이 빈 골짜기를 비추도다.

46　『주역』 곤괘(坤卦) 육삼(六三)의 효사 내용을 가져온 것이다.
47　『주역』 곤괘(坤卦) 육사(六四)의 효사 내용을 가져온 것이다.
48　『주역』 곤괘(坤卦) 상육(上六)의 효사 내용을 가져온 것이다.
49　백호(白虎)와 청룡(青龍)을 가리킨다.

용호가(龍虎歌)

작은 머리말[幷引]

龍虎者 陰陽之異名也 陰陽運化 神妙莫測 故象之以龍虎 易繫云
一陰一陽之謂道 陰陽莫測之謂神 丹書云 偏陰偏陽之謂疾 陰陽者
太極之動靜也 一分爲二 淸升濁淪 大而天地 小而物類 皆稟陰陽二
氣而有形名 故覆載之間 纖洪巨細 未有外乎陰陽者也 丹經子書 種
種異名 不出陰陽二字

　용호(龍虎)라는 것은 음양(陰陽)의 다른 이름이다. 음양이 운행하
여 조화를 부리면 신묘하여 헤아릴 수 없기 때문에 용호로 상징한
것이다. 『주역(周易)』「계사(繫辭)」에서는 "음양이 상호작용하는 것을
도(道)라 이르고, 음양을 헤아릴 수 없는 것을 신(神)이라 한다."고
하였고, 『단서(丹書)』에서는 "음이 치우치고 양이 치우친 것을 병(病)
이라 이른다."하였으니, 음양이란 것은 태극의 동정이다. 하나가
나뉘어 둘이 되고, 맑은 것은 올라가고 탁한 것은 가라앉아, 크게는
천지가 되고 작게는 만물이 되니, 이 모든 것이 음양 두 기운을 품
부 받아 형체와 이름을 지니게 된 것이다. 그렇기 때문에 하늘과 땅
사이에 미세한 것이나 거대한 것을 막론하고 음양에서 벗어나는 것
은 없다. 단경(丹經)과 제자(諸子)의 서적에 종종 다른 이름이 있지
만 음양 두 글자를 벗어나지 않는다.

歷代仙師 假名立象 喩之爲龍虎 使學徒易取則而成功也 龍虎之
象 千變萬化 神妙難窮 故喩之爲藥物 立之爲鼎爐 運之爲火候 比

之爲坎離 假之爲金木 字之爲男女 配之爲夫婦 以上異名 皆龍虎
之妙用也

역대의 선사(仙師)들이 이름을 빌려오고 상(象)을 세울 때 용호로
비유한 것은 배우는 자들이 쉽게 본받아 공부를 이루게 하려는 것
이었다. 용호의 상(象)은 천변만화하여 그 신묘함을 이루 다 궁구
할 수 없다. 그러므로 약물(藥物)로 비유하기도 하고, 솥과 화로의
비유를 세우기도 하고, 화후(火候)를 운행한다 하기도 하고, 감괘와
리괘에 비유하기도 하고, 금(金)과 목(木)을 빌리기도 하고, 남녀라
명명하기도 하고, 부부(夫婦)에다 배합하기도 하였는데 이상의 상이
한 명칭들은 모두 용호의 신묘한 작용이다.

以其靈感 故曰藥物 以其成物 故曰鼎爐 以其變化 故曰火候 以其
交濟 故曰坎離 以其剛直 故曰金木 以其升沈 故曰男女 以其妙合
故曰夫婦 若非龍虎 何以盡之 文言曰 雲從龍 風從虎 聖人作而萬
物覩 此發明乾元九五之德也 是知龍虎之妙 非神德聖功 何以當
之哉

영험하게 감응함으로 약물(藥物)이라 하고, 사물을 완성하므로 정
로(鼎爐)라 하고, 변화하므로 화후(火候)라 하고, 서로 도와주므로
감리(坎離)라 하고, 강직하므로 금목(金木)이라 하고, 오르내리므로
남녀(男女)라 하고, 오묘하게 합하므로 부부(夫婦)라 하니 용호(龍虎)
가 아니면 이것을 어떻게 다 포괄할 수 있겠는가? 『주역』「문언(文
言)」에 "구름은 용을 따르고 바람은 범을 따른다. 성인(聖人)이 나옴
에 만물(萬物)이 우러러본다."고 하였으니 이는 건괘 구오(九五)의

덕을 설명한 것이다. 이에 알겠노라, 용호(龍虎)의 묘함은 신령한 덕과 성스런 공이 아니면 어떻게 당할 수 있겠는가?

反求諸己 情性也 化而裁之 身心也 魂魄也 精氣也 推而行之 玄牝
之門也 闔闢之機也 太上云 穀神不死 是謂玄牝 玄牝之門 是謂天
地根 綿綿若存 用之不勤 易云 闔戶謂之坤 闢戶謂之乾 一闔一闢
謂之變 往來不窮 謂之通 丹書云 呼則接天根 吸則接地根 卽乾坤
闔闢之機也 呼則龍吟雲起 吸則虎嘯風生 卽一闔一闢 謂之變也 風
雲感合 化生金液 卽往來不窮 謂之通也 金液還返 結成大丹 故假
名曰龍虎大丹也

돌이켜 자기에게서 구할 것은 정성(情性)[50]이며, 변화하여 마름질할 것은 신심(身心)·혼백(魂魄)·정기(精氣)이며, 미루어 행할 것은 현빈(玄牝)의 문과 합벽(闔闢)의 요점이다. 『도덕경』에서 "곡신(穀神)은 죽지 않나니 이를 일러 현빈(玄牝)이라 한다. 현빈의 문은 천지의 뿌리라 한다. 면면히 존재해 있어서 아무리 써도 다하지 않는다." 하였고, 『주역』 「계사」에서는 "문을 닫음을 곤(坤)이라 하고 문을 엶을 건(乾)이라 하고, 한번 닫고 한번 엶을 변화라 이르고, 왕래하여 그치지 않는 것을 통(通)이라 한다."고 하였다.

단서(丹書)에서는 "내쉬면 하늘의 뿌리와 접하고 들이쉬면 땅의 뿌리와 접한다."고 하였는데, 이것은 건곤이 열고 닫음의 핵심임을

---

50 도교 수련에서는 진연(眞鉛)과 진홍(眞汞)이 결합할 때의 결합력을 정성(情性)이라 하기도 한다.

말한 것이다. 내쉬면 용이 울며 구름이 일어나고, 들이쉬면 범이 포효하며 바람이 일어나니 이는 곧 한번 닫히고 한번 열림을 변화라 하는 것이다. 바람과 구름이 감합(感合)하여 금액(金液)을 변화시켜 생성하니 이는 곧 왕래하여 그치지 않음을 통(通)이라 하는 것이다. 금액으로 되돌아가 대단(大丹)을 이루었으므로 이름을 빌려 '용호대단'이라고 한 것이다.

採而餌之 長生久視 此所謂呼吸者 非口鼻也 眞機妙應 一出一入之
門戶也 若向這裏透得 龍虎丹成 神仙可冀 修眞至士 誠能於龍虎上
打得徹透得過眞常之道 雖曰至玄至微 又奚患其不成哉 至於種善
根植德本養聖胎 未有不明龍虎而成者也

이것을 캐어서 먹으면 오랫동안 살 수 있다. 여기에서 이른바 호흡이라는 것은 입이나 코로 하는 것이 아니고 진기(眞機)가 신묘하게 호응하여 한번 나가고 한번 들어가는 문호이다. 만약 여기에서 철저하게 깨닫게 되면 용호대단이 이루어져서 신선이 되는 것도 바랄 수 있다. 참된 도를 닦는 최고의 선비가 진실로 용호에 대해 철저히 연구하고 남김없이 꿰뚫으면 진상(眞常)[51]의 도(道)가 비록 지극히 현묘하고 지극히 미묘하다고 하지만 또한 어찌 그것을 이루지 못할까 걱정할 것이 있겠는가? 선(善)의 뿌리를 심고 덕(德)의 근본을 세우고 성(聖)의 태반을 기름에 이르러서는 용호에 밝지 못하면서 성공한 사람은 있지 아니하다.

---

50 언제나 사물에 응하면서도 언제나 고요함을 잃지 않는 진성(眞性)을 가리킨다.

紫陽云 收拾身心 謂之降伏龍虎 心不動則龍吟 身不動則虎嘯 龍吟
則氣固 虎嘯則精凝 元精凝則足以保形 元氣固則足以凝神 形神俱
妙 與道合眞 神仙之能事畢矣 非天下至神 其孰能與於此哉

자양진인(紫陽眞人)이 말하기를 '신심(身心)을 수습하는 것을 일러
용호를 항복(降伏)시킨다.'고 하였다. 마음이 동하지 않으면 용이
울고, 몸이 동하지 않으면 범이 포효하며, 용이 울면 기가 견고해지
고, 범이 포효하면 정(精)이 응결된다. 원정(元精)이 응결되면 족히
형체를 보존할 수 있고, 원기(元氣)가 견고해지면 족히 정신을 응축
할 수 있다. 형체와 정신이 함께 묘해져서 참된 도(道)와 합하게 되
면 신선이 할 수 있는 일은 다하게 된다. 천하의 최고의 신선이 아
니라면 그 누가 여기에 참여할 수 있겠는가?

趙東齋者 古杭人也 幼爲內侍 職任中官 因乾旋坤轉 而勘破浮生
故棄利捐名 而參求道要 雖紅塵而混跡 實玄境以棲心 眞脫略世事
者也 意欲混合凝神 故留心於龍虎 一日攜是圖示予 求其贅語 予辭
不可 於是手著筆而塞責焉 告之曰 古人因道而設象 子今因象而立
言 東齋者 貴在明 加眼力覷敎端的 莫敎錯認定盤星 苟能因言會意
觀圖得旨 便知道眞虎眞龍 不在紙上而在自己也 至於言象兩忘 道
德備矣 咦 眞龍眞虎不難尋 只要抽陽去補陰 四德運乾誠不息 潛飛
見躍盡由心 雖然也是平地起 波濤靑天轟霹靂 勉旃勉旃歌曰

조동재(趙東齋)[52]는 고항(古杭) 사람이다. 어려서 내시가 되어 환관

---

52 미상이다.

의 직책을 맡았다. 건곤의 운행을 통해서 덧없는 삶을 간파하였기 때문에 명리(名利)를 내버리고 신선이 되는 길을 구하였다. 비록 세상 사람들과 뒤섞여 살았지만 실지로는 현경(玄境)에다 마음을 두었으니 정말로 세상일을 훌훌 털어버린 사람이다. 그의 뜻은 기운을 혼합하여 정신과 응결시키려 하였으므로 용호에 마음을 두고 있었다. 하루는 용호 그림을 가지고 나에게 찾아와 보여주며 한마디 말을 해달라고 요구하였다. 내가 사양할 수 없어 손에 붓을 들고 억지로 다음과 같이 말하였다.

"고인은 도(道)를 바탕으로 삼아 상(象)을 설정하였는데 그대는 이제 상(象)을 바탕으로 삼아 논리를 세우려고 한다. '동재(東齋)'란 것은 그 귀함이 밝은 데에 있으니 더욱더 주시하여 가르침을 분명히 알아 조금도 틀림이 없게 해야 할 것이다. 진실로 말을 인하여 뜻을 깨닫고, 그림을 보고 그 지취(旨趣)를 터득하면 진호(眞虎)와 진룡(眞龍)이 종이 위에 있는 것이 아니고 자기에게 있음을 알게 될 것이다. 그리고 말과 상(象)을 둘 다 잊어버리는 경지에 이르면 도덕이 갖추어질 것이다. 아하! 진호와 진룡은 찾기 어렵지 않나니 다만 양을 뽑아서 음을 보충하면 된다. 원형리정(元亨利貞)이 건괘를 운행하여 지성으로 쉬지 않으면, 용이 잠기고 날고 드러나고 뛰는 것이 모두 마음을 말미암는다. 비록 평지에서 일어났으나 파도가 하늘에 닿고 천둥소리 굉장하리라. 힘쓸지어다. 힘쓸지어다."

다음과 같이 노래하노라.

眞龍眞虎原無象　진룡(眞龍)과 진호(眞虎)는 원래 상(象)이 없거늘

誰爲起模傳此樣　누가 처음 본떠 이러한 모양을 전하였는가.

若於無象裏承當　만일 상이 없는 가운데 전승하였다면

又落斷常終莽蕩.　또다시 단상(斷常)[53]에 떨어져

　　　　　　　　　방황으로 끝났으리.

青青白白太分明　푸른 것은 푸르고 흰 것은 희어서

　　　　　　　　　대단히 분명하니

也是無風自起浪.　바람이 없는데도 파도 절로 일어나네.

時人要識眞龍虎　요즘 사람들 참된 용호를 알고자 하면

不屬有無並子午.　유무(有無)와 자오(子午)에 속하지 않으니

休將二物混淪吞　두 가지 물건을 통째로 삼키지 말고

但把五行顚倒數　다만 오행을 가지고 거꾸로 거슬러 가야 하네.

根芽本是太玄宮　뿌리는 본시 태현궁(太玄宮)이고

造化卻在朱陵府.　조화는 주릉부(朱陵府)[54]에 있네.

雖然運用有主張　비록 운용에는 주재(主宰)함이 있더라도

畢竟虛靈無處所.　필경에는 허령하여 정해진 곳이 없게 되네.

一條大道要心通　한 줄기 대도(大道)는 마음으로 통해야 하니

53　불교 용어로 '단견(斷見)'과 '상견(常見)'을 아우른 말이다. '단견'은 자신이 죽으면 자신의 몸과 모든 외물이 모두 사멸된다고 보는 견해이고 '상견'은 죽음 이후에도 소멸하지 않고 다시 살아난다고 보는 견해이다. 여기서는 해결을 볼 수 없는 소모적 논쟁을 뜻하는 것으로 쓰인 듯하다.

54　주릉동천(朱陵洞天) 즉 신선이 사는 곳을 뜻하기도 하고, 주릉화부(朱陵火府) 곧 주사(朱砂)를 가리키기도 한다.

些子神機非目覩　은미한 신기(神機)는

눈으로 볼 수 있는 것이 아니네.

忽然迸開頂顖門　홀연히 정수리의 숨구멍이 열리면

勘破木金同一母.　목(木)과 금(金)이 한 뿌리임을

깨달을 수 있으리.

高高絶頂天罡催　높고 높은 저 하늘의 천강(天罡)이 재촉하면

耿耿銀河斗柄斡.　찬란한 은하수를 두병(斗柄)이 두레박질 하네.

興雲起霧仗丁公　정공(丁公)[55]에게 의지하여

구름과 안개를 일으키고

挈電驅雷役玄武.　현무(玄武)[56]를 부려 천둥과 번개를 내달리네.

瞬息之間天地交　순식간에 하늘과 땅이 사귀고

刹那之頃坎離補.　찰나 사이에 감리가 서로 돕네.

虎從水底起淸風　범은 물속에서 맑은 바람을 일으키고

龍在火中降甘雨.　용은 불속에서 단비를 내리네.

雲行雨施天下平　구름이 다니며 비를 뿌리매 천하가 화평하고

運乾龍德功周普.　건괘 용의 덕을 운용하매 공덕이 두루 펴지네.

人言六龍以禦天　'육룡(六龍)을 타고 하늘을 날았다'

사람들 말하지만

孰知一龍是眞主.　누가 알리오, 한 마리 용이 참된 주인인 것을

人言五虎透玄關　'오호(五虎)가 현관(玄關)을 뚫을 수 있다'

55　심장의 신(神)으로 화후(火候)를 관장한다.

56　북방의 별자리로 재물과 명예 등을 관장한다.

　　　　　　　　사람들 말하지만

孰知一虎生眞土.　누가 알리오 한 마리 범이

　　　　　　　　진토(眞土)를 생성함을.

會得龍虎常合和　용과 범이 언제나 화합함을 깨닫는다면

便知龜蛇互呑吐.　거북과 뱀도 서로 삼키고 토함을 알게 되리.

聖人設象指蹄筌　성인이 상(象)을 만든 것은

　　　　　　　　올무와 통발[57]일 뿐이지만

象外明言便造言.　상(象)을 벗어나 명백히 말해 버리면

　　　　　　　　곧 이는 지어낸 말이 되네.

言外更須窮祖意　말 밖에서 다시금

　　　　　　　　조사(祖師)의 뜻을 궁구해야 하니

元來太極本無○.　원래 태극은 무(無)인 'ㅇ'에 근본한다네.

得意忘象未爲特　뜻을 얻어 상을 잊는다고 특별한 일 아니고

和意都忘爲極則.　뜻마저도 모두 잊어버림이 가장 놓은 법이네.

稽首東齋趙隱居　숨어사는 사람 조동재(趙東齋)에게

　　　　　　　　경의를 표하니

徹底掀翻參學畢.　남김없이 궁구하여 참학(參學)을 끝냈도다.

57　원문은 '제전(蹄筌)'으로 이는 『장자/외물(外物)』의 "통발이란 것은 물고기를 잡
는 것이니 물고기를 잡으면 통발을 잊고, 올무라는 것은 토기를 잡는 것이니 토
끼를 잡으면 올무를 잊고, 말이라는 것은 뜻을 담는 것이니 뜻을 얻으면 말을 잊
는다(筌者所以在魚 得魚而忘筌；蹄者所以在兎 得兎而忘蹄；言者所以在意 得意而忘
言)"에서 가져온 표현이다. 여기서는 상(象)이나 말이 하나이 방편에 지나지 않는
것임을 말하고 있다.

무일가(無一歌)

道本虛無生太極	도는 본래 허무하나 태극을 낳고
太極變而先有一.	태극이 변화하여 일(一)이 먼저 생기네.
一分爲二二生三	일이 나뉘어 이가 되고, 이가 삼을 낳으니
四象五行從此出.	사상과 오행이 여기에서 나오네.
無一斯爲天地根	무일(無一)이 바로 천지의 뿌리인데
玄敎一爲衆妙門.	현교(玄敎)[58]에서는 일(一)을 중묘(衆妙)의 문으로 삼네.
易自一中分造化	역(易)은 일(一) 가운데로부터 조화가 나뉘고
人心一上運經綸.	인심(人心)은 일 위에서 경륜을 펼치네.
天得一淸地得寧	하늘은 일(一)을 얻어 맑아지고, 땅은 일(一)을 얻어 편안해지며
穀得以盈神得靈	골짜기는 일(一)을 얻어 가득차고, 신(神)은 일(一)을 얻어 영험해지네.
物得以成人得生	사물은 일(一)을 얻어 이루어지고, 사람은 일을 얻어 태어나며
侯王得之天下貞.	임금이 그것을 얻으매 천하가 바르게 되네.
禪向一中傳正法	선가(禪家)에선 일(一)을 통하여 바른 법을 전하고
儒從一字分開闔.	유가(儒家)에선 일자(一字)를 통해서

---

58 도가를 말한다.

열고 닫음을 나누네.

老君以一闡眞常　노자는 일(一)로써 진상(眞常)을 밝혔으며

曾參一唯妙難量.　증삼(曾參)은 일(一)로 비유하니

　　　　　　　　그 묘함 헤아리기 어렵네.

道有三乘禪五派　도가에는 삼승(三乘)이 있고

　　　　　　　　선가에는 오파(五派)가 있지만

畢竟千燈共一光.　결국엔 천개의 등(燈)이 함께

　　　　　　　　하나의 빛을 낸다네.

抱元守一通玄竅　원(元)을 안고 일(一)을 지켜 현규(玄竅)와 통하고

惟精惟一明聖教.　'유정유일(惟精惟一)'[59]로

　　　　　　　　성인의 가르침을 밝히네.

太玄眞一復命關　태현(太玄)의 진일(眞一)이

　　　　　　　　명을 회복하는 관건이니

是知一乃眞常道.　알겠노라, 일(一)이야말로 진정한 상도(常道)로다.

休言得一萬事畢　일(一)을 얻었다 하여

　　　　　　　　만사가 끝났다고 말하지 말고

得一持一保勿失.　일(一)을 얻으면 일을 보호하여 잃지 말라.

一徹萬融天理明　일(一)을 꿰뚫으면 온갖 것이 융화되어

　　　　　　　　천리가 밝아지니

萬法歸一未奇特.　만법이 하나로 돌아감이 기특할 것 없다네.

始者一無生萬有　일무(一無)에서 시작하여 만유가 생기니

---

59 『서경(書經)』「요전(堯典)」에 나오는 내용이다.

無有相資可長久. 유무(有無)가 서로 의지해야
　　　　　　　　장구할 수 있다네.

誠能萬有歸一無 진실로 모든 유를 일무(一無)로 되돌린다면

方會面南觀北鬥. 바야흐로 남면하여 북두성을 볼 수 있으리.

至此得一復忘一 이에 이르러 일(一)을 얻고, 다시 일을 잊으면

可與化元同出沒 변화의 근원과 더불어 나오고 들어갈 수 있으리.

設若執一不能忘 만일 일(一)에 집착하여 잊지를 못하면

大似癡猫守空窟. 어리석은 고양이가 빈 쥐구멍을 지킴과
　　　　　　　　다를 바 없으리.

三五混一一返虛 삼과 오가 섞여 일이 되고,
　　　　　　　　일은 허(虛)로 되돌아가니

返虛之後虛亦無. 허(虛)로 돌아간 후엔 허(虛) 또한 없으리.

無無旣無湛然寂 무무(無無)[60]도 없어져 담연히 고요하니

西天鬍子沒髭鬚. 서역의 털보도 수염이 사라지네.[61]

今人以無喚作無 지금 사람은 무(無)를 무라고만 부르니

茫蕩頑空涉畏途. 멍청하게 고집만 부려 위험한 길로 빠지네.

今人以一喚作一 지금 사람들은 일(一)을 일이라고만 알아

偏枯苦執費工夫. 한쪽에 치우쳐 고집스레 헛되이 공부한다네.

不無之無還會得 다시금 무(無)아닌 무(無)를 알아야만

便於守一知無一. 일(一)을 지켜 무일(無一)을 알 수 있다네.

60　만물이 나오기 이전의 텅 빈 상태를 형용한 말이다.

61　선불교의 화두 중의 하나이다.

一無兩字盡掀翻　일무(一無) 두 글자를 남김없이 깨친다면
無一先生大事畢.　무일(無一)선생의 큰일이 모두 마쳐지리라.

포일가(抱一歌)

無極極而爲太極　무극이 다하여 태극이 되고
太極布妙始於一.　태극이 오묘함을 펼칠 때 일에서 시작하네.
一分爲二生陰陽　하나가 나뉘어 둘이 되니 음양이 생기고
萬類三才從此出.　온갖 종류와 삼재가 이를 따라 나오네.
本來眞一至虛靈　본래의 진일(眞一)은 지극히 허령하니
亙古亙今無變易.　고금에 영원히 변함이 없도다.
祇因成質神發知　하지만 이루어진 바탕 따라

　　　　　　　　정신이 지각을 발하니
善惡機緣有差忒　선악의 기미가 이에 따라 달라지네.
隨情逐幻長荊榛　정(靜)을 따르고 환혹(幻惑) 쫓아

　　　　　　　　가시덤불을 키우니
香味色聲都眩惑.　향기로운 맛이며 빛깔과 소리가

　　　　　　　　모두 다 현혹하네.
誠能一上究根原　진실로 일(一)에서 근원을 궁구할 수 있다면
返本還元不費力.　헛되이 힘쓸 것 없이

　　　　　　　　본원(本元)으로 되돌아가리.
一夫一婦定中交　한 쌍의 부부가 정(定) 가운데 사귀면

三女三男無裏得. 세 딸과 세 아들 무(無) 속에서 얻는다네.[62]

三元八卦會於壬 삼원팔괘는 임(壬)에서 만나고

四象五行歸至寂. 사상오행은 지극히 고요함으로 돌아가네.

忽然逆破頂顚門 홀연히 정수리를 뚫고서 솟아오르니

燦燦金光滿神室. 찬란한 금빛이 신실(神室)[63]에 가득하네.

虛無之穀自透通 허무의 골짜기가 저절로 훤히 뚫려

玄牝之門自闔闢. 현빈의 문이 절로 열고 닫히네.

一陽來復妙奚窮 일양(一陽)이 회복하는 그 묘를 어찌 다 말하리

四德運乾恒不息. 건의 사덕이 늘 쉼 없이 운행한다네.

浩氣凝神於窈冥 고요함 속에서 호연한 기운이 신과 응결하고

出有入無於恍惚. 황홀한 가운데 유에서 벗어나 무로 들어간다네.

中間主宰是甚麽 중간에 그 누가 주재하는가?

便是達卿元有的. 바로 그대에게 달려있다네.

혜검가(慧劍歌)

自從至人傳劍訣 지인(至人)으로부터 검의 비결이 전해지니

正令全提誠決烈. 바르게 쓰기만 하면 참으로 단단하고 굳세다네.

---

62 건괘와 곤괘를 부부가 보고, 진(震)·감(坎)·간(艮), 손(巽)·리(離)·태(兌)의 여섯 괘를 각각 삼남 삼녀의 자녀로 보는 것이다.

63 신장과 심장 사이를 이르는 말이다.

有人問我覓蹤由　어떤 이 내게 물어 길을 찾는데

向道不是尋常鐵.　방금 말한 것은 보통 쇳덩이가 아니네.

此塊鐵, 出坤方　이 쇳덩이는 곤방[64]에서 나오는데

得入吾手便軒昂.　내 손에 들어오면 곧 기운이 솟네.

赫赫火中加火鍊　타오르는 불 가운데 불로 더욱 단련하여

工夫百鍊鍊成鋼.　수없이 공부하고 단련하면

　　　　　　　더욱더 굳세어진다네.

學道人, 知此訣　도를 배우는 이가 이 비결을 안다면

陽神威猛陰魔滅.　양의 신은 위엄있고 맹렬하며,

　　　　　　　음의 마는 소멸한다네.

神功妙用實難量　신공의 오묘한 작용은 실로 헤아리기 어려우니

我今剖露爲君說.　내 이제 그대를 위해 낱낱이 밝혀 말하리.

爲君說, 泄天機　그대를 위해 말하여 천기를 누설하니

下手一陽來復時.　일양(一陽)이 회복될 때 공부에 착수하라.

先令六甲搧爐鞲　먼저 육갑(六甲)[65]을 시켜 풀무를 불게 하고

六丁然後動鉗鎚.　그 뒤에 육정(六丁)[66]이

　　　　　　　자물쇠와 망치를 움직이게 하라.

火功周, 得成劍　불의 공력이 두루 미치면 검이 완성되니

初出輝輝如掣電.　처음 뽑아들자 번개가 치듯 섬광이 번득이네.

---

64 단전을 말한다.

65 천제를 위해 복무하는 양(陽)의 신(神)이다.

66 천제를 위해 복무하는 음(陰)의 신(神)이다.

橫揮凜凜清風生　옆으로 휘두르면

맑은 바람처럼 늠름한 기가 일고

卓竪瑩瑩明月現.　드높이 치켜들면 명월처럼 찬란히 드러나네.

明月現, 瑞光輝　밝은 달 나타나 서광이 찬란하여

爍地照天神鬼悲.　천지를 밝히자 귀신이 슬퍼하네.

激濁揚清蕩妖穢　청탁을 가려서 더러운 것 쓸어내니

誅龍斬虎滅蛟螭.　용호를 베어버리고 이무기를 멸한다네.

六賊亡, 三屍絶　육적(六賊)이 없어지고

삼시(三尸)⁶⁷가 끊어지면

緣斷慮捐情網裂.　인연의 생각이 끊어져

정의 굴레에서 벗어난다네.

神鋒指處山嶽崩　신령한 칼끝 가리키는 곳에 산악이 무너지고

三界魔王皆剿拆.　삼계(三界)의 마왕이 모두 섬멸된다네.

此寶劍, 本無形　이 보검은 본래 형체가 없지만

爲有神功強立名.　신공이 있어서 억지로 이름 붙인 것이네.

學道修眞憑此劍　도를 배우고 진(眞)을 닦을 때

이 검에 의지해야 하니

若無此劍道難成.　이 검이 없다면 도를 이루기 어렵네.

開洪濛, 剖天地　혼돈을 열어서 천지를 나누고

消礙化塵無不備.　장애와 티끌까지 녹이니 모든 것 갖추었네.

有人問我借來看　어떤 이 내게 물어 빌려보자고 하는데

---

67 사람 몸 속에 있는 음신으로 사람의 잘못을 옥황상제에게 고하는 음신이다.

拈出向君會不會. 이미 그대를 향해 뽑았다네,

알아볼 수 있겠는가?

만사귀정가(挽邪歸正歌)

道自虛無生一氣   도는 허무로부터 일기(一氣)가 생기는데
誰爲安名分五太   누가 오태(五太)[68]로 나누어 이름을 붙였는가?
一氣判而生兩儀   일기가 나뉘어 음양이 생성되니
清升濁淪成覆載. 맑은 것은 올라가고 탁한 것은 가라앉아

천지가 형성되네.

陰陽經緯如擲梭   음양이 번갈아 작용함은 베 짜는 것과 같고
乾坤闔闢如搧鞲. 건곤이 여닫는 작용은 풀무질 하는 것과 같다네.
兩儀妙合有三才   음양이 신묘하게 결합하여 삼재가 생겨나고
七竅鑿開生萬類. 일곱 구멍[69] 뚫려서 만물이 생성되네.
無極之眞剔渾淪   혼륜을 제거하기만 하면, 무극의 참됨은
日用平常無不在. 일상의 모든 일 어디에나 있다네.
生生化化百千機   끝없이 화생(化生)하는 온갖 기틀이
不出只今這皮袋. 지금의 이 몸을 벗어나지 않는다네.

---

68 도교에서는 위로 삼청이 있고 아래로 오태가 있다고 함. 태역(太易), 태초(太初), 태시(太始), 태소(太素), 태극(太極)을 말한다.
69 우리 몸의 일곱 구멍을 말한다.

誠能自己究根宗　정말로 자기로부터 뿌리를 궁구한다면

四象五行本圓備.　사상과 오행이 본래 원만히 갖추어 있네.

三反晝夜志不分　주야를 세 번 반복해도 뜻이 나뉘지 않고

絶利一源功百倍.　잇속의 근원을 끊어버리면

　　　　　　　　공부의 효과가 백배나 더하리.

打透精關與氣關　정관과 기관을 다 꿰뚫는다면

潛通天籟幷地籟.　어느새 천뢰와 지뢰[70] 모두 통하리.

頭頭合轍有規繩　모든 것이 궤도에 들어맞고 법도가 있으며

竅竅光明無窒礙.　구멍마다 밝아져 장애가 없게 되네.

若向這裏具眼睛　이에 대해 안목을 갖추었다면

便將兩采做一賽.　그 누구와도 한 판 겨룰 수 있겠네.

撞頭撞倒須彌峯　머리를 들어 수미산 봉우리를 넘어뜨리고

擧步踏翻玄妙寨.　발을 들어 현묘의 성채도 밟을 수 있네.

單提一理闡眞宗　단번에 이치를 들어 참된 종지(宗旨) 드러내면

會合萬殊歸正派.　온갖 다른 것들 합하여

　　　　　　　　바른 흐름으로 돌아가네.

鍊陽神了出陽神　양신(陽神)의 단련이 끝나면 양신을 벗어나니

自色界超無色界.　색계에서 무색계로 초월한다네

我見今時修行人　내 보기에 지금 수행하는 사람들은

多是造妖幷揑怪.　요괴한 것 날조하는 일이 많더라.

氣高強大傲同儕　기고만장하여 같은 무리를 깔보고

---

70 장자에 나오는 말로, 하늘의 소리와 땅의 소리를 의미한다.

逞俊誇能雲自會.　재주를 과장하여 자기는 할 수 있다 하네.

機鋒捷辯假聰明　기봉(機鋒)[71]에 능통하게 하여

　　　　　　　총명을 가장하고

駕馭談空乾智慧.　공허한 담론으로 치닫느라

　　　　　　　갖은 지혜 다 짜내네.

初機學者受欺瞞　처음 배우는 사람은 속임을 당하지만

博學玄流不見愛.　박학한 현류(玄流)는 사랑하지 않는다네.

只管目前逞強梁　목전에 얽매여 기세를 부리느라

不顧末後受殃害.　나중에 재앙 받을 일 돌아보지 않는구나.

人前饒舌口喃喃　남 앞에서 나불나불 입을 잘 놀리지만

卻如擔水河頭賣.　물을 지고 강가에 가 파는 격이라네.

生煙發火念頭差　연기 나고 불붙는 잠깐 사이에

　　　　　　　생각이 달라지고

逐境隨時心地隘.　대상을 따르다보면 수시로 심지가 좁아진다네.

澇澇潝潝弄精神　쓸데없이 수고롭게 정신을 소모하고

熱熱亂亂苦打睚.　정신없이 바쁘게 눈알만 굴리네.

般精運氣枉辛勤　정기를 운행하느라 쓸데없이 고생을 하고

數息按摩徒意快.　수식과 안마를 뜻없이 즐기네.

昏沉掉擧難主張　흐리멍텅함에 빠져서는 어떤 일도 어려우니

不昏卽散如之奈.　어둡지 않으면 흩어지는 것을

---

71 선불교의 용어로, 문답을 칼날처럼 예리하게 하여 상투적인 것에 떨어지지 않음을 표현한 말이다.

어찌한단 말인가?

神衰氣散怎醫治　신(神)이 쇠하고 기(氣)가 흩어지면
　　　　　　　　어떻게 치료할 수 있으랴

髓竭形羸空後悔.　골수가 고갈되고 형체가 파리해진 뒤에야
　　　　　　　　부질없이 후회하네.

若求正道出迷津　바른 도를 구하여 미혹된 길 벗어난다면

免使塡還冤業債.　원업의 빚을 갚지 않아도 된다네.

收拾從前狂亂心　이전에 어지러이 날뛰던 맘 거둬들이고

掀翻往日豪強態.　지난날의 방자한 태도를 바꾸어야 하네.

事父之心推事師　부모 섬기는 마음 미루어 스승을 섬겨

得旨先須持禁戒.　깨달음을 얻으려면 앞서 계율을 지켜야 하네.

恕己之心推恕人　나의 마음 헤아려 남의 마음 미루어 알고

不責於人因善貸.　남을 탓하지 않고 선을 베푸네.

不自明而全其明　스스로 드러내지 않아도 그 밝음이 온전해지고

不自大而成其大.　스스로 자랑하지 않아도 위대해 지리라.

無事無欲及無知　일과 욕심과 지식을 없이 하고

去甚去奢幷去泰.　지나침과 사치와 교만을 없애라.

立基下手要嚴持　기틀 세우기에 착수할 때엔
　　　　　　　　엄격하게 지켜야 하고

觸境遇緣更淘汰.　대상에 부딪혀 잡념이 떠오르면
　　　　　　　　다시 씻어버려야 하네.

只憑鉛汞做丹頭　단지 납과 수은으로 단약을 만들고

莫認塗泥爲寶貝.　하찮은 진흙을 보배로 여기지 말라.

更須上下交坎離　다시금 위아래의 감리가 사귀어야 하니

勿謂東西爲震兌.　동서(東西)가 진태(震兌)가 된다고
　　　　　　　　　말하지 말라.

交梨火棗非腎心　교리와 화조[72]가 신장과 심장이 아닌데

木液金精豈肝肺.　목액과 금정이 어찌 간과 폐이랴.

休泥緣覺及聲聞　연각[73]과 성문[74]에 집착하지 말고

不屬見知幷學解.　견식과 학문에 매이지 말라.

究竟無中養就兒　결국엔 무(無) 가운데에서 길러야 하니

禪天淨盡絶纖芥.　선천(禪天)[75]이 맑아지면
　　　　　　　　　티끌조차도 끊어지리라

九還七返那機關　구환칠반은 어떠한 과정인가?

不在內兮不在外.　안에도 있지 않고 밖에도 있지 않네.

本來實相了無形　본래의 실상은 형체가 없으니

亙古虛靈終不昧.　애초부터 허령하여 어둡지 않다네.

抱元守一蘊諸空　원일(元一)을 안아 지켜 공(空)에다 쌓아 놓고

篤志力行休懈怠.　독실한 뜻으로 힘써 행하여 나태하지 말라.

合和四象聚三元　사상을 화합하여 삼원에 모으고

72　도교에서 말하는 선과(仙果)로, 수화감리를 상징한다.

73　부처의 교화에 의하지 않고 홀로 불생불멸(不生不滅)의 진리를 깨달은 성자이
　　다.

74　부처의 말씀을 듣고 깨달은 성자이다.

75　불교 용어이다. 정혜 수행을 통해 색계와 욕계를 물리쳐 색과 욕이 장애가 되
　　지 않는 것을 말한다.

攢簇五行會八卦. 오행을 모아 축소하여 팔괘에 결집시키네.

烹庚鍊甲有抽添 경(庚)을 삶고 갑(甲)을 단련할 때는
추첨이 있고

陽火陰符知進退. 양화(陽火)와 음부(陰符)는
진퇴를 알아야 하네.

虛無湛寂運機緘 텅 비어 없음과 맑고 고요함으로
기관을 운행하다가

恍惚窈冥旋造化. 황홀함과 그윽한 어두움으로
조화를 되돌리네.

兩般靈物入中宮 두 가지 신령한 물건이 중궁으로 들어가니

一道金光明四下. 한 줄기 금빛이 사방을 비추네.

西南黃氏老婆心 서남쪽의 황씨가 노파심에서

鼓合南陵丁女嫁. 남릉의 정녀(丁女)를 설득시켜 시집을 보내네.

靑衣女子才歸房 푸른 옷의 여자가 방으로 돌아가자

白首金公來入舍. 흰머리 금공이 집으로 들어가네.

夫歡婦合交陰陽 부부가 기뻐하여 음양이 사귀니

雨態雲情忘晝夜. 운우지정으로 밤낮을 잊네.

氣固精凝結聖胎 정기가 굳어지면 성태가 맺히지만

産顆玄珠太希詫. 현주(玄珠)를 맺기는 매우 드문 일이라네.

四方剔透太光明 사방을 꿰뚫어 광명이 펼쳐지니

八面玲瓏無縫罅. 팔면이 영롱하여 꿰맨 흔적 없다네.

都來些子圓團團 이것들이 한 덩어리로 뭉쳐진다면

黃金萬兩難酬價. 만 냥의 황금으로도 살 수가 없네.

稽首全眞參學人　전진교에 참여하는 학인(學人)들에게
　　　　　　　　　인사하노니
記取清庵說底話.　청암이 하는 말을 기억하라.
誠能直下肯承當　참으로 곧바로 계승할 수 있다면
便是渠儂把底靶.　곧 그 사람이 목적을 이루게 된다네.
話靶做成又作麼　말씀의 목적을 이루면 또 무엇을 할 것인가
無位眞人乘鶴駕.　무위의 진인처럼 학의 수레에 오르리.

中和集

제5권

都梁清庵瑩蟾子李道純元素撰,
門弟子損庵寶蟾子蔡志頤編

도량(都梁) 청암(清菴) 영섬자(瑩蟾子)
이도순(李道純) 원소(元素)가 찬(撰)하
고, 문인 손암(損菴) 보섬자(寶蟾子) 채
지이(蔡志頤)가 펴내다.

1. 술공부(述工夫) - 17수(十七首)

: 공부의 단계를 기술하다

1. 발몽(發蒙)

九轉還丹下手功	구전환단[1]하는 공부에 착수하려면
要知山下出泉蒙.	산 아래 샘물이 솟아나는
	몽괘(蒙卦, ䷃)의 상[2]을 알아야 하네
安爐妙用憑坤土	화로를 안정시키는 묘용은
	곤토(坤土)에 의지하고
運火工夫藉巽風	화후 공부는 손풍(巽風)을 빌려 운행되네.
兌虎震龍才混合	태호(兌虎)와 진룡(震龍)이 합하자마자
坎男離女便和同.	감남(坎男)과 리녀(離女)가 곧바로 화동하네.
自從四象歸中後	사상(四象)으로부터 중(中)으로 돌아간 뒤에는
造化機緘在我儂.	조화의 기틀이 나에게 있네.

---

1 도가에서 금단을 단련하는 횟수를 가리킨다. 『포박자』 내편에서는 9차에 걸쳐
제련하여 단약을 복식을 한 후에 신선이 될 수 있다고 말하였다.

2 『주역』, 「몽괘」, "山下出泉, 蒙, 君子以果行, 育德."이다.

254

2. 채약(采藥)

鍊汞烹鉛本沒時	수은과 납을 단련하는 것은 본래 정해진 때가 없으니
學人當向定中推.	학인들은 마땅히 정(定) 가운데 쌓아감을 향해야 하네.
客塵欲染心無著	세속이 더럽히려 해도 마음에 집착이 없으면
天癸才生神自知.	천계(天癸)가 생기자마자 신(神)이 저절로 아네.
情寂金來歸性本	정(情)이 고요해지면 금(金)이 성(性)의 근본으로 돌아오고
精凝坎去補南離.	정(精)이 응결하면 감(坎)이 남방의 리(離)로 가서 보충해주네.[3]
兩般靈物交幷後	신령스러운 두 물건이 서로 화합한 뒤에
陰盡陽純道可期.	음이 다하고 양이 순수해져 도(道)를 기약할 수 있다네

3. 진화(進火)

既通天癸始生時	이미 천계가 통하여 막 생겨날 때에
自有眞陽應候回.	저절로 진양이 때에 맞추어 돌아오네.
三昧火從離位發	삼매화(三昧火)[4]는 리위(離位)에서 생겨나고

---

3 팔괘(八卦)가운데 리괘(離卦)는 '화(火)'가 되고 남방에 속한다.
4 도교에서는 사람의 원신(元神)·원기(元氣)·원정(元精)이 나오게 하는 것을 가

一聲雷自震宮來. 일성뢰(一聲雷)는 진궁(震宮)으로부터 오네.

氣神和合生靈質 기(氣)와 신(神)이 화합하여
　　　　　　　　신령한 바탕이 생겨나고

心息相依結聖胎. 마음과 숨이 서로 의지하여
　　　　　　　　성태(聖胎)가 맺어지네.

透得裏頭消息子 그 속에 소식을 꿰뚫는다면

三關九竅一齊開. 삼관(三關)과 구규(九竅)가 일제히 열리리.

4. 일용(日用)

眞鉛眞汞大丹頭 진연과 진홍은 큰 단약이니

採取當於罔象求. 상(象)이 없는 곳에서 채취해야 된다네.

有作有爲終有累 일부러 작위하면 끝내는 누가 되니

無求無執便無憂. 구하려는 집착이 없다면 근심이 없네.

常淸常靜心珠現 항상 맑고 항상 고요하면
　　　　　　　　심주(心珠)가 드러나고

忘物忘機命寶周. 사물도 잊고 기틀도 잊으면
　　　　　　　　명보(命寶)가 두루 미치네.

動靜兩途無窒礙 동정 두 길이 막힘이 없으니

不離當處是瀛州. 여기서 벗어나지 않으면
　　　　　　　　이곳이 바로 영주(瀛州)[5]라네.

리켜 진화라고 한다. 삼매진화라고도 한다.
5 신선이 살았다는 동해의 신산(神山)이다.

5. 고형(固形)

全眞妙理不難行 　전진의 오묘한 이치는 행하기가 어렵지 않지만,

惟恐隨緣逐色聲. 　오직 인연을 따라 색(色)과 성(聲)을 따라갈까
　　　　　　　　　염려될 뿐이네.

萬幻不侵情自絕 　온갖 환영이 침범하지 않으면
　　　　　　　　　정(情)이 저절로 끊어지니,

一心無染念安生. 　한 마음으로 더럽혀지지 않는다면
　　　　　　　　　잡념이 어디에서 일어나겠는가?

屛除人我全天理 　남과 나라는 장벽을 제거하면
　　　　　　　　　천리가 온전해지고

把握陰陽合泰亨. 　음과 양을 파악하면 천지의 형통함과 합치되네.

說與修丹高士道 　단(丹)을 닦는 높은 선비의 도리를 말해주노니

色聲無漏性圓明. 　색과 성의 누설됨이 없다면
　　　　　　　　　진성(眞性)이 원만히 밝다네.

6. 교합(交合)

造道元來本不難 　도에 나아감은 원래 어렵지 않으니

工夫只在定中間. 　공부는 오직 정(定) 가운데 있는 것이네.

陰陽上下常升降 　음양은 위 아래로 항상 오르내리고,

金水周流自返還. 　금수(金水)는 두루 흘러 저절로 돌아온다네.

紫府靑龍交白虎 　자부(紫府)[6]의 청룡이 백호와 만나고,

6 　신선이 사는 곳이다.

玄宮地軸合天關. 현궁(玄宮)[7]의 지축은 천관과 합하네.

雲收雨散神胎就 구름이 모여 비가 내리면

신태(神胎)[8]가 이루어지니,

男子生兒不等閒. 남자가 아이를 낳는 것은 보통 일이 아니네.

7. 투관(透關)

眞常之道果何難 참된 불변의 도가 어찌 어려움이 있겠는가?

只在如今日用間. 오직 현재의 일용지간에 달려있다네.

一合乾坤知闔闢 한번 건곤이 합쳐질 때 여닫음을 안다면

兩輪日月自循還. 해와 달 두 개의 바퀴가 저절로 순환한다네.

歸根自有歸根竅 귀근(歸根)에 본래부터

귀근규(歸根竅)[9]가 있으니

復命寧無復命關. 복명(復命)에 어찌

복명관(復命關)이 없겠는가?

踏遍兩重消息子 두 편의 소식을 두루 밟고 나면

超凡越聖譬如閒. 범인을 초월하고 성인을 초월함도

한가롭다 하리라.

---

7 신선이 산다는 궁전으로 『장자(莊子)』 「대종사(大宗師)」, "顓頊得之, 以處玄宮." 라고 나온다.

8 천선(天仙)이라고도 한다.

9 일명 '복명관(復命關)'이라고 한다.

8. 출입(出入)

穀神不死爲玄牝	곡신(穀神)이 죽지 않아 현빈(玄牝)이 되니[10]
箇是乾坤闔闢機.	이것이 바로 건곤(乾坤)이 열리고 닫히는 기틀이네.
往往來來終不息	계속해서 오고 가며 끝내 쉬지 않고
推推盪盪了無違.	쉴 새 없이 밀고 당기면서도 마침내 거스름이 없네.
白頭老子乘龍去	백발의 늙은이[11]가 용을 타고 가니
碧眼胡兒跨虎歸.	푸른 눈의 호아[12]가 호랑이를 타고 돌아가네.
試問收功何所證	묻노니, 공효를 얻은 것을 무엇으로 증험할 수 있는가?
周天匝地月光明.	천지를 감도는 달빛이 찬란히 밝다네.

9. 경중(警眾)

口頭三昧謾矜誇	입으로만 삼매(三昧)에 든 자는 함부로 자랑하고
闊論高談事轉差.	공허하게 고담(高談)을 할수록 일이 점점 어긋나네.

---

10 『노자(老子)』, 6장에 나오는 내용이다.

11 원정(元精)·선천진일기(先天眞一之氣)의 별칭이다.
12 진연(眞鉛)을 말한다.

比似著形求實相　형(形)에 집착하여 실상(實相)을 구하면,

卻如捏目起空花.　도리어 눈을 비벼 헛된 환상을 일으키네.

隨將物去終歸幻　사물을 따라가다 보면 결국 환영에 빠지니

裂轉頭來便到家.　생각을 바꾸어야 이에 집에 이른다네.

莫怪淸庵多臭口　청암(淸庵)이 말 많이 하는 것을

　　　　　　　　괴이하다 여기지 마라

打開心孔要無遮.　마음을 열려면 막힘이 없어야 한다네.

10. 만사(挽邪)

三千六百法傍門　삿된 방법 삼천육백 가지.

執著之人向裏昏.　그것에 집착하는 사람은 어둠 속에 있다네.

每日只徒心有見　날마다 부질없이 마음에 견해가 있지만

何時得悟命歸根　어느 때나 깨달아 명근(命根)으로 돌아가겠는가?

聰明特達何須道　특출하게 총명함 따위 말할 필요 없고,

智慧精通不足論.　정통한 지혜도 논할 것 없다네.

一切形名聲色相　일체의 형명(形名)과 성색(聲色)의 상(相)은

到頭都是弄精魂.　결국에는 정(精)과 혼(魂)을 희롱한 것이라네.

11. 적마(敵魔)

夜中昏睡怎禁他　한밤중 정신없이 자는 잠,

　　　　　　　　어째서 그것을 금하는가?

鬼面神頭見也魔.　귀신의 요술에 해를 당해서라네.

昏散相因由氣濁　어둠과 산만이 꼬리를 물고 일어나는 것은

기(氣)가 탁해서이고,

念緣斷續爲陰多. 생각과 인연이 끊어졌다 이어졌다 하는 것은 음기가 많아서라네.

潮來水面濤堤岸 조수가 흐르는 수면은 강둑에 부딪치고,

風定江心絶浪波 강심에 바람이 자면 물결이 일지 않네.

性寂情空心不動 성(性)이 고요하고 정(情)이 비면 마음이 요동치지 않고

生無昏散睡無魔. 깨어있을 때 어둡거나 흩어짐이 없다면 잘 때 마귀가 없다네.

12. 현정(顯正)

火符容易藥非遙 화후를 잘 운용하면 머지않아 단약(丹藥)을 얻으니

天癸生如大海潮. 천계가 마치 큰 바다의 조수처럼 생겨난다네.

兩種汞鉛知采取 수은과 납 채취 법을 안다면

一齊物欲盡捐消. 물욕이 단번에 다 사라진다네.

掀翻萬有三元合 만물을 뒤집어 굴려 삼원(三元)에 모으고,

鍊盡諸陰五氣朝. 여러 음을 다 단련하면 오기(五氣)가 조회하네.

十月脫胎丹道畢 열 달이 지나 탈태하여 단도(丹道)가 끝나면

嬰兒形兆謁神霄. 영아가 나타나 하늘에 알현하네.

13. 조섭(調燮)

三元大藥意心身 삼원의 대약은 의심신(意心身)이지만

著意心身便係塵. 심신(心身)에 뜻을 두면 잡념에 매인다네.

調息要調眞息息 조식을 하려면 모름지기

진식(眞息)의 숨을 조절해야 하고

鍊神須鍊不神神. 연신을 하려면 신이 아닌

신을 단련해야 한다네.

頓忘物我三花聚 단번에 사물과 나를 잊으면

삼화(三花)가 모이고,

猛機緣五氣臻. 단호하게 인연을 버리면 오기(五氣)가 이르네.

八達四通無窒礙 팔방 사방이 두루 통하여 막힘이 없으면

隨時隨處闡全眞. 때와 장소를 막론하고 전진(全眞)이 드러나네.

14. 명본(明本)

身自空來強立名 몸은 공으로부터 왔거늘

억지로 이름을 붙였으니,

有名心事便牽縈. 이름에 집착한다면 곧 속박당하게 되네.

陰陽消長磨今古 음양이 성쇠함에 따라 고금이 왕래하고,

日月升沉運死生. 일월이 뜨고 짊에 따라

사생(死生)이 윤회한다네.

會向時中存一定 시중(時中)을 알아 하나의 기준을 간직한다면

便知日午打三更. 대낮에 삼경을 치는 깊은 뜻을 알 수 있네.

雖然處世憑師授 비록 세상에 처해서는

스승의 전수에 의지하지만,

出世工夫要自明. 세상을 초월한 공부는 스스로 밝혀야 한다네.

15. 주검(鑄劍)

明師授我鑄神鋒　홀륭한 스승이 나에게 매우 날카로운 검을
　　　　　　　　주조하는 법을 전수하였나니,
全藉陰陽造化功.　전부 음양조화를 바탕으로 하는 공부라네.
煆煉乾剛坤作冶　건강(乾剛)은 곤(坤)이 대장장이가 되어
　　　　　　　　단련하고,
吹噓離火巽爲風.　리화(離火)는 손(巽)이
　　　　　　　　바람이 되어 일으킨다네.
做成龍象心官巧　용상(龍象)이 만들어지면
　　　　　　　　심관(心官)이 공교해지고,
掃蕩妖氛志帥雄.　요기(妖氣)가 소탕되면
　　　　　　　　지수(志帥)가 굳세어지네.
學道高人知此趣　도(道)를 배운 고매한 선비는 이 뜻을 아니,
等閒劈碎太虛空.　손쉽게 태허(太虛)의 공(空)을 깨뜨린다네.

16. 섬굴(蟾窟)

蟾窟淸幽境最佳　상쾌하고 그윽한 경치 좋은 섬굴[13]에
主人顚倒作生涯.　주인이 뒤바뀌어 생활을 하네.
玉爐煆鍊黃金液　옥로(玉爐)에선 황금액(黃金液)[14]을 단련하고,

---

13 수중금(水中金)이 거하는 궁전이다.
14 납을 비유하는 말이다.

金鼎烹煎白雪芽. 금정(金鼎)에선 백설아(白雪芽)[15]를 달이네.

斡運周天旋斗柄 주천(周天)을 운용할 때는

　　　　　　　　북두성 자루에 따라 돌리고,

推遷符火運雷車. 화부(火符)를 밀어서 옮길 때는

　　　　　　　　뇌거(雷車)를 사용하네.

自從打透都關鎖 관문 빗장 모두 다 열고 난 뒤에는,

恣意銀河穩泛槎. 은하수에 마음대로 뗏목 타고 노닌다네.

17. 청암(清庵)

吾庵非是等閑庵 나의 청암은 보통 암자와 같지 않아서,

未許常人取次觀. 사람들이 임의대로 보는 것을 허락하지 않네.

一婦一夫能做活 지어미와 지아비가 생활을 하고,

三男三女打成團 세 아들과 세 딸이 무리를 이루네.

裏頭世界元來大 안의 세계는 원래 커서,

外面虛空未是寬. 밖의 허공도 그리 넓지 않다네.

試問主人爲的事 주인에게 묻노니, 무슨 일을 하는가?

報言北門面南看. 대답하길, 북극성 따라 앉아서

　　　　　　　　남면(南面)하고 있다네.

---

15 수은을 비유하는 말로, 처음에 수련할 때는 토기와 감응하여 황아(黃芽)가 이루어지고, 오래 수련하면 금기와 감응하여 백설이 만들어진다. 이 두기가 상응하여 설산에 싹을 드러내어 금단을 맺는다.

2. 영진락(詠眞樂) - 12수(十二首)

: 참된 즐거움을 노래하다

1.

佛仙總是世人爲　부처와 신선의 말씀은 모두

　　　　　　　　세상 사람을 위한 것인데

爭奈迷途自不知.　너는 어찌하여 길에서 헤매면서

　　　　　　　　스스로 알지 못하는가?

若匪貪名爭計較　만약 이름을 탐하고 다투어 꾀를 부리지 않으면

定須逐利苦奔馳.　필시 이익을 쫓아 괴롭게 달려가고 있겠지.

波波漉漉擔家業　끊임없이 힘들게 가업을 책임지고

劫劫忙忙贍婦兒.　조급하고 바쁘게 가족을 보살피는구나.

假使財榮妻貌美　설령 재산이 번창하고

　　　　　　　　아내가 아름답다고 하더라도

無常到後豈相隨!　죽음이 닥치면 어찌 함께 갈 수 있으랴!

2.

爭似全眞妙更奇　전진의 깊은 오묘함이 어떠한가?

箇中眞樂自心知.　그 가운데 참 즐거움을 마음은 안다네.

丹從不鍊鍊中鍊　단(丹)은 단련하지 않으면서도
　　　　　　　　단련하는 가운데 단련하고
道向無爲爲處爲. 도(道)는 함이 없으면서도 한다네.
息念息緣調祖氣　잡념과 인연을 끊어서 조기(祖氣)를 조절하고
忘聞忘見養嬰兒. 듣는 것과 보는 것도 잊고서
　　　　　　　　영아(嬰兒)를 기른다네.
自從立定丹基後　단기(丹基)[1]를 세워 안정시키면
五彩光華透幌帷. 영롱한 오색 빛이 휘장을 뚫고 나오네.

3.

爐用坤兮鼎用乾　땅을 화로로 삼고 하늘을 솥으로 삼아
窮微盡理便通仙. 미세한 이치를 모두 다 궁구하면 신선이 된다네.
無非攝伏情歸性　정을 휘어잡아서
　　　　　　　　본성으로 돌아가지 않음이 없는
便是烹煎汞合鉛. 이것이 바로 수은과 납을 달여 합하는 것이라네.
絶盡機緣丹赫赤　인연을 모두 떨쳐버리면 단이 붉게 빛나니
全存正定寶凝堅. 정정(正定)[2]을 온전히 보존하면
　　　　　　　　보배로운 금단이 생긴다네.
即斯便是抽添法　이것이 바로 추첨하는 법이니

1　연단의 바탕. 심장과 신장을 일러 '단기'라고도 한다.
2　불교에서 말하는 '삼매(三昧)'와 같은 말. 모든 잡념을 없애고 정신을 하나로 모으는 것이다.

266

不必切切更問玄.　번거롭게 다른 현묘한 법을
　　　　　　　물을 필요가 없다네.

4.

火符容易藥非遙　화후에 익숙하게 되면 약이 거의 된 것이니

造化全同大海潮.　그 조화는 대해(大海)의 조수와 같다네.

藥物只於無裏采　약물은 단지 '무(無)'에서 캐내고

火丹全在定中燒.　화단(火丹)[3]은 안정한 가운데
　　　　　　　태우는 데에 달려 있네.

九三輻輳諸緣息　세 양효(陽爻)가 모여 순양이 되면
　　　　　　　모든 인연이 그치고

二八相交五氣朝.　이팔(二八)이 균등하게 섞이면
　　　　　　　오기가 원기에 조회한다네.

陰盡陽純功就也　음이 다하고 양이 순수해져 수련이 완성되면

眞人出現謁神霄.　진인이 출신하여 상재를 알현 한다네.

5.

鍊丹先把氣神調　단을 단련할 때는 먼저
　　　　　　　기(氣)와 신(神)을 조절하되

法水頻澆慧火燒.　법수(法水)[4]로 자주 씻어내고

---

3 스스로 불을 낼 수 있는 선약이다.

4 불교 용어로 불법(佛法)을 가리킨다. 불법으로 마음속의 번뇌를 씻어버리는 것을

혜화(慧火)⁵로 불사른다네.

三物混融三性合　세 물건이이 융화되면 삼성(三性)이 합하고

一陽來復一陰消.　일양이 회복되면 일음이 소멸된다네.

金爐端正千神會　금화로를 바르게 갖춰놓으면

천신(千神)이 모이고

寶鼎功成萬象朝.　옥솥에서의 공정이 이루어지면

온 우주가 조회하네.

藥就丹圓神脫蛻　약이 둥근 단이 되면 신이 탈태하니

全身露出赤條條.　온전한 몸이 알몸으로 노출되네.

6.

先天至理妙難窮　선천의 지극한 이치 오묘하여

궁구하기 어려우니

鉛産西方汞産東.　납은 서방에서 나고 수은은 동방에서 난다네.

水火二途分上下　물과 불의 두 길은 위아래로 나누어져 있고

玄關一竅在當中.　현관의 한 구멍은 그 한가운데에 있다네.

有知不有眞爲有　유(有)는 그것이 유가 아님을 알아야

참된 유가 되고

空會無空實是空.　공(空)은 그것이 공조차 없음을 이해해야

실제의 공이 된다네.

이르는 것으로 마치 물로 마음 속의 오염을 씻어내는 것과 같다.

5　불교 용어로 일체번외(一切煩惱)를 불사라 버릴 수 있는 지혜(智慧)를 가리킨다.

無有有無端的意　무(無)는 유(有)이고 유는 무임을
　　　　　　　　분명히 알아야 하니
滔滔海底太陽紅.　도도한 바다 밑에 태양이 붉게 빛나네.

7.

寂然不動契眞常　고요하게 움직이지 않아야
　　　　　　　　진상(眞常)에 합하고
消盡群陰自復陽.　여러 음들이 다 소진되어야
　　　　　　　　저절로 양이 회복된다네.
坤裏黃婆生赤子　곤괘 가운데 황파(黃婆)가 아기를 낳고
離中姹女嫁獃郞.　이괘 가운데 차녀(姹女)가
　　　　　　　　순진한 사내에게 시집을 간다네.
山頭水降黃芽長　산머리에서 물이 내려오니
　　　　　　　　황아(黃芽)⁶가 자라나고
地下雷轟白雪飄.　땅 아래에서 뇌성이 울리자 백설이 휘날리네.
萬裏銀河無點翳　만리의 은하수에 한 점의 티끌도 없는데
金蟾獨露發神光.　금두꺼비만 나타나 신광을 발하네.

8.

妖嬈少女嫁金公　아리따운 소녀가 금공(金公)에게 시집가니
全藉黃婆打合功.　오로지 황파가 중매한 공로로 이루어졌네.

6　금단이 처음 응결된 상태이다.

一對夫妻才會合　지어미와 지아비가 만나자마자 뜻이 합해지니
兩情雲雨便和同.　두 사람 운우의 정이 무르익었네.
閑時共飮朱陵府　한가로운 때에 주릉부[7]에서 함께 마시다가
醉後同眠紫極宮.　취한 후에는 자극궁[8]에서 함께 잠을 잔다네.
暮樂朝懽恩義重　조석으로 즐기면서 은의(恩義)가 깊어지니
一年生箇小孩童.　일년이 되자 어린아이 하나를 낳았네.

9.

人人身內有夫妻　사람마다 몸속에 음과 양이 있는데
爭奈愚癡太執迷.　왜 그리 어리석게 몸밖에 음양에 집착하는가?
不向裏頭求造化　몸안에서 조화를 구하지 않고
卻於外面立丹基.　도리어 외부에서 단기(丹基)를 세우려하네.
妄將禦女三峰術　망령되이 장삼봉의 어녀술을 가지고
僞作軒轅九鼎奇.　헌원(軒轅)[9]의 기이한

　　　　　　　　구정(九鼎)이라고 속이네.
箇樣畜生難懺悔　이러한 축생은 참회하기도 어려우니
閻公不久牒來追.　머지않아 염라대왕이 부르러 오네.

7　주릉동천(朱陵洞天) 즉 신선이 사는 곳을 뜻하기도 하고, 주릉화부(朱陵火府) 곧
　　주사(朱砂)를 가리키기도 한다.
8　신선이 거처하는 천상(天上)의 궁궐을 말한다.
9　중국 고대의 전설 속의 황제이다.

10.

身內夫妻說與公　몸속에 부부가 있다는 것을
　　　　　　　　　그대에게 말해주노니
青衣女子白頭翁.　푸른 옷의 여자와 백발 늙은이라네.
金情木性相交合　금정(金情)과 목성(木性)이 서로 사귀어 합하니
黑汞紅鉛自感通.　흑홍(黑汞)과 홍연(紅鉛)이 저절로 감통하네.
對月臨風神逸樂　달과 바람을 마주하니 마음이 즐겁고
行雲布雨興無窮.　구름이 가고 비를 뿌리니 끝없이 흥이 나네.
這些至理誠能會　이러한 지극한 이치를 진실로 이해한다면
凝結眞胎反掌中.　진태(眞胎)를 맺는 것도 내 손안에 있다네.

11.

九還七返大丹頭　구환칠반으로 대단(大丹)이 이루어지니
學者須當定裏求.　학자는 반드시 정(定)에서 구해야한다네
些子神機誠會得　이러한 신기(神機)를 진실로 터득한다면
兩般靈物便相投.　두 가지의 영물이 서로 투합 한다네.
三年造化須臾備　삼년의 조화가 잠깐사이에 갖추어지고
九轉工夫頃刻周.　구전(九轉)의 공부가 한순간에 이루어진다네.
便把鼎爐掀倒了　곧 정로를 뒤집어 흔들면
丹光燭破四神州.　단의 광채가 온 누리를 비춘다네.

12.

不立文書教外傳　글로 써서 가르치지 않고 별도로 전하니

人人分上本來圓.　사람마다 본래부터 원만하게

　　　　　　　　가지고 있기 때문이라네.

玄風細細淸三境　솔솔 부는 현묘한 바람은

　　　　　　　　삼경(三境)[10]을 맑게 하고

慧月娟娟印百川.　아리따운 지혜의 달은 모든 강물 속에 들어있네.

兜率三關皆假喩　도솔천의 삼관(三關)이 모두 비유이고

天龍一指匪眞詮.　천룡화상의 일지(一指)[11]도 참된 법이 아니라네.

威音那畔通消息　위음불(威音佛)[12]의 시대와 소식이 통하더라도

不是濂溪太極圖.　이것은 주염계의 태극도로

　　　　　　　　말할 수 있는 게 아니라네.

영사연경세(詠四緣警世) : 네 가지 인연을 노래하여 세상을 경계하다

身心世事四虛名　신·심·세·사, 네 가지는 허망한 이름

多少迷人被繫縈.　얼마나 많은 어리석은 사람들이

　　　　　　　　거기에 얽매였던가.

10　삼청과 같은 말로, 도교의 신들이 거주하는 선계이다.

11　불교의 선종에서 쓰는 말이다. 송나라의 구지화상이 천룡화상에게 불교의 교의에 대하여 물었을 때 천룡화상이 손가락 하나를 세우니 구지화상이 크게 깨우쳤다고 한다.

12　위음왕불(威音王佛)과 같은 말. 위음왕불은 바로 과거장엄겁(過去莊嚴劫) 최초의 부처이다. 이 부처가 세상에 나오기 이전은 절대무한의 경계인데, 선가에서는 위음왕불이 나오기 이전을 '위음나반(威音那畔)'이라고 칭한다.

禍患只因權利得　재앙과 근심은 단지
　　　　　　　　　권력과 이익으로 인하여 생기고

輪廻都爲愛緣生.　윤회는 모두 사랑과 인연 때문에 생긴다네.

安心絶跡從身動　마음을 편히 하고 자취를 끊는 일은
　　　　　　　　　몸으로부터 시작하고

處世忘機任事更.　처세할 때 망기(忘機)[13]하여
　　　　　　　　　일의 변화에 맡겨두네.

觸境遇緣常委順　어느 곳에서 어느 인연을 만나더라도
　　　　　　　　　언제나 순리에 맡기면

命基永固性圓明.　수명이 길어지고 성품도 원만하게 밝아지네.

영호로(詠葫蘆) : 호로를 노래함

靈苗種子産先天　신령스러운 싹의 종자는 선천에서 싹트니

蒂固根深理自然.　꼭지가 단단하고 뿌리가 깊은 것은
　　　　　　　　　이치상 당연하네.

逐日壅培坤位土　날마다 곤(坤)의 흙으로 북돋아주고

依時澆灌坎中泉.　때맞게 감(坎)의 샘으로 물을 대주네.

花開白玉光而瑩　백옥 같은 꽃이 피어 광택이 은은하고

子結黃金圓且堅　황금 같은 열매 맺어 둥글고도 단단하네.

---

13 생각의 단초를 없앰을 의미한다.

成就頂門開一竅　성취되면 정문(頂門)의 한 구멍이 열리니
箇中別是一乾坤.　그 속에 별도로 하나의 세계가 있다네.

심경(心鏡)

採將乾鑛入坤爐　건의 광석을 캐어서 곤의 화로에 넣으니
六合虛空作一模.　천지사방의 허공에 하나의 본을 만드네.
法相就時圓爍爍　법상이 이루어진 때는 둥그렇게 빛나고
水銀磨處瑩如如.　수은으로 연마한 곳은 광채가 은은하네.
放光周遍三千界　펼치면 삼천세계를 두루 비추고
收斂歸藏一黍珠.　거두어들이면 기장만한 구슬 하나 속에
　　　　　　　　　감춰지네.
舉起分明全體現　들어 세우면 분명하게 전체가 드러나니
更須打破合元樞.　다시금 깨뜨려 근본과 합하게 해야 하네.

위부암지현빈(爲孚庵指玄牝) : 부암에게 현빈을 알려주다

玄門牝戶不難知　현빈의 문호를 알기 어렵지 않으니
收拾身心向內推.　심신을 수습해 내면으로 미루어 나가는 것이네.
會得兩儀推蕩理　음양이 밀고 당기는 이치를 터득하면
便知一氣往來時.　바로 일기(一氣)가 왕래할 때를 알 수 있다네.

274

乾坤闔闢無休息　건과 곤이 쉼 없이 열리고 닫히니
離坎升沉有合離.　리와 감이 오르내림에 합하고 떨어짐이 있다네.
我爲孚庵明指出　내가 부암을 위하여 분명하게 가리켜주노니
念頭復處立丹基.　마음이 돌이킨 곳에 단기(丹基)를 세우게나.

화옹학록운(和翁學録韻) : 옹학록의 시에 화운하다

密意參同白玉蟾　은미한 뜻이 백옥섬(白玉蟾)[14]과 비슷하나니
元來窮理便通仙.　원래 이치를 궁구하면 신선과 통한다네.
未明太極生三五　태극이 삼오(三五)를 낳는 이치에 밝지 못하면
徒涉蓬萊路八千.　봉래산 팔천 갈래 길을 헛되이 다니게 되네.
釋氏家風憑祖印　석씨의 가풍은 조사의 인가에 의지하고
義皇道統必心傳.　복희씨의 도통은 마음으로 전하네.

14　남송(南宋)시기 도사. 내단파 남종(南宗) 제5대 조사로, 원래 성은 갈(葛)씨이고
이름은 장경(長庚), 자는 여해(如晦), 또 다른 자로는 백수(白叟)가 있으며, 호는
해경자(海瓊子)이다. 경주[瓊州, 지금 해남(海南) 해구(海口) 경산구(瓊山區)] 사람
이다. 그의 내단이론은 남종의 전통을 받들면서 홀로 청수할 것을 주장하였으며
아울러 몸소 힘써 수행하고 죽을 때까지 결혼하지 않을 것을 주장하였다. 수련은
연정(煉精), 연기(煉氣), 연신(煉神)을 핵심으로 하면서 유학과 선종의 이론을 융
합하여 "마음으로 삼교를 통하고 학문으로 구류를 관통하였다(心通三教, 學貫九
流)." 그의 사상은 송·원 이후 도교에 상당한 영향을 미쳤다. 저서로는 『해경문
도집(海瓊問道集)』 『해경백진인어록(海瓊白眞人語錄)』 『해경옥섬선생문집(海瓊玉蟾
先生文集)』 등이 있다.

青天獨露瑤臺月　푸른 하늘에 오직 요대(瑤臺)[15]의 달만 드러나니
普印千潭一樣圓.　수많은 연못 속에 떠있는 달은
　　　　　　　　　한결같이 둥그네.

증등일섬(贈鄧一蟾) : 등일섬에게 주다

禪宗理學與全眞,　선종과 이학, 전진이
敎立三門接後人.　가르침을 각기 세워 후인을 맞았네.
釋氏蘊空須見性,　불교는 오온이 텅 빈 것으로 본성을 깨치고,
儒流格物必存誠.　유가는 격물로 성을 간직하네.
丹臺留得星星火,　도가는 밝디 밝은 불을 간직해
靈府銷鎔種種塵.　영부에서 온갖 티끌을 녹여 없애네.
會得萬殊歸一致　만 가지로 달라도 하나로 귀착함을 깨달으면,
熙臺內外總登春.　환한 누대 안팎으로 모두 봄일세.

자득(自得) − 7수(七首) : 스스로 터득함을 노래하다

1.

打破鴻濛竅,　태초의 구멍을 깨쳐 알면

15　도교의 여신, 요지금모(瑤池金母)와 지모원군(地母元君)가 거처한다는 궁궐이다.

都無佛與仙.　부처도 없고 신선도 없네.

即非心外妙,　마음 밖의 오묘함도 아니고

不是口頭禪.　구두선도 아니네.

儘日優游過,　온 종일 떠 오른 생각

通宵自在眠.　밤이 되서야 잠이 드네.

委身潛絕境,　몸에 따라 생각이 끊어지면

萬事付之天.　온갖 일을 하늘에 맡기네.

2.

一切有為法,　일체의 유위법은

般般盡是塵.　하나같이 티끌이네.

窮通諸物理,　통달한 세상 이치를

放下此心身.　이 심신에서 내려놓네.

隨處安禪定,　처한 곳에서 고요히 선정에 들면

趨時樂至眞.　때에 따라 즐거이 진에 이르네.

每將周易髓,　매번 주역의 정수로

警拔世間人.　세상 사람들을 깨우치네.

3.

得造無為妙,　무위의 오묘함을 깨쳐

終朝不出門.　종일토록 문 밖을 나서지 않네.

機緣全絕斷,　인연을 온전히 끊어내니

天理自然存.　천리가 저절로 간직되네.

日用天行健,	날마다 쉬지 않고 수행하며,
平常地勢坤.	평상시에 제자들을 포용하네.
警提門弟子,	제자들을 깨우쳐 이끄니
復命與歸根.	복명과 귀근이네.

4.

打透都關鎖,	빗장과 자물쇠를 여니
天然合大同.	자연과 합해 크게 하나가 되네.
龜毛元自綠,	거북의 털은 저절로 푸르고
鶴頂本來紅.	학의 정수리는 본래 붉네.
可道非常道,	말할 수 있는 도는 참된 도가 아니고
行功是外功.	행공은 외공이네.
此兒真造化,	이 참된 조화는
恍惚窈冥中.	어둑한 가운데 황홀하네.

5.

自得身心定,	스스로 신심의 안정을 얻으니
凝神固氣精.	신이 응결되어 기와 정이 단단하네.
身閑超有漏,	몸은 한가로이 이 세상을 초월하고
心寂證無生.	마음은 고요하여 다시 태어나지 않음을 증험하네.
烏兔從來去,	오토[16]가 왕래함에

---

16 연단술에서 감괘(坎卦)와 리괘(離卦)를 상징한다. 리괘는 혼의 기인 화(火)를 의

乾坤任變更. 천지에 변화를 맡기네.

廓然無所礙, 툭 트여 어떤 장애도 없으니

獨露大光明. 홀로 대광명이 드러나네.

6.

日用別無事, 평상시에 일삼을 것이 없어

維持一己誠. 성(誠)자 하나만 지키네.

靜中調氣息, 정할 땐 기와 호흡을 고르다가

動則順人情. 동할 땐 인정을 따르네.

晦德同其俗, 덕을 숨겨 세속과 같이 하고

含華不顯明. 빛을 간직해 드러내지 않네.

真閑真樂處, 한가하고 즐거운 곳에서는

常靜與常淸. 항상 고요하고 맑네.

7.

靜抱無名朴, 고요히 무명의 통나무를 껴안고

塵情了不侵. 세상의 정이 침입하지 못하네.

汞鉛鎔作粉, 연홍이 녹아 가루가 되면

瓦礫變成金. 썩은 기와가 금으로 변하네.

미하는데, 이를 까마귀로 상징하고, 감괘는 백의 기인 금(金)을 의미하는데, 이를
토끼로 상징한다. 해 속에는 까마귀가 있고 달 속에는 토끼가 있다는 상징으로
사용한다.

覲見羲黃面,   복희씨 얼굴을 보기 바라니

參同釋老心.   부처와 노자의 마음과 같네.

頓空超實際,   공을 깨달아 실제를 초월하니

無古亦無今.   옛날도 없고 지금도 없네.

자제상(自題相) : 자신의 모습을 짓다

面黃肌瘦子,   낯빛은 누렇고 살빛은 파리해

看來有甚奇.   볼수록 기이한데

分明喬眼孔,   눈동자만 또렷해 굳센 뜻이

剛道絶聞知.   세상 지식을 끊어냈네.

勘破三千法,   삼천의 법을 간파하고

參同十七師.   열일곱 스승을 찾아 함께 하며

低頭叉手處,   공손히 예를 차려

泄盡那些兒.   이 진리를 드러냈네.

경중등(鏡中燈) - 2수(二首) : 거울 속의 등

寶鏡本無相,   보배로운 거울 본래 어떠한 상도 없으니,

傳燈發慧光.   법을 전함에 지혜로운 빛이 드러나네.

真如元瑩净,   진여는 원래 밝고 맑으며

法體本熒煌. 법체는 본래 환히 빛나네.

金鼎燒眞火, 금정에 진화를 사르니

華池浴太陽. 화지에 태양이 목욕하네.

箇中端的意, 이 속에 참된 뜻

元不離中黃. 원래부터 중앙의 황정을 벗어나지 않네.

靜室開心鏡, 고요한 방에 마음을 열어두고

虛堂剔慧燈. 텅 빈 집에 지혜의 등불을 끄집어내네.

外頭明皎皎, 드러난 머리는 밝기가 희디희고,

裏面晃騰騰. 감춘 속은 환하게 빛나네.

黍米光中現, 기장 쌀만한 빛이 가운데에서 나타나고

銀蟾水底澄. 수은 머금은 물이 맑기만 하네.

懸胎金鼎內, 금정 안에 매달린 태에는

一粒大丹凝. 한 알의 대단이 응결되었네.

영우(詠藕) - 2수(二首) : 연꽃을 노래하다

一種靈苗異, 하나의 영험한 싹은 기이하기도 하여,

其他迥不同. 다른 것과는 전혀 다르네.

法身元潔白, 법신은 원래 깨끗하여 희고,

眞性本玲瓏. 진성은 본래 영롱하네.

外象頭頭曲, 드러난 형상마다 구불한데,

中間竅竅通.　　중간에는 구멍이 통하였네.

淤泥淹不得,　　진흙에 잠기어 있지만

發露滿池紅.　　연못 가득 붉은 색이네.

我本淸虛種,　　나는 본래 맑고 허한 종이라

玲瓏貫古今.　　옥같이 맑아 고금을 관통했네.

爲厭名利冗,　　명예와 이익을 꺼려

且隱淤泥深.　　진흙 속에 숨어다네.

每有濟人意,　　매번 사람을 구하려는 뜻을 두어

常懷克己心.　　극기심을 품었네.

幾多撈漉者　　캐려는 사람 적지 않으나

那箇是知音.　　누가 나를 알까.

탁암(卓菴) - 2수(二首)

擇盡虛無地,　　텅 빈 땅을 골라 다지니

因緣在玉京.　　인연은 옥경[17]에 있었네.

築基須穩穩,　　기틀을 다지는 것은 단단해야하고

立鼎要平平.　　솥을 안치하는 것은 평평해야하네.

直豎須彌柱,　　곧게 기둥을 갖추어 세우고

17　도교에서 말하는 천제(天帝)가 거쳐하는 곳이다.

橫安太極榱.　　횡으로는 태극 서까래를 안치했네.

靑天爲蓋覆,　　푸른 하늘을 지붕으로 삼으니

菴主樂無生.　　정자의 주인은 태어나지 않음을 즐거워하네.

大地剗敎平,　　대지를 깎아 평평하게 하니

菴基卽日成.　　암자의 기틀이 날로 완성되네.

來山從丙入,　　돌아오는 산은 병 방향으로 들고,

去水放西行.　　터 놓은 물은 서쪽으로 흘러가네.

門戶全通達,　　문호가 모두 뚫려 통하고

窓櫳透底明.　　창문도 밝게 열렸네.

菴中誰是伴,　　암자에서 누가 짝할까,

月白與風淸.　　밝은 달과 맑은 바람이네.

中和集

제6권

都梁淸庵瑩蟾子李道純元素撰,
門弟子損庵寶蟾子蔡志頤編

도량(都梁) 청암(淸菴) 영섬자(瑩蟾子)
이도순(李道純) 원소(元素)가 찬(撰)하
고, 문인 손암(損菴) 보섬자(寶蟾子) 채
지이(蔡志頤)가 펴내다.

1. 심원춘(沁園春)[1] ― 6수(六首)

1.

得遇眞傳	참된 가르침을 얻게 되면
便知下手	공부할 방법을 알게 되니
成功不難.	공을 이루기 어렵지 않다네.
待癸生之際	계수(癸水)가 생겨날 때를 기다려
抽鉛添汞	납을 빼고 수은을 더하네.
火休太燥	불은 너무 뜨겁게 하지도 말고
水莫令寒.	물은 차지 않게 해야 하네.
鼓動巽風	손풍(巽風)을 불러일으켜
搧開爐鞴	화로에 부채질 하고 풀무질 하여
武鍊文烹不等閒.	무화(武火)로 단련하고 문화(文火)로 삶되
	등한히 해선 안 되네.
金爐內	쇠 솥 안에
箇兩般靈物	두 개의 신령스러운 물건이

---

[1] 사(詞)의 명칭이다. 당대에 불려지던 사와 곡의 이름으로 송대 유행하였다.

煆鍊成丸.　　　　다려지고 단련되어 환을 이루네.

先須打破疑團　　　먼저 의심의 덩어리를 깨뜨려야만

方透歸根復命關.　귀근(歸根)과 복명(復命)의 관문에 투철해지네.

使赤子乘龍　　　　적자(赤子)로 하여금 용을 타게 하고

離宮取水　　　　　이궁(離宮)에서 수(水)를 취하니

金公跨虎　　　　　금공(金公)이 범을 타고 넘어가

運火燒山.　　　　불을 놓아 산을 태우네.

金公無言　　　　　금공은 말이 없고

姹女斂袂　　　　　차녀(姹女)가 옷깃을 여미니

一箇時辰鍊就丹.　한 시진(時辰)에 단련하여 단을 이루네.

渾吞了　　　　　　온전히 삼키니

證金剛不壞　　　　깨지지 않는 금강을 증험하여

超出人間.　　　　인간 세상을 뛰어 넘네.

2.

身處玄門　　　　　몸이 현문에 처해 있다하더라도

不遇眞師　　　　　참된 스승을 만나지 못하면

徒爾勞辛.　　　　한갓 헛된 고생이라네.

若絶學無爲　　　　학문을 끊고 무위(無爲)한들

爭知闔辟　　　　　어찌 합벽(闔闢)을 알리오.

多聞博學　　　　　많이 듣고 두루 배우더라도

寧脫根塵.　　　　어찌 육근과 육진을 벗어나겠는가.

固守自然	저절로 그러함을 굳건히 지켜
終成斷滅	끝내는 끊어 없애야 하니
著有著無都不眞.	유에 집착하거나 무에 집착하거나 모두 참되지 않네.
般般假	그것들은 모두 거짓이니
那星兒妙處	저 조금이라도 오묘한 곳이 있으면
參訪高人.	높은 경지의 사람을 찾아 방문하네.

一言說破元因	한마디 말로 근본 원인을 설파하노니
直指出丹頭精氣神.	곧바로 정기신(精氣神)의 단두(丹頭)를 보이노라.
問一竅玄關	현규일관을 묻는다면
本無定位	본래 정해진 자리가 없으니
兩般靈物	두 가지 신령스러운 것은
只在心身.	단지 마음과 몸에 있네.
動靜相因	동과 정이 서로 원인이 되어
有無交入	유와 무가 엇갈려 들고
五氣朝元萬善臻.	오기(五氣)가 근원을 조회하고 모든 선(善)이 몰려드네.
幽奇處	그윽하고 기이한 곳
把一元簇在	일원(一元)을 모아두니
一箇時辰.	한 시진(時辰)이네.

3.

道曰五行	도가는 오행(五行)을 말하고
釋曰五眼	불교는 오안(五眼)을 말하며
儒曰五常.	유가는 오상(五常)을 말하네
矧仁義禮智	더구나 인의예지(仁義禮智)에서는
信屬根本	신(信)이 근본이고
金木水火	금목수화(金木水火)에서는
土在中央.	토(土)가 중앙에 있네.
白虎青龍	백호와 청룡
玄龜朱雀	현귀와 주작도
皆自勾陳五主張.	모두 각자 자미원에서 오(五)를 주장하네.
天數五	하늘의 수는 오(五)이니
人精神魂魄	사람의 정(精)·신(神)·혼(魂)·백(魄)에 있어서도
意屬中黃.	의(意)가 가운데 황(黃)에 속하네.

乾坤二五全彰	천지와 음양 오행이 온전히 드러나니
會三五歸元妙莫量.	삼오(三五)를 모아 근원으로 되돌리매 오묘함을 헤아릴 수 없네.
火二南方	화이(火二)는 남쪽 방향인데
東三成五	동삼(東三)과 오(五)를 이루고
北玄眞一	북방의 그윽함은 진일(眞一)인데
西四同鄉.	서사(西四)와 동향(同鄉)이라네

五土中宮	오토(五土)가 중궁(中宮)에 있어
合爲三五	합하여 삼오가 되고
三五混融陰返陽.	삼과 오가 섞여 음이 양으로 돌아가네.
通玄土	현토(玄土)와 통하고
把鉛銀砂汞	납과 은 주사와 수은을
鍊作金剛.	단련하여 금강(金剛)을 만드네.

4.

道本虛無	도는 본래 허무하니
虛無生一	허무가 일(一)을 생성하고
一二成三.	일과 이(二)가 삼(三)을 이루네.
更三生萬物	다시 삼은 만물을 생성하니
物皆虛化	물마다 모두 텅 비어 변화하니
形形相授	형체와 형체는 서로 받고
物物交參.	물(物)과 물(物)은 서로 섞이네.
體體元虛	모든 몸체는 원래 비었고
頭頭本一	모든 것은 본래 하나이니
未許常人取次談.	평범한 사람들과 말하는 것을 허락지 않네.
虛無妙	허무의 오묘함은
具形名相貌	형체와 이름과 모습을 갖추어
虛裏包含.	텅 빈 가운데 포함하네.

虛中密意深探	허(虛) 가운데 은밀한 뜻 깊이 찾아

致虛極工夫問老聃.	허극(虛極)을 지극히 하는 공부를
	노자에게 묻네.
那虛寂湛然,	저 텅 비어 고요하고 담연한 것이
無中究竟,	무(無) 가운데의 궁극이라네.
虛無兼達,	허와 무를 아울러 통달하여
勘破瞿曇².	구담²을 깨뜨리네.
象帝之先,	상제의 앞
威音那畔,	위음(威音)부처 저편
淸靜虛無孰有擔.	청정허무를 누가 담당할 것인가?
諸玄眷、	뭇 아득함을 돌아보며
以虛無會道,	허무로 도를 회통하고
稽首和南.	공경하게 미리 숙여 예를 행하네[和南³].

5.

叉手者誰	두 손을 모은 자 누구며
合掌者誰	합장하는 자 누구이며
擎拳者誰.	공수한 자는 누구인가.
只這些伎倆	이것은 다만 수단일 뿐인데
人猶錯會	사람들은 잘못 이해하네.
無爲妙理	무위의 묘리를

---

2 부처님의 성(姓)인 'Gotama'의 음역이다. 여기서는 부처님을 의미한다.
3 화남(和南)은 불교 용어로, 절하면서 예를 행하는 것을 말한다.

孰解操持. 누가 알아 잡아 지킬까?

我爲諸公 내가 여러 공들을 위해

分明擧似 분명히 알려주노니

老子瞿曇卽仲尼. 노자와 부처가 곧 공자라네.

思今古 고금을 생각하면

有千賢萬聖 현인과 성인이 천명 만명 있지만

總是人爲. 모두 사람이 그렇게 된 것이네.

可憐後學無知 가련타, 후학이 무지하여

辯是是非非沒了期. 시시비비를 가릴 기약이 없도다.

況天地與人 더구나 천지와 인간은

一源分判 일원에서 나뉘어 갈린 것이니

道儒釋子 도교, 유교, 불교가

一理何疑. 하나의 이치임을 어찌 의심하랴.

見性明心 견성(見性)하여 마음을 밝히고

窮微至命 은미한 도를 궁구하여 명을 지극히 하니

爲佛爲仙只在伊. 부처가 되고 신선이 됨도

다만 이에 달려 있네.

功成後 공을 이룬 위에

但殊途異派 다만 길을 달리하고 문파를 달리하였지만

到底同歸. 끝내는 같은 곳으로 돌아가네.

6.

說與學人	배우는 자들에게 말하노라
火無斤兩	화후(火候)에는 근량(斤兩)도 없고
候無卦爻.	괘효도 없다네.
也沒抽添	추첨(抽添)이란 것도 없고
也無作用	작용이란 것도 없으며
既無形象	이미 형상도 없어
不必烹炮.	삶고 구을 필요도 없네.
件件非眞	모든 일이 참이 아니며
般般是假	모든 것이 거짓이니
著意做工空謾勞.	뜻을 두어 노력해 보아야 헛된 수고일 뿐.
君知否	그대는 아는가,
但一切聲色	일체의 들리고 보이는 것들이
都是訛肴.	모두 거짓이라는 것을

見聞知覺俱抛	견문과 지각을 모두 던져버리고
直打併靈臺無一毫.	곧바로 마음[靈臺]을 수습하매
	일호도 남겨선 안 되네.
更休言爐竈	화로니 부엌이니 따위 말 하지 말고
休尋藥物	약물을 찾지도 말고서
虛靈不昧	허령불매하게
志力堅牢.	뜻을 세워 굳게 지켜야 하네.
神室虛閑	신실(神室)은 텅 비고

靈源澄靜	영원(靈源)이 맑고 고요하면
就裏自然天地交.	그 속에서 하늘과 땅이 자연히 사귀네.
全眞輩	전진의 무리들이여
苟不全眞性	진실로 진성(眞性)을 온전히 하지 못한다면
劫運寧逃.	재난을 어찌 피할 수 있으리오!

증정암구결(贈靜庵口訣) : 증암에게 주는 구결

歷劫元神	억겁 세월을 지내온 원신(元神)
亙初祖氣	처음으로 돌아가는 조기(祖氣)
太始元精.	태초의 원정(元精).
這三般至寶	이 세 가지 지극한 보배는
同根並蒂	같은 뿌리에 달린 나란한 꽃이니
欲求端的	그 궁극을 구하고자 한다면
勿泥身形.	몸과 형체에 매이지 말라.
息定神清	숨이 안정되고 신이 맑으면
緣空氣固	인연이 사라지고 기운이 굳건해지고
清靜無爲精自凝.	청정무위하여 정(精)이 절로 엉기네.
丹頭結	단두(丹頭)가 응결되면
運陰陽符火	음양의 화후를 운행하되
慢慢調停.	천천히 조정해야 하네.

尤當固濟持盈	더욱 응당 굳게 맺고 잡아 지켜
把鉛汞銀砂一處烹.	연홍(鉛汞)과 은사(銀沙)를
	한데 삶아야 하네.
四象合和	사상(四象)이 화합하면
命基永固	수명의 기틀이 영원히 단단해 지고
三元輻輳	삼원(三元)이 모여들면
覺性虛靈.	본성을 깨달아 허령해지네.
性命兩全	성(性)과 명(命) 두 가지가 온전하고
形神俱妙	형(形)과 신(神) 모두 오묘하여
與道合眞無變更.	도(道)와 함께 진(眞)에 합치되면
	다시는 변화가 없네.
逍遙處	소요하는 곳에서
任遨遊八極	마음대로 우주를 노닐어
自在縱橫.	자유롭게 종횡하네.

증춘곡청선사(贈春穀淸禪師) : 춘곡 청선사에게 줌

智斷堅剛	지혜를 끊음이 견고하고 강하며
奮心決烈	마음을 분발함이 결연하면
便透玄關.	곧 현관을 뚫는다네.
把殺人手段	사람을 죽이는 수단을
輕輕拈出	가벼이 끄집어내고

活人刀子	사람을 살리는 칼을
慢慢教看.	천천히 가르쳐 보여주네.
一劍當空	한 칼을 허공에 가르니
萬緣俱掃	온갖 인연이 모두 소멸되니
方信道瞿曇即老聃.	바야흐로 부처가 곧 노자임을 믿네.
玄風播	현풍(玄風)이 불어와
看春生寒穀	차가운 골짜기에 봄이 생겨남을 보고
靚面慈顏.	얼굴에 자애로운 모습이 나타나네.

從他雪覆千山	저 눈 덮인 천 겹의 산으로부터
那突兀孤峰青似藍.	저 우뚝한 외론 봉우리 푸름이 쪽빛 같네.
況擊竹拈花	게다가 격죽(擊竹)[4]과 염화(拈花)[5]의 공안은
都成骨董	모두 골동품이 되었는데
揚眉瞬目	눈썹을 들고 눈을 깜빡이매
也是瞞頇.	또한 흐릿할 뿐이네.
劫外風光	겁외의 풍광을 겁박하여
目前薦取	눈앞에서 취하여
擘破面皮方罷參.	면목을 깨야 바야흐로 참선을 그만두네.

---

4 당대(唐代) 고승 향엄지한(香嚴智閑)이 산중에서 잡초를 베다가 기와 조각을 던져 대나무를 맞춘[擊竹] 소리를 듣고 갑자기 도를 깨쳤다는 데서 온 말이다.

5 석가모니가 영산회상(靈山會上)에서 '연화(蓮花)를 따서 대중에게 보였을[拈花示衆]' 때에 대중이 모두 침묵을 지키는 가운데 오직 가섭(迦葉)만이 미소(微笑)를 지었다고 한다.

如何是	무엇이
那祖師的意	저 조사의 뜻인가?
合掌和南.	합장하고 머리 숙여 예를 표하네.

증괄창장희미호기암(贈括蒼張希微號幾庵) – 2수(二首)

: 괄창의 장희미에게 주다. 호는 기암이다

1.

不識不知	알 수도 인식할 수도 없으며
無聲無臭	소리도 냄새도 없는 것을
名曰希微.	이름하여 '희미'라 하네.
只這簡便是	이것이 바로
全眞妙本	전진의 오묘한 근본이니
人能透得	사람이 능히 터득하며
即刻知幾.	즉시 기미(機微)를 알게 되네.
聞法聞經	법을 듣던 경을 듣던
說禪說道	선을 말하건 도를 말하건
執象泥文都屬非.	형상에 집착하고 글에 걸리면
	언제나 잘못되네.
君還悟	그대는 깨달아야 하리
這平常日用	이 평상의 일상생활이
總是玄機.	모두 현묘한 기틀임을.

仍憑決烈行持　　　　이에 의지하여 굳세게 행하면

把四象五行收拾歸.　사상과 오행을 거두어 돌아오네.

會兩儀妙合　　　　　양의를 오묘히 합할 수 있으면

三元輻輳　　　　　　삼원이 모여들고

一靈不昧　　　　　　한결같이 신령하여 어둡지 않으면

萬化皈依.　　　　　온갖 변화가 귀의하네.

精氣凝神　　　　　　정(精)과 기(氣)가 신(神)을 응결하고

情緣返性　　　　　　정(情)과 인연이 성(性)으로 돌아오매

迸出蟾光遍界輝.　　달빛이 온 세계를 비추네.

形神妙　　　　　　　형과 신이 오묘해져

向太虛之外　　　　　태허의 밖을 향하여

獨露巍巍.　　　　　홀로 우뚝함을 드러내네.

2.

曲徑旁蹊　　　　　　굽은 길, 곁 길

三千六百　　　　　　삼천육백 가지

門門不同.　　　　　문파마다 같지 않네.

若泥在一身　　　　　만일 일신에 집착하여

終須著物　　　　　　끝내 외물에 고착되어

離於形體　　　　　　형체를 벗어나면

又屬頑空.　　　　　또한 멍청한 고집에 빠지게 되네.

無有兼行　　　　　　무와 유를 겸하여 행하니

如何下手　　　　　　어떻게 착수할까

兩下俱捐理不通.　두 가지를 모두 버리면 이치가 통하지 않네.

修眞士　수련하는 선비가

若不知玄竅　만일 현규를 알지 못하면

徒爾勞工.　헛되이 힘만 쓰게 되네.

些兒妙處難窮　조그만 묘처도 궁구하기 어려우니

親見了方能達本宗.　집적 보아야 바야흐로 근본에 도달할 수 있네.

况聽之不聞　하물며 들어도 들리지 않고

搏之不得　잡아도 얻을 수 없고

觀之似有　살펴보면 있는 듯 하다가도

覓又無蹤.　찾으면 또한 자취가 없음에랴.

箇箇見成　한 사람 한 사람 깨우친다 해도

人人不識　모든 사람이 알 수는 없으니

我把天機泄與公.　내가 천기(天機)를 그대에게 누설하노라.

玄關竅　현관일규와

與虛無造化　허무조화가

總在當中.　모두 그 속에 있다네.

증오거사단지(贈吳居士丹旨) : 오거사에게 연단의 핵심을 줌

向上工夫　위로 향하는 공부는

乾宮立鼎　건궁(乾宮)에 솥을 세우고

坤位安爐.	곤궁(坤宮)에 화로를 안치하는 것이네.
這火候幽微	이 화후는 고요하고 은미하여
元無作用	원래 작용이 없으니
抽添進退	추첨(抽添)하거나 진퇴하매
不費支吾.	서두를 필요가 없네.
陰往陽來	음이 가면 양이 오고
雲行雨施	구름이 행하면 비가 내리니
主宰機緘總在渠.	주재(主宰)의 기틀이 모두 거기에 있네.
心安定	마음이 안정되면
那虛靈不昧	저 허령불매함이
照破昏衢.	어두운 곳을 남김없이 비추네.

性宗悟了玄珠	성종(性宗)[6]은 현주(玄珠)를 깨닫는 것인데.
這命本成全太極圖.	이 임무는 본래 태극도를 완성하는 것.
向圈圈圈外	동그라미와 동그라미의 밖을 향해
一氣歸根	일기(一氣)가 뿌리로 돌아가고
六門互用	육문(六門)이 서로 쓰이니
到此全憑德行扶.	이에 이르면 온전히 덕행에 의지하네.
混塵世	혼탁한 세상에서는
且藏鋒剉銳	또한 예리한 칼날을 감추고서
了事凡夫	범부로 일을 마치네.

---

6 도가 수련의 한 종파. 성(性)의 수련을 강조한다.

증안한자주고사(贈安閒子周高士) : 안한자 주고사에게 줌

眞鼎眞爐	참된 솥과 참된 화로는
不無不有	없는 것도 아니고, 있는 것도 아니어서
惟正惟中.	오로지 정(正)하고, 중(中)해야 하네.
向靜裏施工	고요한 가운데 행공하고
定中斡運	안정된 속에서 주천(周天)을 돌리면
寂然不動	고요히 움직이지 않는 가운데
應感潛通.	감응하여 가만히 통하네.
老蚌含珠	늙은 조개가 구슬을 머금고
螟蛉呪子	명주나방은 새끼를 위해 기도하니
箇樣眞機妙莫窮.	각양의 진기(眞機)는
	그 오묘함을 궁구하기 어렵네.
只這是	다만 이러한
若疑團打破	의심 덩어리를 타파하면
頓悟眞空.	참된 공(空)을 돈오하리라.
採鉛不離坤宮	납을 채취하되 곤궁(坤宮)을 벗어나지 않으며
運符火須當鼓巽風.	화후를 운행하매 반드시
	손풍(巽風)을 고동시켜야 하네.
向北海波心	북해 물결 한가운데서
生擒白虎	백호를 생포하고
南山火裏	남산 불 속에서

捉住靑龍.	청룡을 잡아 가두네.
二物相投	두 물질이 서로 부딪히고
三關一轇	삼관이 하나로 모이면
鍊出神丹滿鼎紅.	신단(神丹)을 단련해 내어 온 솥이 붉다.
藏身處	몸을 숨기고
且和光混俗	광채를 감추어 세속과 섞임을
是謂玄同.	일러 현동(玄同)이라 하네.

증등송계(贈鄧松溪) : 등송계에게 줌

若拙若愚	소박한 듯 어리석은 듯
若慵若懶	게으른 듯 나태한 듯
若呆若癡.	멍청한 듯 모자란 듯
只這底便是	이렇게 하여야만
造玄日用	일상에서도 현묘함에 도달하고
果行得去	취하고 버림을 과감히 하며
密應神機.	은밀히 신기(神機)에 부합되네.
學解見知	배워서 안 것
聲聞圓覺	들어서 깨친 것들은
增長根塵塞肚皮.	근진(根塵)[7]을 뱃속에 채우기만 할 뿐이네.

---

7 불교에서는 안(眼) 이(耳) 비(鼻) 설(舌) 신(身) 의(意)를 육근(六根)이라 하고 색

都無用   아무 소용없나니

但死心蹋地   다만 무심으로 살아가면

壽與天齊.   저 하늘과 같이 수(壽)를 누리리.

金仙不在天西   부처가 하늘 서쪽에 있지 않으니

那碧眼胡兒不必題.   저 벽안호아[8]는 말할 필요도 없네.

問性宗一著   묻노니 성종(性宗)[9]이란 무엇인가

從空自悟   공으로부터 스스로 깨우치고

命基上事   명기(命基)에서 일삼으며

務實爲基.   실질에 힘씀을 바탕으로 삼는 것이네.

虛實相通   허와 실이 서로 통하고

有無交入   유와 무가 서로 섞이어

混合形神聖立躋.   형과 신을 한데 합하면 곧바로 성에 오르네.

禪天淨   선천(禪天)[10]이 맑아지면

看雲藏山嶽   구름이 산악으로 숨고

月照松溪.   송계를 비추는 달빛도 보인다네.

(色) 성(聲) 향(香) 미(味) 촉(觸) 법(法)을 육진(六塵)이라고 하여 감각기관과 감각
내용을 통칭하여 '근진'이라고 한다.

8   진연(眞鉛)을 이르는 말이다.

9   법성종(法性宗)의 준말. 개별적 현상들로부터 깨달음을 구하는 법상종(法相宗)과
반대로 불변하는 본체로부터 깨달음을 구하는 불교의 종파이다.

10   사선천(四禪天)의 준말. 수련을 통해 감각의 세계인 색계(色界)를 극복해 가는
과정을 나타내는 말이다.

증손암입정(贈損庵入靜) : 손암이 입정에 들 때 줌

九轉工夫	구전 공부는
三元造化	삼원이 조화를 이뤄야 하고
百日立基.	백일이 지나면 기틀이 선다.
便打撲精神	곧 정신을 진작하여
存決定志	뜻을 하나로 정해
掀翻妄幻	망상과 환상을 떨어내고
絶斷狐疑.	여우 같은 의심을 결단코 끊는다.
剔起眉毛	눈썹 털을 깎아내고
放開心地	마음을 열어
物物頭頭一筆揮.	붓 한번 휘둘러 만물을 그린다.
行功處	행공을 하는 곳에서
便橫拖斗柄	북두칠성 자루를 옆으로 끌고
倒幹璿璣.	선기(璿璣)[11]를 거꾸로 돌린다.
爲中會取無爲	중을 이루려면 무위를 취해야 하니
箇不有中間有最奇.	중간에 있음이 아니라
	가장 기이함에 있음이라.
到恍惚之間	황홀한 사이와
窈冥之際	그윽한 즈음에 이르러

---

11 북극성 혹은 천체의 운행을 이르는 말이다.

守之卽妄	지키는 것도 망령된 짓이요
縱又成非.	버려두는 것도 그릇됨이 된다.
不守不忘	지키지도 말고 잊지도 말고
不收不縱	거두지도 말고 버려두지도 말라
勘這存存底誰.	잘 보존하는 것을 살펴야 하니,
	보존하는 것은 누구인가?
只恁麼	그대로 맡길 뿐이다
待六陽數足	육양(六陽)의 수가 충족되길 기다려
抱箇蟾兒.	두꺼비를 껴안는다.

증왕제점(贈王提點) : 왕제점에게 줌

慧海深澄	지혜의 바다는 깊고도 맑으며
德山高聳	덕의 산은 높이 솟아 있으니
主人不凡.	그 주인은 범상치 않도다.
況剉銳解紛	게다가 날카로움을 꺾고 얽힌 것을 풀며
黜聰屛智	총명함을 내치고 지혜를 가리어
掀翻物我	물아를 흔들어서
不露機緘.	기관(機關)을 드러내지 않네.
立志虛無	허무에 뜻을 두고
潛心混沌	혼돈에 잠심하여
象帝之先密意參.	상제보다 앞선 은밀한 뜻을 참구하면

玄玄處、　　　　현묘하고 현묘한 곳에 처하니

老先生元姓　　노선생의 원래 성은

一貫乎三.　　　삼교를 하나로 꿰뚫네.

曾和至士玄談　　일찍이 지인(至人)과 함께

　　　　　　　　현묘한 담론을 나누었기에

故黙黙昏昏契老聃.　묵묵히 어둑히 노자와 합치되었네.

矧靈地虛閑　　하물며 영지는 텅 비고 한가하며

禪天湛寂　　　선천은 맑고도 고요하며

忘知忘識　　　앎도 잊고 식견도 잊어

無北無南.　　　북쪽도 없고 남쪽도 없네.

收拾身心　　　몸과 마음을 수습하고

圓融造化　　　조화를 원만히 성취하여

覆載中間總作龕.　하늘과 땅 사이가 모두 감실이 되네.

神丹就　　　　신단이 이루어지매

看圓陀陀地　　둥글둥글하여

照耀松庵.　　　숭암(松庵)[12]을 비춤을 보네.

12　미상이다.

면중암집중묘용(勉中庵執中妙用) : 중암에게 집중의 묘용을 권면함

中是儒宗	중은 유교의 종지이며
中爲道本	중은 도교의 근본이며
中是禪機.	중은 선교의 기틀이다.
這三敎家風	이 삼교의 가풍에서
中爲捷徑	중은 그 지름길이 되며
五常百行	오상과 백행 가운데
中立根基.	중이 그 근본에 서네.
動止得中	움직이고 멈춤에 중을 얻고
執中不易	중을 잡아 바꾸지 않으며
更向中中認細微.	다시 어디에도 치우치지 않아
	세미함을 알아야 하네.
其中趣	그 중의 뜻을
向詞中剖露	이 글에서 드러내었으니
愼勿狐疑.	삼가 여우처럼 의심하지 말라.
箇中造化還知	이 가운데서 조화를 알아야 하니
却不在當中及四維.	중간과 네 귀퉁이에는 있지 않네.
這日用平常	이 일용 평상은
由中運用	중을 말미암아 운용되니
興居服食	생활하고 입고 먹는 일도
中裏施爲.	중에서 이루어진다.

透得此中	이 중을 분명히 얻어야
便明中體	곧 중의 체를 명확히 아니
中字元來物莫違.	중이란 글자는 원래 만물이 어기지 않네.
全中了	중을 온전히 하고
把中來劈破	중을 잡아 남김없이 깨쳐야
方是男兒.	바야흐로 남아로다.

증원암장대사(贈圓庵蔣大師) : 원암 장대사에게 줌

人心惟危	인심은 위태롭고
道心惟微	도심은 은미하나
中藏化機.	가운데에 변화의 기틀을 감추고 있네.
那些兒妙處	저 오묘한 곳에는
都無做造	아무런 작위가 없고
靈明不昧	신령스럽게 빛나 어둡지 않으니
慧月光輝.	지혜의 달이 광휘를 뿜네.
曰氣曰神	기(氣)와 신(神)은
惟精惟一	오직 정일(精一)하니
玉瑩無暇天地歸.	아름다운 옥에 흠집이 없어 천지가 귀의하네.
通玄處	현묘함을 통달한 곳에서
把坎中一畫	감괘(坎卦) 가운데 한 획을 가져다가
移入南離.	남쪽 이괘(離卦)로 옮겨가네.

赤龍纏定烏龜	붉은 용이 검은 거북을 얽어 매자
六月裏嚴霜果大奇.	유월의 된서리 과연 대단히 기이하네.
那白頭老子	저 머리 허연 늙은이가
來婚素女	와서 소녀와 혼인을 하니
胎仙舞罷	태선[13]의 춤이 끝나자
共入黃幃.	함께 누런 장막으로 들어가네.
布雨行雲	운우(雲雨)를 이루고
陽和陰暢	음양을 화창하여
一載工夫養簡兒.	일년 공부로 아이를 기르네.
常溫養	항상 따뜻이 길러
待玉宸頒詔	옥황상제가 조서를 반포하길 기다려
足躡雲歸.	발로 구름을 밟아 돌아가네.

면제문인(勉諸門人) : 여러 문인들에게 권면함

道在常人	도란 보통 사람들의
日用之間	일용지간에 있는 것임을
人自不知.	사람들 스스로 알지 못하네.
奈叢識紛紛	어찌하여 지식을 어지러이 모으는가?
紅塵袞袞	속세의 먼지 휘날리고

---

13 탈태를 이루고 신선이 된다는 뜻이다.

靈源不定	마음은 안정되지 않아
心月無輝.	마음의 달은 빛을 잃어버리네.
人我山高	나와 남의 구분이 산처럼 높고
是非海闊	옳고 그름의 사이가 바다처럼 넓으니
一切掀翻便造微.	일체 모두 휘몰아 하찮게 보아라.
諸賢眷	제현들이여
聽清庵設喻	청암[14]의 비유를 들을지니
切勿狐疑.	결코 여우처럼 의심치 말라.

先將清淨爲基	먼저 청정을 기반으로 삼고
用靜定爲菴自住持.	고요함을 암자로 삼아 스스로 주지가 되어야 하네.
以中爲門戶	중(中)으로 문을 삼고
正爲牀榻	정(正)으로 걸상을 만들고
誠爲徑路	성(誠)으로 길을 내며
敬作藩落.	경(敬)으로 울타리를 삼네.
卑順和人	자신을 낮추어 사람들과 화합하고
謙恭接物	겸손과 공손으로 사물을 접하여
服食興居弗可違.	옷 입고 밥 먹고 일어나고 잠자매 어기지 말지라.
常行此	언제나 이를 실천하여

---

14 이도순의 호이다.

| 若工夫不間 | 중단하지 않는다면 |
| 直入無爲. | 곧바로 무위에 들어갈 수 있으리. |

2. 만강홍(滿江紅)[1]

증허암(贈虛庵) : 허암에게 줌

日用工夫	날마다 해야 하는 공부는
只一味	단지 한결같이
存虛抱素.	허(虛)를 보존하고 소박함을 끌어안는 것.
會殊途同歸	갈래갈래 길을 모아 함께 돌아가고
一致百慮.	백가지 생각을 일치시켜야 하네.
紫極宮中元氣息	자극궁(紫極宮) 가운데 원기가 숨쉬고
懸胎鼎內三花聚	현태정(懸胎鼎) 안에 삼화(三花)가 모이네.
問安爐立鼎	묻노니 화로를 안정시키고 솥을 세우는 일은
事如何?	어떻게 하여야 하는가?
乾金鑄.	건금(乾金)을 주조하는 것이네.

---

1 사(詞)의 한 종류이다. 상강홍(上江虹), 만강홍만(滿江紅慢) 등으로도 불린다. 당
대에 유행한 사의 한 형식이다.

縛金烏	금까마귀 포박하고
搏玉兎	옥토끼를 잡아
捉將來	붙잡아 가져와서
封土釜.	흙 솥에 넣네.
這火候抽添	이에 화후하고 추첨하니
更須防護.	모름지기 방호를 잘 해야 하네.
玉寶圓成明出入	보배가 원만히 이루어짐은 출입이 분명한데
法身形兆無來去.	법신이 이루어질 조짐은 오고감이 없네.
便潛身	곧 몸을 숨겨
直謁太淸宮	곧바로 태청궁에 배알하니
神常住.	신은 언제나 계시도다.

찬수암은관할(贊誰庵殿管轄) : 수암 은관할을 찬미함

誰是庵兒?	누구의 암자인가?
阿誰在	그 누가 있어
庵中撐拄?	암자를 주관하는가?
看飢來喫飯	배고프면 밥을 먹으니
誰知甘苦?	누가 달고 씀을 아는가?
角徵宮商誰解聽?	각치궁상 소리를 누가 들을 수 있는가?
靑黃皂白誰能睹?	청황조백 색깔을 누가 볼 수 있는가?
向平常日用	평소 일용을 향하여

應酬人	남들과 응수하는 것은
誰區處?	누가 처리하는가?

是誰行?	누가 가는 것인가?
是誰擧?	누가 드는 것인가?
是誰嘿?	누가 침묵하는가?
是誰語?	누가 말하는가?
這些兒透得	여기서 깨치면
便知賓主.	곧 손님과 주인을 알게 되리.
外面形軀誰做造?	외면의 형체를 누가 움직이는가?
裏頭門戶誰來去?	내면의 문으로 누가 오고가는가?
造無爲、	무위로 나아가면
畢竟住誰庵?	필경 어느 암자에 거하여야 하는가?
朱陵府.	주릉부로다.

수각암(授覺庵) : 각암에게 내려주다

道本自然	도는 본래 저절로 그러하니
但有爲、	다만 무언가 함이 있으면
頭頭是錯.	모든 것이 어그러지네.
若一味談空	그러나 한결같이 공만 이야기한다면
如何摸索?	어떻게 찾아 갈 수 있겠는가?

無有雙忘終不了	둘 다 잊지 않으면 끝내 끝나지 않을 것이요
兩邊兼用遭纏縛.	둘 다 쓴다면 꽁꽁 묶이고 말리라.
都不如、	모두 같지 못하리
嘿嘿守其中	묵묵히 그 중을 지켜
神逸樂.	정신이 한가하고 편안하네.

過去事	과거의 일들은
須忘卻	모조리 잊어야 하고
未來事	미래의 일들도
休詳度.	생각지 말라.
這見在工夫	이것이 눈앞의 공부이니
更休泥著.	다시는 빠지지 말라.
六欲不生三毒滅	육욕(六欲)[2]이 생기지 않으면
	삼독(三毒)[3]이 사라지고
一陽來復群陰剝.	일양이 회복되면 여러 음이 없어지니.
悟眞空	참된 공을 깨달아
抱本返元虛	근본을 안고 원허(元虛)로 돌아감이
爲眞覺.	참된 깨달음이네.

---

2 불교에서 말하는 여섯 가지 욕심을 말한다.
3 불교에서 말하는 세 가지 해독인, 탐(貪), 진(嗔), 치(癡)를 말한다.

증정현윤삼교일리[贈丁縣尹三敎一理]

: 정현의 수령에게 삼교가 하나의 이치임을 알려 줌

三敎正傳	삼교의 정통이
這蹊徑	바로 지름길이니
元來驀直.	본래 곧고도 빠르네.
問老子機緘	노자의 핵심이 무엇인가?
至虛靜極.	지극히 비고 지극히 고요한 것이라.
釋氏性從空裏悟	부처의 성(性)은 공(空)에서 깨달은 것이요
仲尼理自誠中入.	공자의 이(理)는 성(誠) 가운데서 들어간 것이라.
算始初立敎、	생각건대 처음 세워졌던 가르침이
派分三	나뉘어 셋이 된 것이니
其源一.	그 근본은 하나이네.

道玄關	도(道)란 현묘한 문이니
常應物	항상 사물에 응하고
易幽微	역(易)은 그윽하고 은미하니
須嘿識.	모름지기 묵묵히 알아야 하네.
那禪宗奧旨	저 선종의 오묘한 가르침은
眞空至寂.	참된 공과 지극한 고요함이네.
刻刻兼持無間斷	시시각각 쉼 없이 이 둘을 잡아야 하고
生生受用無休息.	생생히 받아쓰며 쉬어서는 안 되네.
便歸根復命	그러면 곧 뿌리로 돌아가 본성을 회복하여

體元虛	원허를 몸으로 삼고
藏至密.	지극한 은밀함을 간직하게 되리.

증수저이도판(贈睡著李道判) : 수저 이도판에게 줌

好睡家風	잠을 좋아하는 가풍은
別有箇	별다른 점이 있으니
睡眠三昧.	수면이 곧 삼매라.
但睡裏心誠	잠 속에서 마음은 성실해지고
睡中澄意.	잠 속에서 뜻은 맑아지네.
睡法旣能知止趣	잠자는 법 이미 능히 지극한 뜻이 있으니
便於睡裏調神氣.	잠을 자며 신(神)과 기(氣)를 조섭하네.
這睡功消息	이러한 잠을 자는 수련 공부는
睡安禪	편안히 잠을 자는 선인데
少人會.	아는 이가 적네.

身雖眠	몸은 비록 잠을 자지만
性不昧	정신은 자지 않으며
目雖垂	눈은 비록 감았지만
內不閉.	마음은 닫히지 않네.
向熟睡中間	잠이 깊이 들수록
穩帖帖地.	편안히 가라앉네.

一枕淸風涼徹骨	잠자리에 맑은 바람 뼈를 시원히 하고
夢於物外閑遊戲.	물외에 노니는 꿈 한가로이 노니네.
覺來時	잠에서 깨면
身在廣寒宮	몸은 광한궁(廣寒宮)[4]에 있어
抱蟾睡.	두꺼비를 안고 잠을 자고 있네.

찬원암부거사(贊圓庵傅居士) : 원암 부거사를 찬미함

這簡○兒	이 ○은
自歷劫	억겁이 시작되고 나서
以來無象.	계속해서 모양이 없었네.
況端端正正	하물며 바르고 반듯하며
亭亭當當.	곧도 당당함에랴.
細入微塵無影跡	작게는 작은 티끌에 들어가되 그림자도 없고
大周天界難安放.	크게는 우주를 감싸니 잡을 수 없네.
更通天徹地,	다시 하늘에 통하고 땅을 꿰뚫어
任縱橫	종횡으로 다니매
無遮障.	거칠 것이 없도다.

| 沒根宗 | 뿌리와 근본도 없고 |

---

4 달 속에 있다고 전하는 신선의 궁전.

318

沒形狀.	형체와 모양도 없으며
爍爍明.	반짝반짝 빛나고
團團亮.	둥글둥글 밝도다.
只這箇便是	다만 이것이 곧
本來模樣.	본래의 모습이네.
放出直超無色界	놓으면 곧바로 무색계(無色界)[5]를 초월하고
收來隱在光明藏.	거두면 온전히 광명장(光明藏)[6]에 담기네.
待頂門裂破	정수리가 열리게 되면
現圓通	원통(圓通)[7]이 드러나니
金色相.	금빛의 모양이네.

증지암장재공(贈止庵張宰公) : 지암 장재공에게 줌

惟正惟中	오로지 정(正)과 중(中)만이
只這是修仙秘訣.	신선이 되는 비결이네.
若稍有偏頗	만약 조금이라도 치우치면
動生差別.	그때마다 어긋남과 다름이 생기네.

---

5 불교의 '삼계' 가운데 하나로 나머지는 욕계(欲界) 색계(色界)이다. 육신의 세계
   인 '색계'를 초월하여 물질과 형체가 없고 마음만이 있는 세계이다.
6 불교 용어로 '광명이 담긴 창고'라는 뜻이다. 불성과 불법이 있는 곳을 가리킨다.
7 아무것에도 거리낌이 없는 상태를 나타내는 불교 용어이다.

試向動中持得定	움직임 속에서 선정(禪定)을 시도해 보면
自然静裏機通徹.	자연히 고요한 가운데
	천기(天機)를 완전히 통달할 것이네.
會三元五氣	삼원(三元)과 오기(五氣)를 모아
入黃庭	황정(黃庭)으로 들어가면
金花結.	금화(金花)가 맺힐 것이네.
運火功	불길을 운용하는 데에는
有時節	때가 있으니
海潮生	바다에는 조수가 일어나고
天上月.	하늘에는 달이 뜨네.
那一升一降	한 번 오르고 한 번 내려
復圓復缺.	다시 둥글어지고 다시 이지러지네.
十月工夫無間斷	열달 동안 쉼 없이 공부하면
一靈妙有超生滅.	하나의 신령함이 묘하게 생기면
	생멸을 초월하네.
更問予	다시 그대에게 묻노니
向上事如何?	향상(向上)의 일[8] 어떠한가?
無言說.	말로 할 수 없는 것이네.

---

8 향상일대사(向上一大事)의 준말로 불도 궁극의 종지를 의미하는 선가의 용어.

증밀암술삼교_(贈密庵述三敎) : 밀암에게 삼교의 이치를 써서 줌

敎有三門	가르침에 세 개의 문이 있지만
致極處	궁극처는
元來只一.	원래 다만 '일(一)'이네.
這一字法門	이 '일(一)'이라는 글자의 법문은
深不可測.	깊어 헤아릴 수 없네.
老子穀神恒不死	노자는 '곡신은 영원히 죽지 않네'라 하였고
仲尼心易初無畫.	공자는 '마음의 역(易)은 획이 없다'고 했네.
問瞿曇	부처에게 물으면
敎外涅槃心	'말로 베푼 가르침 밖에서
	별도로 전수한 열반의 심경은
密密密.	참으로 친밀하고 면밀하게[9]
	전수해야 한다'라 하리.
學神仙	신선을 배우려면
須定息	반드시 고요히 멈추어야 하고
學聖人	성인을 배우려면

---

9 원문은 '密密密'이다. 일반적으로 선어록(禪語錄)에서 '밀(密)'은 '비밀(秘密)'·'면밀(綿密)'·'친밀(親密)'을 의미하는데 여기서는 '면밀하다'·친밀하다'의 의미로 해석하였다. 곧 말로 전달할 수 없고 몸소 면밀하고 친밀하게 전수해야 한다는 의미로 해석하였다.

忘智識.	지식을 잊어야 하네.
論做佛機緘	부처가 되는 관건을 논하자면
只憑慧力.	오직 지혜의 힘에 의지해야 하네.
道釋儒流都勘破	유불도를 모두 간파하면
圓明覺照工夫畢.	밝은 깨달음의 지혜를 성취하는 공부가 끝나네.
看頂門迸破	그 정점까지 간파하면
見眞如	진여(眞如)를 볼 것이니
光赫赫.	광채가 혁혁하리라.

증유암종도인(贈唯庵宗道人) : 유암 종도인에게 줌

觀復工夫	본성의 회복을 관조하는 공부는
要黙黙	묵묵해야 하며
存存固守.	굳게 지킴을 보존해야 하네.
靜極中一動	고요함이 지극한 가운데 하나가 움직이면
便通玄牝.	곧 현빈(玄牝)과 통하네.
惚恍中間情合性	황홀한 가운데 마음이 본성과 하나가 되고
虛無穀裏奇投偶.	허무의 골짜기에서 음과 양이 투합(投合)하네.
我今將	나는 이제 장차
向上祖師機	이전 조사(祖師)의 기틀을
爲君剖.	그대에게 열어보이리라.

說話底	말을 하는 것은
非幹口	입을 놀리는 것이 아니고
把物底	물건을 잡는 것은
非幹手.	손을 놀리는 것이 아니네.
那沒脚童兒	어찌 다리 없는 아이가
會翻筋鬥.	물구나무를 설 수 있으랴.
解得箇些奇特處	여기서 기특한 점을 이해한다면
自然勘破無中有.	자연히 무 가운데 유를 간파할 것이라.
問西來	달마가 서천축에서 온
的的意云何	분명한 뜻을 물으니
擘鼻扭.	엄지손가락으로 코를 비튼다.

증밀암(贈密庵) : 밀암에게 줌

一粒金丹	한 알갱이 금단
這出處	이것이 나오면
孰知年劫?	누가 그 세월을 알겠나.
若不識根源	만약 근원을 알지 못하면
怎生調爕?	어떻게 조섭할 수 있겠는가.
況是自家元有底	게다가 이는 본래 스스로 지닌 것인데
何須著相胡施設.	어찌 반드시 상(象)에 집착하며
	어디에 쓸 것인가.

我分明擧似	내가 분명히 유사함을 들어 보이니
學仙人	신선을 배우매
天機泄.	천기가 누설되네.

軟如綿	부드럽기는 비단 같고
硬似鐵	단단하기는 철 같으며
利如金	날카롭기는 금 같고
圓似月.	둥글기는 달 같네.
又不方不圓	또한 모나지도 않고 둥글지도 않으며
無虧無缺.	이지러짐도 없고 결여됨도 없네.
放則逬開天地竅	놓아두면 천지에 퍼져나가고
收來隱在虛無穴.	거두면 허무의 구멍에 들어가네.
問不收不放作麽生?	묻노니 거두지도,
	놓아두지도 않으면 어떻게 만드는가?
應難說!	응당 말하기 어렵네.

증일암(贈一庵) : 일암에게 줌

三五眞機	삼오(三五)의 참된 작용을
應用處	응용하는 곳은
頭頭總是.	모두 옳네.
況日用平常	그러니 일용의 평상은

令巍巍地.	드높아야 하네.
向有無中忘二見	유무(有無)에서 이견(二見)[10]을 잊고
便於罔象通三昧.	망상(罔象)에서 삼매와 통하네.
卻如何成少不成多?	어찌하여 이룬 것이 적기만 하고
	많지 않은가?
因滯泥.	집착하기 때문이네.
水鄉鉛	수(水)의 고향은 연(鉛)이나
只一味.	다만 한결같이
簡便是先天氣.	곧 선천의 기(氣)네.
會蟾烏合璧	두꺼비와 까마귀가 구슬을 합할 수 있으면[11]
身心合意.	몸과 마음이 뜻에 부합하네.
西四歸來投北了	서사(西四)가 돌아와 북일(北一)에 투합하면
東三便去交南二.	동삼(東三)이 곧 가서 남이(南二)와 사귀네.
把五般攢簇入爐中	오(五)를 가져와 화로 가운데 찬족(攢簇)하면
丹完備.	단은 완비되네.

---

10 고대 인도의 사후(死後) 세계에 대한 두 가지 생각인 단견(斷見)과 상견(常見). '단견'은 사람이 죽으면 모든 것이 무(無)로 돌아간다고 보며, '상견'은 사람이 죽어도 영혼은 언제나 남아 있다고 본다.

11 두꺼비와 까마귀는 해와 달 즉 양과 음을 상징하고, 구슬을 합한다는 것은 음양의 기운이 교합함을 뜻한다.

증손거사(贈孫居士) : 손거사에게 줌

這點虛靈	이 허령한 것은
自古來無虧無缺.	고래로 모자람도 없고 결여됨도 없으며
更爍爍圓圓	또한 반짝이고 둥글며
澄澄徹徹.	맑고도 밝네.
照破洪濛前底事	태초 이전의 일들도 분명히 비추며
分開蟾窟中間穴.	달의 구멍들도 분간할 수 있네.
向庵中養箇白蝦蟆	암자에서 흰 두꺼비를 기르매
皎如雪.	희기가 눈과 같네.

那些兒	그것은
無可說	설명할 수 없는데
利如金	날카롭기는 쇠와 같고
團似月.	둥글기는 달과 같네.
運化化生生	변화하고 생성함을 운행하여
了無休歇.	끝내 쉴 수 없네.
山水蒙時天癸降	산수(山水) 몽괘(蒙卦)의 때에 천계(天癸)가 내리고
地雷復處玄霜結.	지뢰(地雷) 복괘(復卦)의 곳에 현상(玄霜)[12]이 맺히네.

---

12 신화에서 말하는 신선의 약.

駕靑鸞直謁廣寒宮　　푸른 난새를 타고 곧바로 광한궁을 알현하매
超生滅.　　　　　　생멸(生滅)을 초월하네.

증묵암(贈嘿庵) : 묵암에게 줌

黙卽說兮　　　　　침묵이란 곧 말하는 것

這說處　　　　　　말하는 곳에

元來有黙.　　　　　원래 침묵도 있네.

只黙說便是　　　　침묵 속에 말하는 것이 곧

金丹秘訣.　　　　　금단의 요결이네

黙識潛通爲大要　　묵묵히 알고서 가만히 통달하는 것이
　　　　　　　　　큰 요점이요

聲聞圓覺皆虛設.　　성문(聲聞)[13]이니 원각(圓覺)이니 하는 것은
　　　　　　　　　모두 허구이네.

向說中　　　　　　말하는 가운데

認得黙之根　　　　침묵의 근원을 깨달으면

無生滅.　　　　　　생멸이 사리지리.

會說底　　　　　　말을 할 수 있다는 것은

非幹舌　　　　　　혀를 놀리는 것이 아니요

13　부처님의 말씀(진리)을 들어서 얻는 깨달음을 말한다.

與黙底	침묵하는 것과
無差別.	다름이 없네.
這黙底寧如	이 침묵이란 것이 어떻게 같을 수 있을까
說底親切.	친절히 말하는 것과
若向不言中得趣	만일 말하지 않는 가운데 깨닫는다면
便於不黙俱通徹.	침묵하지 않아도 모두 철저히 통달하리라.
將黙黙說說盡掀翻	침묵과 말하는 것을 모두 번갈아 쓰면
天機泄.	천기가 누설되리.

증경암갈도인(贈敬庵葛道人) : 경암 갈도인에게 줌

道本無言	도(道)는 본래 말이 없으니
要學者	요컨대 학자는
潛通黙識.	가만히 통달하고 묵묵히 알아야 하네.
若萬慮俱捐	만일 만가지 생각을 모두 버리면
虛靈湛寂.	허령(虛靈)하고 담적(湛寂)해지리.
動處調停水中火	움직이는 곳에서 물 가운데 불을 조정하고
定中究竟波羅密.	고요한 속에서 바라밀[14]를 궁구하네.
問玄關一竅在何宮?	묻노니 현관일규(玄關一竅)가
	어디에 있는가?

---

14 깨달음의 언덕을 말한다.

中間覓.	가운데서 찾을지어다.
不是心	마음도 아니고
不是物	사물도 아니며
不是仙	신선도 아니고
不是佛.	부처도 아니네.
只這些端的	이것의 진면목을
鮮人知得.	아는 사람이 적네.
迷者到頭空苦志	해매는 자는 끝까지 헛된 애를 쓰나
悟來不費些兒力.	깨닫게 되면 힘을 허비하지 않네.
看無中生有産靈胎	무(無)에서 유(有)가 나오고
	영태(靈胎)가 나옴을 보면
陽神出.	양신(陽神)이 나오리라.

수기문인(授記門人) : 문인에게 기록하여 내려줌

吾道玄關	우리 도(道)의 현관(玄關)에는
決不許外邊人入.	결코 바깥사람이 들어옴을 허락하지 않네.
有學者來參	배움이 있는 자는 와서 참여하면
防他做賊.	그가 도적이 되지 않도록 막네.
猛把殺人刀子擧	사람 죽이는 칼을 용맹하게 잡고 일어나고
活人手段輕拈出.	사람을 살리는 수단을 가벼이 집네.

更單提獨弄	그리고 이것만을 들어 놀리면
逞神通	신통이 극진하게 되리니
誰能敵?	누가 능히 대적하겠는가.

若是箇	이와 같은 것이
善知識	선지식(善知識)[15]이니
便承當	곧 받들면
心不惑.	마음이 미혹되지 않으리.
仗奮心剛膽	마음을 분발하고 담을 굳게 하여
逢佛殺佛.	부처를 만나면 부처를 죽이네.
擧步便能欺十聖	발걸음을 옮기면 곧 십성(十聖)[16]을 속일 수 있고
口開便要吞三極.	입을 열면 곧 삼극(三極)[17]을 삼키네.
把乾坤大地盡掀翻	건곤의 대지를 잡고 전부 흔들 수 있으니
眞奇特.	정말로 대단하도다.

---

15 공(空), 무상(無相), 무작(無作), 무생(無生), 무멸(無滅)의 법(法)을 말해서 사람들을 정도(正道)로 이끄는 것.

16 십지보살(十地菩薩)을 이르는 불교용어. 대승보살수행의 마지막 관문으로 십신(十信)·십주(十住)·십행(十行)·십회향(十迴向)의 단계를 거쳐 등각(等覺)·묘각(妙覺)에 이르는 중간단계이다. 일반적으로 환희지(歡喜地)·리구지(離垢地)·발광지(發光地)·염혜지(焰慧地)·난승지(難勝地)·현전지(現前地)·원행지(遠行地)·부동지(不動地)·선혜지(善慧地)·법운지(法雲地)를 가리키며 이 단계부터 성인(聖人)의 반열에 오르기 때문에 십성(十聖)이라고도 한다.

17 삼재(三才) 곧 천지인(天地人)을 가리킨다.

영문인화(令門人和) : 문인들에게 화목할 것을 명함

採藥歸來	약물을 채취해 와서
這鼎器	이 솥에서
乾金鑄瀉.	건금(乾金)을 주조하네.
那些兒道理	이러한 도리는
全憑主者.	전적으로 주관하는 자에게 달려 있네.
先把根塵都掃盡	먼저 근진(根塵)을 모두 쓸어버리고
從前熟處休沾惹.	예전에 익숙했던 것에 집착하지 말아야 하네.
問行工進火	묻노니 수행과 화후는
事如何?	어떻게 해야하는가?
憑般若.	반야지(般若智)[18]에 의지하네.

五雷車	다섯 대의 뇌거(雷車)를
靑龍揹	청룡이 끌고
燒山符	산을 태울 부적을
心匠寫.	마음으로 써내네.
更滌慮洗心	다시 생각과 마음을 씻어내면
靈泉澆灑.	신령한 샘이 솟아나네.
九轉功成丹道畢	구전(九轉)의 공부가 완성되어 단도(丹道)가 끝나면

---

18 팔정도를 수행할 때 얻게 되는 진실한 지혜를 말한다.

一靈眞性還虛也.　　하나의 신령스러운 진성(眞性)이
　　　　　　　　　　허(虛)로 돌아가네.
那赤條條地法王身　　저 발가벗은 법왕(法王)의 몸은
無可把.　　　　　　　잡을 수가 없네.

3. 만정방(滿庭芳)[1]

증초제거(贈焦提擧) : 초제거에게 줌

寂寞山居	적막한 산중에 살든
喧轟市隱	요란스러운 시장에 숨든
頭頭總是玄關.	모두 다 현관(玄關)이네.
賢明高士	현명한 고사(高士)는
須向定中參.	모름지기 안정 속에서 참학(參學)해야 하네.
我把活人手段	내가 사람을 살리는 수단과
殺人刀	사람을 죽이는 칼로
慢慢教看.	천천히 가르쳐 보이리라.
君還悟	그대가 깨달아서
只今薦取	지금 도달해 얻는다면
超脫不爲難.	초탈도 어렵지 않으리.

---

1 사(詞)의 한 형식이다. 북송시대에 유행했다.

一言明說破	한 마디 말로 분명히 설파하리니
起初下手	처음 공부를 시작할 때
先鍊三三.	먼저 삼삼(三三)을 수련하라.
自玄宮起火	현궁(玄宮)에서 불을 일으켜
運入崐山.	곤륜산으로 몰아 들어가네.
把定則雲橫穀口	잡아 안정시키면
	구름이 다니는 계곡의 입구이니
放行也	지나가면
月落寒潭.	달빛이 찬 연못에 떨어지네.
工周竟	공부가 한 바퀴 돌아
大蟾成象	큰 두꺼비가 모습을 드러내면
名姓列仙班.	이름이 신선의 반열에 오르네.

수기정암(授記定庵) : 정암에게 기록하여 내려줌

學佛學仙	부처를 배우든 신선을 배우든
參禪窮理	참선하고 이치를 궁구하든
不離玄牝中間.	현빈의 가운데를 떠나지 않네.
可憐迷謬	가련타, 그릇됨에 미혹되어
往往相瞞.	종종 속네.
一味尋枝摘葉	오로지 말단 지엽만을 찾아
徒坐破幾箇蒲團.	쓸데없이 몇 개 방석만 뚫고 마네.

堪傷處	마음 아픈 것을
外邊尋覓	밖으로만 찾는다면
笑殺老瞿曇.	늙은 부처를 웃게 만드리.

些兒眞造化	이러한 참된 조화를
誠能親見	참으로 능히 직접 본다면
膽冷心寒.	간은 서늘해지고 심장은 차가워지네.
定庵高士	정암 고사(高士)는
好向定中參.	입정하여 참선을 잘하네.
看破娘生面目	본래면목을 간파하고
把從前學解掀翻.	이전의 배움을 던져 버렸네.
眞空透	참된 공(空)을 환희 깨달아서
髑髏迸破	골수까지 깨치면
眞主自離庵.	참된 주인은 암자를 떠나리.

4. 수조가두(水調歌頭)[1]

증화암왕찰판(贈和庵王察判) : 화암 왕찰판에게 줌

土釜要端正	토부(土釜)는 단정해야 하고
定裏問黃公.	고요함 속에서 황공(黃公)에게 묻네.
流戊就己	무(戊)를 지나 기(己)로 나아가
須待山下出泉蒙.	산 밑에서 샘이 솟는
	몽괘(蒙卦)를 기다려야 하네.
採藥隄防不及	약을 채취할 때는 너무 이르지 않아야 하고
行火休教太過	불길을 조절할 때는 너무 지나지 않아야 하니
貴在得其中.	그 중(中)을 얻는 것이 귀하네.
執中常不易	중을 잡는 것은 언제나 쉽지 않아
天理感而通.	하늘의 이치를 감통해야 하네.

---

1 사(詞)의 이름으로, 원회곡(元會曲), 개가(凱歌) 등으로도 불린다. 수·당 시기에
  탄생한 사(詞)의 한 종류이다.

那些兒	이와 같은
玄妙處	현묘한 곳은
實難窮.	실로 궁구하기 어렵네.
自從會得	터득하고 나면
庵中無日不春風.	암자에는 봄바람이 불지 않는 날이 없으리.
便把西方少女	서방의 소녀(素女)를
嫁與南陵赤子	남릉의 적자(赤子)에게 시집 보내
相見永和同.	서로 만나면 영원히 화동하네.
十月聖胎備	열 달이 흘러 성태(聖胎)가 갖추어지면
脫蛻爍虛空.	허물을 벗으며 공중에 빛이 나네.

증추섬주선생(贈秋蟾周先生) : 추섬 주선생에게 줌

鉛汞了無質	연홍(鉛汞)은 질(質)이 조금도 없고
爐鼎假安名.	노정(爐鼎)도 편리한 이름을 빌린 것이네.
始因動靜	처음에는 동정(動靜)을 기인하는데
迷人不覺墮聲聞.	미혹된 사람은 부지불식간에
	성문(聲聞)의 감각에 떨어지네.
這箇先天妙理	이 선천(先天)의 묘리(妙理)는
日用著衣吃飯	일상의 옷 입고 밥 먹는 것처럼
相對甚分明.	상대됨이 매우 분명하네.
接物應機處	사물을 접하고 기미(機微)에 응하는 곳에서

不動感而靈.	움직이지 않고도 감응하니 영험하도다.

不是心	마음도 아니고
不是佛	부처도 아니며
匪爲金.	금(金)도 아니네.
明加眼力	밝게 잘 살펴
莫敎錯認定盤星.	조금도 잘못 알면 안 되네.
片片迷雲渙散	조각조각 미혹의 구름이 흩어져
湛湛禪天獨露	맑고 맑은 선천(禪天)이 홀로 드러나면
箇是本來眞.	이것이 본래의 참됨이네.
風定浪頭息	바람이 멎고 파도가 잔잔해지매
月滿水光淸.	달은 둥글어 물빛은 맑네.

증보섬자(贈寶蟾子) : 보섬자에게 줌

學佛學仙要	부처를 배우고 신선을 배우는 요점은
玄妙在中誠.	그 현묘함이 마음의 진실함에 있네.
眞鉛眞汞	진연(眞鉛)과 진홍(眞汞)은
無非只是性和情.	단지 성(性)과 정(情) 아님이 없네.
但得情來歸性	다만 정을 성으로 귀의시키면
便見鉛來投汞	연(鉛)이 홍(汞)으로 옴을 보게 되어
二物自交倂.	두 물건이 저절로 합쳐지네.

日用了無間	일용의 사이에 끊어짐이 없으면
大藥自然成.	대약(大藥)은 절로 이루어지네.

識抽添	추첨(抽添)을 알고
明進退	진퇴(進退)에 밝아
要持盈.	가득 참을 유지해야 하네.
坤爐乾鼎	건곤(乾坤)의 정로(鼎爐)에
陰符陽火慢調停.	음부(陰符)와 양화(陽火)를 천천히 조정하네.
一竅玄關透了	일규(一竅)의 현관(玄關)을 투득하면
八片頂門裂破	여덟 조각으로 정문(頂門)이 파열되어
迸出寶蟾明.	보배 두꺼비의 밝음이 쏟아져 나오네.
功行兩圓備	공(功)과 행(行) 양 편이 원만히 갖추어지면
談笑謁三淸.	담소하며 삼청(三淸)을 알현하네.

증유거사(贈劉居士) : 유거사에게 줌

在俗心不俗	속세에 있어도 마음이 속되지 않고
塵裏不沾塵.	먼지 속에 있어도 먼지에 물들지 않네.
處身中正.	처신이 중정(中正)하니
何妨鬧市與山林.	저잣거리에 있든 산림에 있든 무슨 상관이랴.
踐履不偏不易	행실이 치우치거나 변덕스럽지 않아
日用無爭無執	일용생활에 다툼도 없고 집착도 없으니

只此是全眞.　　　　　바로 이것이 전진(全眞)이네.

方寸莫教昧　　　　　마음을 어둡지 않게 하면

便是上乘人.　　　　　곧 상승(上乘)의 사람이네.

採元精　　　　　　　원정(元精)을 채취하고

錬元氣　　　　　　　원기(元氣)를 단련하여

復元神.　　　　　　　원신(元神)을 회복하네.

三元合一　　　　　　삼원(三元)이 합일하니

自然鼎內大丹凝.　　자연히 솥 안에 대단(大丹)이 응결되네.

更把玄風鼓動　　　　다시 현풍(玄風)으로 북을 울리면

天外迷雲消散　　　　하늘 밖 떠도는 구름이 흩어지고

慧月朗然明.　　　　　지혜의 달이 휘영청 밝네.

叩我第一義　　　　　내게 가장 중요한 것이 무어냐 묻는다면

江上數峯靑.　　　　　강가 몇 개 푸른 봉우리를 가리키네.

증장몽암(贈張蒙庵) : 장몽암에게 줌

雷在地中復　　　　　우뢰가 땅속에 있는 것이 복괘(復卦)요,

山下出泉蒙.　　　　　산 아래 샘이 솟는 것이 몽괘(蒙卦)네.

明斯二理　　　　　　이 두 이치에 밝으면

自然造化合玄同.　　자연히 조화가 현동(玄同)과 합하네.

密密致虛守靜　　　　가만가만 허(虛)를 다하여 정(靜)을 지키매

便見無中妙有　　무(無) 가운데 묘하게 있는 것을 보면

九竅一齊通.　　구규(九竅)가 일제히 통하네.

直下承當去　　곧바로 이를 받들어 나가면

箇是主人公.　　그가 바로 주인공이네.

莫著無　　　　무(無)에도 집착하지 말고

莫著有　　　　유(有)에도 집착하지 말며

莫著空.　　　　공(空)에도 집착하지 말라.

疑團打徹　　　의심의 덩어리를 쳐 없애면

只今突出妙高峰.　바로 신묘한 높은 봉우리가 돌출하네.

撥置紛紛外境　어지러운 바깥 경계는 내버리고

收拾靈靈底箇　신령한 것들을 수습하면

生化了無窮.　　변화가 끝없이 나오네.

畢竟作麼道　　필경에는 어떤 길을 갈 것인가?

日向嶺東紅.　　태양이 고개 동쪽에 붉네.

증보암(贈寶菴) : 보암에게 줌

道乃法之體　　도(道)는 법(法)의 체(體)이고

法乃道之餘.　　법은 도의 나머지네.

雙全道法　　　도와 법을 양편 모두 온전히 하면

橫拈倒用總由渠.　종횡으로 쓰는 것이 모두 그것을 말미암네.

只這元神元氣　　　이러한 원신(元神)과 원기(元氣)는

便是天兵將吏　　　곧 천병(天兵)의 장수와 군졸이니

除此外都無.　　　이를 제외하면 아무것도 없네.

說與洞蟾子　　　통섬자(洞蟾子)[2]에게 말하노니

定裏做工夫.　　　입정 가운데 공부를 하라.

守爲胎　　　지키는 것이 태(胎)이고

用爲竅　　　쓰는 것이 규(竅)이며

假爲符.　　　부(符)를 잘 빌리라.

旣明此理　　　이 이치에 밝게 되면

何須苦泥墨和朱.　어찌 반드시 괴롭게

　　　　　　　　묵(墨)과 주(朱)에 고착되리오.

若使精凝氣固　　만일 정(精)을 응결시키고 기(氣)를 굳게 하면

便可驅雷役電　　곧 우뢰를 타고 번개를 몰아

妖怪悉皆誅.　　요괴를 모두 벌주리.

行滿功成日　　행(行)이 차고 공(功)이 이루어지는 날

談笑謁仙都.　　담소하며 선도(仙都)를 알연하네.

---

2 본명은 고제(高第)이고, 또 다른 호로는 와옥산인(瓦屋山人)이 있다. 명나라 가정 (嘉靖) 연간에 진사(進士)를 지냈다.

시중무분피차(示衆無分彼此) : 대중에게 피차의 구별이 없음을 보이다

道釋儒三教	유불도 삼교는
名殊理不殊.	이름은 달라도 이치는 다르지 않네.
參禪窮理	참선하고 궁리하는 것은
只要抱本還元初.	단지 근본을 가지고 원초로 돌아가는 것이네.
解得一中造化	일(一) 가운데의 조화를 깨달으면
便使三元輻輳	곧 삼원(三元)이 하나로 모이도록 할 수 있어
宿疾普消除.	묵은 병이 모두 사라지리.
屋舍旣堅固	집이 견고하여야
始可立丹爐.	비로소 단의 화로를 세울 수 있네.
鍊還丹	환단(還丹)을 단련하고
全太極	태극을 온전히 하고
採玄珠.	현주를 채집하네.
的端消息	분명한 단초는
採將坎有補離無.	감괘 중효를 취하여
	리괘의 가운데를 보완하는 것.
若也不貪不愛	만일 탐하지 않고 아끼지도 않고서
直下離聲離色	곧바로 소리와 색에서 벗어나면
神氣總歸虛.	신기(神氣)가 모두 허(虛)로 돌아가네.
了達一切相	일체의 상(相)을 깨치면

赤子出神廬. 　　　적자(赤子)가 신려(神廬)[3]에서 나오네.

증백난곡(贈白蘭穀) : 백난곡에게 줌

三元秘秋水　　　삼원(三元)은 신비한 가을 물과 같아서

微密實難量.　　　그 은밀함은 실로 헤아리기 어렵네.

未分淸濁　　　　청탁이 아직 나뉘지 않아

天地人物一包藏.　하늘, 땅, 사람이 한데 감춰있네.

一乃太玄眞水　　일(一)은 태현의 진수(眞水)이고

二氣由玆運化　　이기(二氣)는 이를 말미암아 운화하고

三極理全彰.　　　삼극(三極)은 이치가 온전히 드러나네.

上下降升妙　　　위아래로 오르내리는 오묘함은

根本在中黃.　　　그 근본이 가운데 황(黃)에 있네.

兎懷胎　　　　　토끼는 태(胎)를 품고

牛喘月　　　　　소는 달을 보고 헐떡이며

蚌舍光.　　　　　조개는 빛을 머금네.

人明此理　　　　사람이 이 이치를 안다면

倒提斗柄庤銀潢.　북두성 자루를 거꾸로 들어

　　　　　　　　은하수를 퍼 담으리.

3　도교에서 코[鼻]를 지칭하는 말이다.

絶斷曹溪一派	조계(曹溪) 일파를 절단하여
掀倒蓬萊三島	봉래의 세 섬에 휘날리니
無處不仙鄕.	그 어디가 선향(仙鄕)이 아니겠는가.
誰爲白蘭穀	누가 백란곡이 되어
安寢感義皇.	편히 잠자며 복희씨를 감동케 할까.

언도(言道) : 도를 말하다

三元秘秋水	삼원(三元)은 신비한 가을 물 같아서
未悟謾猜量.	깨닫지 못하는 사이에 함부로 헤아리네.
誠能參透	진실로 능히 들어가 투득한다면
洗心滌慮密歸藏.	마음과 생각을 씻어내고
	은밀히 돌아가 감출 수 있네.
意與身心不動	의(意)와 신심(身心)이 동요하지 않고
精與氣神交合	정(精)과 신기(神氣)가 서로 합하면
天理自然彰.	천리(天理)가 저절로 드러나네.
三善備於我	삼선(三善)이 내게 갖추어져 있으니
翻笑鍊玄黃.	껄껄 웃으며 현황(玄黃)을 단련하네.

性圓融	성(性)은 원융하고
心豁達	심(心)은 활달하며
德輝光.	덕(德)은 휘황하네.

牛郎織女	견우와 직녀가
一時會合到天潢.	일시에 만나 은하수에 이르네.
堪破乘槎伎倆	뗏목 타는 기술을 익히고
密契浴沂消息	욕기(浴沂)의 경지에 은밀히 계합하여
遊泳有無鄉.	유무향(有無鄉)에 노니네.
日用別無事	일상에는 별다른 일이 없으니
讀易對三皇.	『주역(周易)』을 읽으며 삼황(三皇)을 마주하네.

언성(言性) : 성을 말하다

三元秘秋水	삼원은 신비한 가을 물 같아서
都不屬思量.	모두 생각할 수 있는 것이 아니네.
收來毫末	털끝에 거두어들일 수도 있지만
放開大地不能藏.	펼쳐 놓으면 대지도 갈무리할 수 없네.
過去未來見在	과거, 미래, 현재
只是星兒消息	단지 조그만 변화일지라도
體物顯然彰.	만물을 길러 분명히 드러내네.
本自無形象	본래 스스로 형상이 없어
隨處見靑黃.	처지에 따라 청황(靑黃)의 빛을 드러내네.

性源淸	성(性)의 근원은 맑고
心地靜	심(心)의 바탕은 고요하여

發天光.	천광(天光)을 발하네.
木人半夜	목인(木人)이 한밤중에
倒騎鐵馬過銀潢.	철마를 거꾸로 타고 은하수를 건너네.
正是露寒煙冷	참으로 이슬과 연기는 차갑고
那更風淸月白	다시 바람은 맑고 달은 밝은데
乘興水雲鄉.	흥에 겨워 수운향(水雲鄉)⁴을 가네.
識破夢中夢	꿈속의 꿈을 깨치고
稽首禮虛皇.	허황(虛皇)⁵에게 머리 숙여 인사하네.

---

4 풍경이 맑고 그윽한 곳이라는 뜻이다. 은자가 숨어지내는 곳을 의미한다.
5 도교의 최고 경지를 말한다.

5. 백자령(百字令)[1]

증진섭자섭대사(贈眞蟾子葉大師) : 진선자 섭대사에게 줌

玄關欲透做工夫　　현관(玄關)을 뚫고자 공부할 때는

妙在一陽來復.　　　일양(一陽)이 회복되는 데에 묘가 있네.

天癸纔生忙下手　　천계(天癸)가 생기자마자 즉시 착수하여

採處切須虔篤.　　　채집하는 곳에서는 반드시 정성을 다해야 하네.

絶慮忘機　　　　　생각을 끊고 이로움을 바라는 마음을 잊으며

淸心釋累　　　　　마음을 맑히고 욕심을 없애

認取虛無穀.　　　　허무곡(虛無穀)을 알아야 하네.

鉛銀砂汞　　　　　연은(鉛銀) 사홍(砂汞)은

一時辰內攢簇.　　　한 시간 내에 찬족(攢簇)되네.

霎時天地相交　　　삽시간 천지가 사귀니

甲庚無間　　　　　동[甲]과 서[庚]가 간격 없어서

1　사(詞)의 한 형식이다. 100여 자 내외로 쓴 사이다.

348

龍虎齊降伏.	용호가 모두 항복하네.
取坎塡離乾體就	감괘를 취하여 리괘를 채워서
	건체(乾體)가 이루어지니
陽火陰符行足.	양화(陽火) 음부(陰符)가 행하여지기 충분하네.
至寶凝堅	지보(至寶)가 굳게 응결하여
眞蟾形兆	진섬(眞蟾)이 조짐을 이루니
宜把靈泉沃.	영천(靈泉)을 비옥하게 하여야 한다네.
德圓功備	덕이 원만하고 공이 갖춰지면
大師名注仙錄.	대사가 선록에 이름을 기록한다네.

지중암성명차서(指中庵性命次序) : 중암에게 성명의 순서를 알려주다

玄關一竅理幽深	현관일규(玄關一竅)의 이치는 그윽하고 깊으니
至妙了無言說.	지극히 묘하여 말로 드러낼 수 없네.
陰極陽生初動處	음이 다하고 양이 생겨 처음 움직이는 곳이
便是采鉛時節.	바로 납을 캘 때이네.
地下雷轟	땅 밑에 우레가 울고[2]
山頭水降	산머리에 물이 흘러[3]
滿地紅塵雪.	대지 가득한 홍진이 씻기네.

---

2 지뢰(地雷) 복괘(復卦)를 말한다.
3 산수(山水) 몽괘(蒙卦)를 말한다.

| 行功之際 | 수련할 때는 |
| 馬猿休縱顚劣. | 말이나 원숭이도 제멋대로 엎드리지 말게 하라. |

霎時虎嘯龍吟	삽시간에 범과 용이 울어
夫歡婦合	부부가 기뻐 화합하면
鼎內丹頭結.	솥 안에 단두(丹頭)가 맺히네.
身外有身猶未了	몸 밖에 몸이 있으면 아직 마치지 아니함이니
圓頓始能通徹.	크게 깨달아야 비로소 통철할 수 있네.
鬱鬱黃花	울창한 황화(黃花)
靑靑翠竹	푸르고 푸른 취죽(翠竹)
此理應難泄.	이 이치는 응당 누설하기 어렵네.
爲君擧似	그대를 위해 비유를 들자면
水中撈取明月.	물속에서 밝은 달을 움켜쥐는 것이네.

증진제간(贈陳制幹) : 진제간에게 줌

修眞慕道樂淸虛	진을 닦고 도(道)를 사모하여 청허를 즐기니
任意陶陶兀兀.	마음 가는 대로 맡겨 화락하고 편안하네.
富貴榮華都不戀	부귀영화에는 모두 뜻이 없고
甘分淸貧徹骨.	청빈을 즐김이 체질이 되었네.
名利俱捐	명리(名利)를 다 버리고
是非不辨	시비(是非)를 분별하지 않고

且把身埋沒.	몸을 묻어버리네.
眞閑眞靜	참된 한가함, 참된 고요함
誰知如是消息.	누가 이러한 경지를 알겠나.

爲言向上機緘	위로 오르는 관건을 말하자면
玄珠罔象	현주(玄珠)는 상(象)이 없고
火候無時刻.	화후(火候)는 정해진 시각이 없다는 것.
一竅玄關通得透	현관일규를 꿰뚫어 알면
頓悟非心非佛.	마음도 아니고 부처도 아님을 문득 깨닫네.
情念雙忘	정념(情念)을 모두 잊고
有無交入	유무(有無)가 서로 들어가
胎備元神出.	태(胎)가 갖추어지면 원신(元神)이 나오네.
眼睛開放	눈동자를 열면
光明周遍無極.	광명이 끝없이 주위를 비추네.

증호수재(贈胡秀才) : 호수재에게 줌

亙初一點瑩如如	애초의 한 점이 여여하게 밝아
無相無形無質.	상(相)도 없고 형(形)도 없고 질(質)도 없네.
不蕩不搖常正定	움직이지 않고 흔들리지도 않아
	항상 바르고 안정되니
直是斷蹤絕跡.	이것이 바로 자취가 끊어진 상태라네.

變化無方	변화는 일정한 방향이 없고
顯微無間	드러나고 숨음에 간단(間斷)이 없으니
妙理應難測.	그 묘한 이치를 제대로 알 수 없네.
爲伊言破	그대를 위하여 설파하노니
屛除緣慮塵識.	사려와 속세의 앎을 버리라.

放敎方寸虛澄	방촌(方寸)은 텅 비고 맑게 하고
裏頭寧貼	내면은 편안하게 하면
方見眞端的.	비로소 진리를 보게 되네.
三五混融心月皎	삼원과 오행이 마음의 달빛과 화합되면
照破本元來歷.	본원의 내력을 환히 비춘다네.
爍爍圓明	둥글고 밝게 빛남이
如如不動	여여하게 움직이지 않으나
運化無休息.	운화는 멈추지 않는다네.
靜中拈出	고요한 가운데 드러나게 되니
蟾光爍破無極.	달빛이 무극을 환히 비추네.

지노섬 장대부하수(指老蟾張大夫下手)

: 노섬 장대부에게 착수처를 알려줌

金丹大要不難知	금단(金丹)의 대요(大要)는 알기 어렵지 않으니
妙在陽時下手.	그 묘처는 양(陽)의 시기에 착수함에 있네.

日用平常須謹獨　평상시에는 모름지기 마음을 삼가

莫縱虎龍奔走.　용호(龍虎)가 제멋대로

　달아나지 못하게 해야 하네.

心要安閑　마음은 편안히 쉬어야 하고

身須正定　몸은 바르게 안정되어야 하니

意在常存守.　항상 지켜서 보존에 뜻을 두네.

始終不怠　시종일관 태만하지 않으면

自然通透玄牝.　자연히 현빈(玄牝)을 통하게 되네.

其間些子肴訛　그 사이에 약간 잘못된 것을

爲公直指　그대를 위하여 바로 알려주니

地下聽雷吼.　지하에서도 우레 소리를 듣네.

立鼎安爐非小可　정로(鼎爐)를 안치하는 일은 작은 일이 아니라

運用斡旋憑鬥.　북두칠성을 따라 운용하네.

性本圓明　성(性)은 본래 원만하고 밝으며

命基牢固　명(命)의 바탕은 굳고 단단하니

破無中有.　무 가운데 유를 깨뜨리네.

老蟾成象　노섬(老蟾)이 형상을 갖추니

直同天地齊壽.　바로 천지와 수명을 함께 하네.

증통암(贈通庵) : 통암에게 줌

太初一點本靈明　태초의 한 점은 본래 신령스럽게 밝아

元自至純無雜.　원래부터 지극히 순수하여 섞임이 없다네.

執著些兒千裏遠　작은 집착 때문에 천리나 멀어지며

悟得只消時霎.　깨달음은 순간에 이루어지네.

方寸中虛　마음을 텅 비워

纖塵不立　터럭만한 티끌도 일으키지 않는다면

何用調庚甲.　어찌 팔자(八字)를 따질 필요 있겠는가?

承當得去　마땅히 받들어 얻어 가면

目前方信無法.　눈앞에서 법이란 없음을 믿게 되네.

箇中顯訣難傳　이러한 분명한 비결은 전하기 어려워

無名可喚　부를 이름도 없으니

貴在心通達.　마음으로 통달함을 귀히 여기네.

信手拈來君薦取　손 가는대로 집어 그대에게 올려도

無縫豈容針劄.　꿰맬 데가 없으니 어찌 바늘이 필요하리오.

人我山頭　나와 남의 구별이 산머리를 이루고

是非海裏　옳고 그름을 다투는 바다속에서

更要知生殺.　다시 살리고 죽임을 알아야 하네.

養其無象　그 상(象) 없음을 길러

忘形靈地開發.　형(形)을 잊으면 영험한 경지가 열리네.

시중파혹(示眾破惑) : 대중에게 보여 의혹을 깨뜨리다

成仙捷徑在玄關	신선이 되는 지름길은 현관(玄關)에 있으니
一竅四通八達.	한 구멍이 사방팔방으로 통하네.
說與學人先立志	배우는 사람들에게 말하노니, 먼저 뜻을 세우라
悟後只消時霎.	깨달은 뒤에는 단지 순간이 필요할 뿐이네.
可笑迷徒	가소롭다, 미혹한 무리들
不求師指	스승의 가르침을 구하지 않고
執著傍門法.	방문(傍門)의 법에 매달리네.
搬精搬氣	정(精)과 기(氣)를 옮겨보지만
到頭都是兜搭.	끝내는 모두 번거롭기만 하네.

爭知大道堂堂	당당한 대도(大道)를 어떻게 알 수 있나?
坦平驀直	탄탄한 길 곧바로 매진하여
也要師開發.	또한 스승이 열어주어야 하네.
會得善行無轍跡	자취를 남기지 않는 선행을 행할 수 있으면
玄牝自然開闔.	현빈(玄牝)이 자연히 열고 닫히네.
一念無生	한 생각도 일어나지 않아
穀神不死	곡신이 죽지 않으면
九轉工周匝.	구전의 수련을 두루 마치게 되네.
脫胎歸去	탈태로 돌아가면
大羅天上行踏.	대라천(大羅天)[4]을 밟게 되네.

---

4 삼청경(三淸境)의 위에 있는 장소로, 원시천존(元始天尊)이 거하는 곳이다.

6. 서강월(西江月)[1]

증반도인(贈潘道人) : 반도인에게 줌

眞土眞鉛眞汞	진토(眞土)와 진연(眞鉛)과 진홍(眞汞)
元神元氣元精.	원신(元神)과 원기(元氣)와 원정(元精).
三元合一藥方成	삼원이 하나로 합하여 비로소 약이 되니
箇是全眞上品.	이것이 전진(全眞)의 상품(上品)이네.

動靜虛靈不昧	동정(動靜)이 허령(虛靈)하고 어둡지 않아
成全實相圓明.	온전한 실상을 둥글고 밝게 이룬다네.
形神俱妙樂無生	형신(形神)이 모두 오묘하여 무생(無生)을 즐거워하면
直謁虛皇絕境.	곧바로 허황(虛皇)의 절경에 인사하네.

---

1 사(詞)의 한 종류이다. 당나라와 오대시기에 유행한 사의 형식이다.

증선우(贈善友) : 좋은 벗에게 줌

至道本無言說	지극한 도는 본래 말이 필요치 않고
全憑立志剛堅.	오로지 굳세게 뜻을 세움에 의지하네.
心常不昧究根源	마음이 항상 어둡지 않아 근원을 구하면
一月千潭普現.	하나의 달이 천개의 연못에 두루 나타나네.

會取擊風捕影	바람을 타고 올라 그림자를 잡을 줄 알면
便知火裏栽蓮.	불구덩이에 연꽃을 심을 줄도 아네.
任他海水變桑田	그렇게 바다가 뽕나무 밭으로 변하더라도
只這本來無變.	본래 변화는 없는 것이네.

증주수정(贈周守正) : 주수정에게 줌

識破無人無我	남도 없고 나도 없다는 것을 깨친다면
何須求佛求仙.	어찌 반드시 부처를 구하고
	신선을 구하겠는가.
隨時隨處總安禪	어느 때나 어느 곳에서나
	모두 편안히 선(禪)에 드니
一切幻塵不染.	일체의 환상과 티끌에 오염되지 않는구나.
選甚山居野處	어느 산이나 들에 거처를 구하든

何妨鬧市門前.　　번잡한 저자거리 문전이라도 무엇이 문제인가.

執中守正固三田　　중(中)을 잡아 바름을 지켜

　　　　　　　　삼전(三田)을 굳게 하면

久久神珠出現.　　오래오래 신묘한 구슬이 나오네.

7. 연단사(鍊丹砂)

영현빈시중(詠玄牝示眾) : 현빈을 노래하여 대중에게 보이다

玄牝少人通	현빈을 깨친 사람은 아주 적으니
說與諸公.	그대들에게 얘기하리라.
休言南北與西東	남북과 동서를 말하지 말라
不在四維並上下	사방과 상하는 있는 것이 아니요
不在當中.	가운데에 있지도 않네

闔闢妙無窮	열리고 닫히는 것이 끝없이 묘하니
天地根宗.	천지가 본래의 뿌리라네.
生生化化運神功	태어나고 변화하며 신공(神功)을 운행하며
動靜機緘應不息	동정(動靜)의 기틀이 응당 쉬지 않아
廣納包容.	널리 받아들여 포용하네.

至道本無傳　　　지극한 도는 본래 전할 수 없어

只要心堅.　　　　다만 마음을 견고히 해야만 하네.

始終立志莫教偏　언제나 뜻을 세우되 치우치지 말아야 하고

九載三年常一定　구년 삼년 항상 일정하나니

便是神仙.　　　　그것이 바로 신선이네.

眞息自綿綿　　　바른 호흡이 저절로 고요하게 이어져

靈地平平.　　　　신령스럽게 평온하네.

饑來吃飯困來眠　배고프면 밥을 먹고 피곤하면 잠을 자며

夏月單衣冬蓋被　여름에는 홑옷 입고 겨울에는 이불을 둘러쓰니

玄外無玄.　　　　현(玄) 밖에 따로 현(玄)이 없네.

8. 은어(隱語)

교외명언(敎外名言) : 가르침 이외의 말

佛書云 若人欲了知 三世一切佛 應觀法界性 一切由心造 是謂有造
則有化 造化皆由心 人皆謂 造化萬物者 造化之工也 予獨不然 造
化本無工 萬物自造化也 何以故 一切萬物 均有是心 旣有是心 便
有造化 豈非自造化耶 且如世間一切有形 形本無 無而生有 是謂造
有生 便有滅 有滅則復歸於無 是謂化 造造化化 物之常也 一眞之
性本有 有而無象 故無造無化 道之常也 人只知無造無化爲不造化
殊不知有大造化存焉 非明了者 其孰能知之

불경에 말하길 "만약 사람이 삼세(三世) 일체불(一切佛)을 모두 알
고자 하면, 법계성(法界性)은 모두 마음으로 말미암음을 응당 관(觀)
해야 한다."라고 하였는데, 이는 만드는 것이 있으면 변화가 있다
는 말이다. 변화는 모두 마음으로 말미암는다. 사람들은 모두 '만물
을 조화하는 것은 조화옹의 공능이다'라고 하는데 나는 그렇게 보
지 않는다. 조화옹은 본래 공능이 없으니 만물은 저절로 조화하는
것이다.

어째서 그러한가? 일체만물은 모두 이 마음이 있다. 이미 이 마음이 있다면 조화가 생기니 어찌 스스로 조화하는 것이 아니겠는가? 또한 세상의 형체가 있는 모든 것들은 본래 형체가 없는 것이다. 없는 데서 형체가 생겨났으니 이것을 '조(造)'라고 하며, 생겨남이 있으면 곧 멸함이 있고 멸함이 있으면 곧 다시 무(無)로 돌아가니 이것을 '화(化)'라고 한다. 만들어지고 변화하는 것은 만물이 언제나 그러하다. 하나의 진실된 성은 본래 있는데, 있으면서도 상(象)은 없다. 그러므로 조(造)도 없고 화(化)도 없는 것이 도(道)의 일정함이다. 사람들은 조(造)도 없고 화(化)도 없는 것이 조화가 되지 아니함만 알고, 큰 조화가 존재하고 있다는 것은 알지 못한다. 밝게 깨닫지 못한 자가 어찌 알 수 있겠는가.

明了之士 智慧圓通 則能萬事見空 一心歸寂 超然獨存 故無造化也 若不明了 外著於身心世事 內住於受想行識 所以隨世變遷 隨形生滅也 目所見者謂之色 領納在心謂之受 旣受之在心謂之想 想而不已 至於作爲 謂之行 隨行善惡各有報 謂之業識 業識紛紛 輪回之根本也 故不能出造化 苟有不被幻緣纏縛 不被法塵染汙 不被迷情障礙 不被愛欲苦惱 則能照見五蘊皆空 五蘊旣空 造化何有 此卽是涅槃妙心也 予謂造化由心 復何疑哉

밝게 깨달은 선비는 지혜가 원만하게 통했으니 만사에서 공(空)을 볼 수 있다. 한마음으로 고요한 곳으로 돌아가 초연히 홀로 존재하므로 조화가 없는 것이다. 만약에 명료하게 깨닫지 못하면 밖으로는 심신과 세상일에 집착하고, 안으로는 수·상·행·식(受想行識)

에 머물게 된다. 그래서 세상을 따라 변천하고, 형체를 따라 생멸한다. 눈으로 본 것을 색(色)이라 하고, 마음에 받아들이는 것을 수(受)라 하고, 이미 마음에 받아들인 것을 상(想)이라 한다. 상(想)이 그치지 않아 작위(作爲)에 이르는 것을 행(行)이라 하고, 선악을 따라 행하여 각기 갚음이 있는 것을 업식(業識)이라 한다. 업식이 분분한 것이 윤회의 근본이므로 능히 조화를 벗어날 수가 없다. 진실로 인연에 미혹되어 얽히지 않을 수 있으며, 법진(法塵)[1]에 오염되지 않을 수 있으며, 정(情)에 빠져 장애가 되지 않을 수 있으며, 애욕에 고뇌하지 않을 수 있다면, 오온(五蘊)이 모두 공(空)임을 비추어 볼 수 있을 것이다. 오온이 모두 공한데 어떻게 조화가 있겠는가? 이것이 바로 열반의 신묘한 마음이다. 내가 말한 '조화는 마음에서 말미암는다'라는 것을 다시 어찌 의심하리오?

道書云 有無相生 是謂無生有 造也 有生無 化也 又云 致虛極 守靜
篤 萬物並作 吾以觀其復 是謂觀復知化也 知化則不化 不化則安得
有造 非洞觀無礙者 孰能及此 洞達之士 淸靜光明 故能堪破身心世
事 因虛幻中有 有則爲物 物極則返 返則復歸於虛幻也

도교경전에서 말하기를 '유무(有無)가 서로 낳는다'[2]라고 하였는

---

1 불교의 육진(六塵) 중의 하나. 육진에는 색진(色塵)·성진(聲塵)·향진(香塵)·미진(味塵)·촉진(觸塵)·법진(法塵)이 있다. 육진은 깨끗한 마음을 더럽혀서 번뇌를 일으킨다.

2 『노자(老子)』 2장에 나온다.

데, 이것은 무(無)가 유를 낳는 것이 조(造)이고, 유(有)가 무(無)를 낳는 것이 화(化)임을 말한다. 또 말하기를 "허(虛)를 극한 데에 이르게 하고, 정(精)을 돈독하게 지키면 만물이 함께 만들어진다. 나는 여기에서 복괘(復卦)를 본다."³라고 하였는데 이는 복(復)을 보아 화(化)를 안다는 말이다. 화(化)를 알면 변화하지 않는다. 변화하지 않으면 어찌 조(造)가 있을 것인가. 막힘없이 훤히 보는 자가 아니면 누가 여기에 이를 수 있겠는가? 통달한 선비는 청정하고 광명하므로 신심(身心)과 세사(世事)가 환허(幻虛)를 인하여 생김을 능히 간파할 수 있다. 신심 세사가 생기면 물(物)이 되고 물이 지극한 데에 이르면 돌아오는데, 돌아오면 다시 환허에 돌아간다.

作是觀者 則知無象之象 乃是實象 養其無象 象故常存 守其無體 體故全眞 至於純純全全 合乎大方 溟溟涬涬 合乎無倫 超出虛無之外 是謂無造化也 執著之者 身心不定 念慮交攻 所以喪其無象 散其無體 故流浪生死 常沉苦海也 苟有收拾身心 屏除念慮 內境勿令出 外境勿令入 內外淸靜 名爲照了 至於內忘其心 外忘其形 一眞洞然如太虛 廓然無礙 造化又何有焉

이것을 본 자는 무상(無象)의 상(象)이 실상(實象)임을 안다. 그 무상(無象)을 기르니 상(象)이 그 때문에 항상 존재하며, 그 무체(無體)를 지키니 체(體)가 그 때문에 전적으로 참되다. 순수하고 온전한 것에 이르러 우주와 합하고, 혼돈에 이르러 짝할 수 없는 것과 합한

---

3 『노자(老子)』 16장에 나온다.

다. 허무의 밖으로 초월하는 것을 두고 조화가 없다고 말한다. 집착한다는 것은 신심(身心)이 불안정하여 근심과 걱정이 서로 공격하는 것이니 그 때문에 그 무상(無象)이 상하고 그 무체(無體)가 흩어진다. 그러므로 생과 사를 떠다니며 항상 고해(苦海)에 빠진다. 진실로 신심(身心)을 수습하여 근심과 걱정을 없애 안으로는 나가지 못하고 하고, 밖으로는 들어오지 못하게 하여 안과 밖이 청정함을 이름하여 '깨우쳤다'고 한다. 안으로는 그 마음을 잊고, 밖으로는 그 형체를 잊는 데에 이르면 하나의 참됨이 태허와 같이 텅 비고 거침이 없게 되니, 조화가 또한 어찌 있겠는가?

儒書云 不忮不求 無咎無譽 是謂不忮不求則不受造也 無咎無譽則
不受化也 易繫云 遠取諸物 近取諸身 予謂遠取諸物 則知萬緣虛假
近取諸身 則知五蘊皆空 外屏萬緣 內消五蘊 故能順天地施運 懽
樂於天 知物之始終 知幽明之故 知死生之說 窮理盡性 以至於命也
樂天故不憂 盡性故不疑 非致知者 孰能及此

유가의 경전에서 말하기를 "남을 헤치지 않고 남의 것을 탐하지 않는다."[4]라고 하였고 "탓하지 않고 칭찬도 없다"[5]라고 하였는데 이것은 남을 헤치지 않고 남의 것을 탐하지 않으면 조(造)를 받지 않음을 말한다. 『주역』「계사」에서 말하기를 "멀게는 물건에서 취하고, 가깝게는 내 몸에서 취한다."라고 하였는데, 내가 생각하기에 멀게는

---

4 『논어(論語)』「자한(子罕)」에 나오는 내용이다.
5 『주역』「곤괘 문언전」에 나오는 내용이다.

물건에서 취한다는 것은 온갖 인연이 헛것임을 아는 것이요, 가깝게는 몸에서 취한다는 것은 오온(五蘊)이 모두 공(空)임을 아는 것이다. 밖으로 온갖 인연을 버리고, 안으로 오온을 사라지게 하기 때문에 천지의 운행에 능히 순종할 수 있다. 하늘을 즐기므로 사물의 처음과 끝을 알고, 유명(幽明) 까닭을 알고, 생사(生死)에 대한 설(說)을 알아 이치를 궁구하고 성품을 다하여 명(命)에 이른다. 하늘을 즐기므로 걱정하지 않고, 성품을 다하므로 의심하지 않는다. 앎을 지극히 한 자가 아니라면 누가 능히 이 경지에 이르겠는가.

致知者 誠明靜定 故知生滅不停者 幻形也 差別不平者 妄心也 遷變不定者 時世也 敗壞不久者 事務也 觀鍊純熟 是名聖功 一以貫之 故無造化 若不致知 則不能格物 不能格物 則隨物變遷 性命安在 苟有變動不居 周流六虛 故天地合乎我 萬物備於我

지극히 아는 자는 진실 되고 밝으며 고요하고 안정되기 때문에 생멸이 멈추지 않음이 즉 환형(幻形)이고, 차별되어 공평하지 않음이 즉 망심(妄心)이며, 천변(遷變)하여 안정되지 않음이 즉 시세(時世)이고, 파괴되어 오래가지 못함이 사무(事務)임을 안다. 수련이 순수하고 익숙하게 됨을 보면 이를 성인의 공부라 할 수 있으며, 일이 관지(一以貫之)하므로 조화(造化)가 없다. 만약 지극하게 알지 못한다면 능히 격물(格物) 하지 못하고, 능히 격물하지 못한다면 물(物)을 따라 변화한다. 성(性)과 명(命)이 어디에 있는가? 진실로 변동하여 거처하지 않고 두루 육허(六虛)를 떠돈다. 그러므로 천지가 나와 합하고 만물이 나에게 갖추어지는 것이다.

至於復見天心 萬有歸一無 則造化息矣 譬如乾坤不變動 日月不運
行 六子何有 六子不交重 陰陽不升降 萬物何有 乾坤之體 純一不
雜 倒正不變 故無造化 造無造之造 大造也 化無化之化 大化也 作
是見者 故知世間萬物皆是假合 陰陽運用無非幻妄 非天下之至變
其孰能於此

다시 천심(天心)을 보아 모든 것이 무(無)로 귀일함에 이르면 조화
가 그친다. 비유하자면 건곤이 변동하지 않으면 일월(日月)도 운행
하지 않는 것과 같으니 육자(六子)가 어떻게 있을 수 있겠는가? 육
자가 중(重)을 나누지 않으면 음양이 승강하지 않으리니 만물이 어
떻게 있을 수 있겠는가? 건곤의 체는 순일하여서 섞이지 않고 도정
(倒正)이 불변하므로 조화가 없다. 무조(無造)의 조(造)를 조(造)하는
것이 대조(大造)이고, 무화(無化)의 화(化)를 화(化)하는 것이 대화(大
化)이다. 이러한 이치를 본 자는 세상의 만물이 모두 가합(假合)[6]된
것이며 음양의 운용이 환망(幻妄) 아님이 없음을 안다. 천하의 지극
한 변화를 아는 자가 아니라면 그 누가 이것을 능히 하겠는가?

觀之三敎惟心也 造化由心也 出造化 亦由心也 學佛之要 在乎見性
若欲見性 必先以決定之志 奪習俗之氣 以嚴持之力 保洞然之明 然
後照破種種空妄 心不著物 念不隨情 念是煩惱根 心是法塵種 念起
則一切煩惱起 念息則一切煩惱息 心生則種種法生 心滅則種種法

---

6 불교의 용어로 일체의 사물이 여러 인연으로 인해 어울려 이루어져 있지만 잠
시 모여 있더라도 나중에는 반드시 헤어진다는 의미이다.

滅 念起卽止 皆由自心 至於生滅滅已 寂滅爲樂 是見性也

삼교를 살펴 보건대 오직 심(心)이 중요하니 조화도 심을 말미암고 조화를 벗어나는 것도 또한 심을 말미암는다. 불교를 배우는 요점은 견성(見性)에 달려있다. 만약 견성하고자 한다면 반드시 먼저 결정(決定)[7]의 의지로 습속의 기운을 없애고 엄격히 간직하는 힘으로 통연한 밝음을 지켜야 한다. 그러한 연후에 여러 공망(空忘)을 비춰 깨뜨린다. 마음은 대상에 집착하지 않고 생각은 감정을 따르지 않으니, 생각은 번뇌의 뿌리이고 마음은 법진(法塵)의 씨앗이다. 생각이 일어나면 온갖 번뇌가 일어나고 생각이 없어지면 온갖 번뇌도 사라지며, 마음이 일어나면 여러 법들이 생겨나고 마음이 없어지면 온갖 법들도 사라진다. 생각이 일어나고 그치는 것이 모두 자신의 마음으로부터 말미암는 것이다. '생멸(生滅)이 사라지고 적멸(寂滅)을 즐거움으로 삼는다'[8]는 경지에 이르러야 견성이다.

今之學者 不能見性者 爲事理二障所礙也 非大觀則不能解理障 非大止則不能除事障 大觀謂智斷也 大止謂力制也 智斷純熟則理理皆空 力制純熟則事事皆空 了三空之大空 知一眞之至眞 此大觀之至也 卽時身心世事念慮情識 一齊都止 此大止之至也 非上上智 其孰能與於此

오늘날의 학자들이 견성하지 못하는 것은 '사(事)'와 '리(理)'의 두

---

7 부처의 가르침을 굳게 마음에 믿고 흔들리는 일이 없음을 의미한다.
8 『열반경(涅盤經)』의 "諸行無常 是生滅法. 生滅滅已 寂滅爲樂"에서 나온 말이다.

장애가 가로막아서이다. 대관(大觀)이 아니면 '리'의 장애를 풀 수가 없고, 대지(大止)가 아니면 '사'의 장애를 제거할 수 없다. '대관'은 지식을 끊는 것을 말하고, '대지'는 힘을 제어하는 것을 말한다. 지식을 끊는 것이 익숙해지면 리(理)마다 모두 공(空)이 되고, 힘을 제어함이 익숙해지면 사(事)마다 모두 공(空)이 된다. 삼공(三空)의 대공(大空)을 마치고 일진(一眞)이 지진(至眞)임을 아는 것이 바로 '대관'의 지극함이며, 어느 때나 신심(身心) 세사(世事) 염려(念慮) 정식(情識)이 일제히 모두 그치는 것이 바로 '대지'의 지극함이다. 상상(上上)의 지혜가 아니면 그 누가 능히 여기에 참여하겠는가?

學道在乎存性 若欲存性 必先以慧劍斬群魔 火符消六欲 次以定力
忘情絶慮 釋累淸心 至於心淸累釋 慮絶情忘 是謂存性 眞性旣存則
無造化 今之學者 爲情識之所奪也 欲去情識 先除生滅心 心無生滅
身無生滅 定矣 去生滅心 必自無念之積習純熟 足可致無夢 無念之
靜定純熟 足可致無生 無夢乃見在之大事也 無念乃末後之大事也
無生則不造 無夢則不化 不造不化卽不生滅也 非高上之士 其孰能
與於此

도가를 배우는 요점은 '존성(存性)'에 달려있다. 만약 존성하고자 한다면 반드시 먼저 지혜의 검으로 여러 마귀를 베어내고 화부(火符)로 육욕(六欲)을 사라지게 한다. 그 다음 정력(定力)[9]으로 감정을 잊고 사려를 끊으며 탐욕을 제거하여 마음을 맑게 해야 한다. '마음

---

9 불교의 용어로 번뇌와 망상을 굴복시키는 선정(禪定)의 힘이다.

이 맑고 탐욕이 사라지며 사려가 끊어지고 감정이 다했다'는 경지에 이르러야 이것을 '존성'이라고 할 수 있다. 진성(眞性)이 이미 존재하게 되면 조화가 없다. 그런데 오늘날의 배우는 사람들은 감각과 지식에 의해서 이끌린다. 감각과 지식을 제거하려면 먼저 생멸심을 제거해야 하니 마음에 생멸이 없다면 몸에도 생멸이 없어지는 것은 정해진 일이다. 생멸심을 제거하려면 반드시 스스로 무념(無念)의 익숙히 익혀야 하니 그러면 족히 무몽(無夢)의 경지에 이를 수 있으며, 무념의 고요한 선정을 숙련해야 하니 그러면 족히 무생(無生)을 이룰 수 있다. 무몽(無夢)은 현재의 대사(大事)이고, 무념(無念)은 이후의 대사이다. 생(生)이 없으면 만드는 것이 없고, 꿈이 없으면 변화하지 않는다. 만들지 않고 변화하지 않는 것이 생멸하지 않는 것이다. 고상(高上)의 선비가 아니면 그 누가 능히 여기에 참여할 수 있겠는가?

儒學之要 在乎盡性 若欲盡性 在明明德 在止於至善 知止而後有定 有定則能忘物我 艮卦辭云 艮其背 不獲其身 行其庭 不見其人 無咎 艮其背 忘其心也 不獲其身 忘我也 行其庭 不見其人 忘物也 三者旣忘 何咎之有 此知止之至也 知止故能忘物我而全天理 是謂盡性也 今人不能盡性者 爲身心之累也 旣有累 便有窒礙 必以剛斷果決剛斷 故能忘物 果決故能忘我 物我兩忘 盡性至命 定矣 非神德聖功 其孰能與於此

유학의 요점은 진성(盡性)에 달려있다. 만약 성품을 다하려면, 명덕(明德)을 밝힘에 달려 있고 지선(止善)에 머무름에 달려있다.[10] 그 칠 데를 안 뒤에 일정함이 있고 일정함이 있으면 물아(物我)를 능히 잊을 수 있다. 간괘(艮卦) 괘사(卦辭)에서 말하기를 "그 등에 그치면 몸을 보지 못하며 뜰에 가면서도 사람을 보지 못하여 허물이 없으리라."라고 하였다. '그 등에 그친다'는 것은 그 마음을 잊는 것이다. '그 몸을 보지 못한다'는 것은 '나'를 잊는 것이다. '그 뜰에 가면서도 사람을 보지 못한다'는 것은 대상을 잊는 것이다. 세 가지를 이미 잊으니 무슨 허물이 있겠는가? 이것이 지지(知止)의 지극함이다. 지지(知止)하기 때문에 물아(物我)를 잊을 수 있어서 천리(天理)를 온전히 할 수 있으니 이것을 '진성(盡性)'이라고 한다. 그런데 오늘날 사람들이 진성을 하지 못하는 것은 몸과 마음의 누(累) 때문이다. 이미 누(累)가 있게 되면 곧 장애가 생기니 반드시 과단성 있게 끊어야 한다. 힘써 끊기 때문에 대상을 잊을 수 있고 과단성이 있기 때문에 나를 잊을 수 있다. 대상과 나 둘을 잊게 되면 성품을 다하고 명(命)을 지극히 하는 것은 정해진 일이다. 신묘한 덕이 있는 성인의 공력이 아니라면 그 누가 이와 같은 경지에 참여하겠는가?

予見世人 多以此身爲有我 其不思之甚也 且如此身 因造而有 未造之前 有象乎 有名乎 有我乎 旣化之後 有象乎 有名乎 有我乎 前後兩旣俱無 安得中間偏執有我耶 殊不知身心世事本來虛妄 三世推求 了不可得 過去杳然何在 只今念念變遷 未來決定如是 歷劫以來

---

10 『대학』 1장에 나온다.

大夢幻中 堅執妄緣 結成輪回種子 是以出生入死無有了期 若復有
人於此夢幻境中証明了知 而善消遣 豈非至人乎

내가 보니, 세상 사람들은 대부분 이 육신을 '아(我)'로 여길 것이
니 그 생각하지 않음이 심하다. 만일 이 몸이 만들어짐으로 인해서
존재하는 것이라면, 아직 만들어지기 전에 상(象)이 있는가? 명(名)
이 있는가? 아(我)가 있는가? 이미 변화된 후에 상(象)이 있는가?
명(名)이 있는가? 아(我)가 있는가? 만들기 전이나 만들어진 후나
두 가지가 이미 모두 없는데 어찌 중간에서 집착해서 내가 있다고
하는가? 몸과 마음 세상 일이 본래 허망함을 알지 못해서이다. 삼
세의 시간동안 추구하여도 마쳐서 얻을 수가 없으니 아득한 과거는
어디에 있겠는가? 지금 생각마다 변천한다면 미래도 분명 이와 같
을 것이다. 억겁이래로 대몽환 가운데서 망령된 인연을 견고히 잡
아 윤회 종자를 결성하니 이런 까닭으로 태어나고 죽는 일을 마칠
기한이 없다. 만약 다시 어떤 사람이 이 꿈의 경계 속에서 깨달아
잘 인연에서 벗어나면 어찌 지인이 아니겠는가?

予一日擧此公案 令門人參 二三子稍合符節 故作此書以贈之 以心
傳心 若能直下承當 潛通黙會 卽時知止 不謀其前 不慮其後 不戀
只今 三者混成 得大自在 徘徉乎大寂滅之海 逍遙乎無何有之鄕 遊
泳乎自得之場 至此方知造化 於此何預焉 雖然 更有向上事在 且道
喚甚麼做向上事 咦 掀翻無字脚 粉碎太虛空 方爲了事漢 秘之秘之

내가 어느 날 이 공안으로 문인들로 하여금 참구해 보도록 하니
몇 사람이 나의 뜻과 부절처럼 합하였으므로 이 글을 지어서 준다.

마음으로 마음에 전하나니 만약 곧바로 자신의 일로 알아 묵묵히 이해하면 즉시 앎이 멈출 것이다. 그 앞을 도모하지도 않고, 그 뒤를 염려하지도 않고, 지금에 연연하지도 않아 이 세 가지가 하나로 이루어져 큰 자유를 얻으리니, 대적멸(大寂滅)의 바다에 거닐고 무하유(無何有)의 고장에 소요하며 자득(自得)의 마당에서 노닐 것이다. 이에 이르러야 비로소 조화를 알 수 있으니 여기에서 어찌 미리 기약할 수 있겠는가. 비록 그렇지만 다시 한 걸음 더 향상할 수 있는 일이 있으니 그 일은 무엇인가? 아! '무(無)' 글자의 다리를 허공에 내던져 부수어야 바야흐로 알았다 할 것이다. 감추고 감추어라.

절학무우편(絶學無憂篇)[11]

병서(并敍) : 짧은 머리말

所爲絶學者 非不學也 若以不學爲絶學 則固無所知 只同常流也 此所謂絶學者 博學而至於絶學

也 蓋由世人多學爲奇特 轉學轉不會也 聖人云 其出彌遠 其知彌少 又云 多則惑 少則得 正謂此也 前儒云 有爲終日息 無爲便不息 卽此意也 故作是篇以証之 使學徒不爲聲聞緣覺學解見知所累也

이른바 '배움을 끊는다[絶學]'는 것은 '배우지 않음[不學]'이 아니다. 만약 '불학(不學)'을 '절학'으로 여기면 아는 바가 없는 평범한 무

---

11 절학무우편(絶學無憂篇)는 『노자(老子)』 20장에 나온다.

리와 같아진다. 여기서 말하는 '절학'은 널리 배워 절학에 이르는 것이다. 대개 세상 사람들은 많이 배우는 것을 훌륭하다 하지만 배우면 배울수록 깨닫지 못한다. 성인이 이르기를 "그 나오는 것이 고원하면 고원할수록 그 아는 것이 적다"[12]라고 하였다. 또 말하기를 "많아지면 미혹되고 적어지면 얻어진다"라고 하였으니 바로 이를 두고 한 말이다. 선배 유자들은 말하기를 "유위(有爲)는 종일토록 쉬지만 무위(無爲)는 쉬지 않는다"라고 하였으니 바로 이 뜻이다. 그러므로 이 글을 지어 깨우쳐 학도(學徒)들로 하여금 성문(聲聞)[13] · 연각(緣覺)[14] · 학해(學解)[15] · 견지(見知)[16]에 누를 입지 않도록 하노라.

日用總玄玄	일용(日用)의 삶이 모두 현현(玄玄)하거늘
時人識未全.	지금 사람들이 아는 것은 온전하지 못하네.
當推心上好	응당 마음이 좋아하는 것을 미루어
放下口頭禪.	구두선(口頭禪)을 내놓네.
法法非空法	법(法)은 법이지만 공(空)의 법이 아니고
傳傳是妄傳.	가르침은 가르침이지만 망령된 가르침이네.
不曾修福始	처음에 복(福)을 닦지 않았으니

---

12 『노자(老子)』 47장에 나온다.
13 부처님의 말씀으로 도를 깨달았다는 것을 의미한다.
14 수행자가 스스로 깨달았다고 하는 것을 의미한다.
15 학문적 지식으로 이해하는 것을 의미한다.
16 견문을 통해서 안 지식을 의미한다.

焉能有禍先. 어찌 먼저 화(禍)를 피할 수 있으리오.

不益便無損 더하지 않고 덜어냄도 없는데

不變豈能遷. 변화하지 않으니 어찌 옮길 수 있겠는가?

不垢亦不淨 더럽지도 않고 또 깨끗하지도 않으며

無缺亦無圓. 빠진 데도 없고 또한 둥글지도 않네.

莫著嗔和喜 성내고 기뻐함에 드러내지 말라

何愁逡與邅. 어찌 망설이고 머뭇거림을 근심하겠는가?

不作善因果 좋은 인과(因果)를 짓지 않았다고 해서

那得惡因緣. 어찌 나쁜 인연을 얻겠는가?

不聞興廢事 흥하고 망하는 일을 듣지 않으니

名利不相牽. 명리(名利)가 서로 끌어당기지 않네.

精粗無愛惡 정밀하고 거침에 대해 좋아하고 싫어함이 없고

妍醜不憎憐. 예쁘고 추함에 대해 미워하고 불쌍히 여김이 없네.

不償歡喜債 환희의 부채(負債)를 갚지 않으니

都無恩怨纏. 은혜와 원수의 얽힘이 전혀 없네.

打開人我網 남과 나의 그물을 열어

跳出是非圈. 시비의 테두리를 초월하네.

清虛不好古 청허(清虛)하되 옛 것을 좋아하지 않고

恬澹倦希賢. 염담(恬澹)하되 어질게 되기를 바라지 않네.

休思今世後 이번 생 이후를 생각하지 말고

放下未生前. 태어나지 전의 일도 내려놓아라.

從他佛是佛 그 부처를 따르면 부처가 되고

任伊仙是仙. 이 신선을 따르면 신선이 된다네.

旣無塵俗累 이미 인간 세상의 연루됨이 없는데

何憂業火煎 어찌 업화를 정련하는 것을 근심하는가?

有無俱不立 유와 무가 모두 성립하지 않고

虛實任相連. 허와 실이 마음대로 서로 잇네.

都緣無取捨 모든 인연을 취하지도 버리지도 않아

自然無過愆. 자연히 허물도 사라지네.

來去渾忘卻 오고 감을 모두 잊었거늘

死生何預焉. 죽고 사는 일을 어찌 기약하리오.

居止無餘欠 행동거지에 다른 부족함이 없고

隨處任方圓. 처지에 따라 모나게도 하고 둥글게도 하네.

飢來一碗飯 굶주리면 한 주발의 밥이요

渴則半甌泉. 목마르면 반 사발의 샘물이라네.

興來自逍遣 흥겨우면 스스로 노닐다가

困來且打眠. 피곤하면 또한 잠을 잔다네.

達者明此義 달통한 자는 이 뜻에 밝으니

休尋天外天. 하늘 밖의 하늘을 찾지 말라.

見前赤灑灑 뒤로 가린 것이 없으니

末後亮娟娟. 앞으로 밝게 빛나네.

부
록

세로쓰기 한 원서는 그 체제에 맞추
어, 이 책 400쪽부터 왼쪽으로 넘기
며 읽도록 실었다.

逸慈，來去渾忘却，死生何預焉。居
止無餘欠，隨處任方圓。飢來一椀飯，
渴則半甌泉。興來自消遣，困來且打
眠。達者明此義，休尋天外天。見前
赤灑灑，末後亮娟娟。

中和集卷之六

❶ 密：原本作「令」，於義難解。據朱孝臧《疆村叢書》所用元刊本改。

（朱哲點校）

（王卞復校）

與於此。學道在乎存性。若欲存性，
必先以慧劍斬群魔，火符消六慾。次
以定力忘情絕慮，釋累清心，至於心清
累釋、慮絕情忘，是謂累清性
存，則無造化。今之學者，爲情識之所
奪也。欲去情識，先除生滅心。心無
生滅，身無生滅，定矣。去生滅心，必
自無念之積習純熟，足可致無夢；無
念之靜定純熟，足可致無生。無夢乃
見在之大事也，無夢則不化，不造之大事也。
即不生不滅也。非高上之士，其孰能
與於此。

儒學之要，在乎盡性。若欲盡性，
在明明德，在止於至善。知止而後有
定，有定則能忘物我。艮卦辭云：艮
其背，不獲其身，行其庭，不見其人，無
咎。良其背，忘其心也。不獲其身，忘
我也。行其庭不見其人，忘物也。三
者既忘，何咎之有？此知止之至也。
知止故能忘物我而全天理，是謂盡性
也。今人不能盡性者，爲身心之累也。
既有累便有窒礙，必以剛斷果決。剛

斷故能忘物，果決故能忘我，物我兩
忘，盡性至命定矣。非神德聖功，其孰
能與於此。予見世人多以此身爲有
我，其不思之甚也。且如此身因造而
有，未造之前有象乎？有名乎？有我
乎？既化之後有象乎？有名乎？有我
乎？前後兩既俱無，安得中間偏執有
我耶？殊不知身心世事本來虛幻，三
世推求了不可得。過去杳然何在，只
今念念變遷，未來決定如是。歷劫以
來大夢幻中，堅執妄緣，結成輪迴種
子，是以出生入死，無有了期。若復有
人於此夢幻境中，證明了知而善消遣，
豈非至人乎。予一日舉此公案，令門
人參。二三子稍合符節，故作此書以
贈之，以心傳心。若能直下承當，潛通
默會，即時知止，不謀其前，不慮其後，
闃興廢事，名利不相率。精粗無憂惡。
不戀只今，三者混成，得大自在。徜徉
乎大寂滅之海，逍遙乎無何有之鄉，游
泳乎自得之場。至此方知，造化於此
何預焉。雖然，更有向上事在。且道
向上事，如何？咦，掀翻無字腳，粉
碎太虛空，方爲了事漢。祕之祕之。

絕學無憂篇並敘

所爲絕學者，非不學也。若以不學
爲絕學，則罔無所知，只同常流也。若以不學
爲奇特，轉學轉不會。
蓋由世人多學爲奇特，轉學轉不會。
也。
又云：多則惑，少則得。正謂此也。
前儒云：有爲終日息，無爲便不息。
即此意也。聖人云：
徒不爲聲聞緣覺，學解見知所累也。

日用總玄玄，時人識未全。法法非空法，當推
心上好，放下口頭禪。傳是妄傳。不曾修福始，焉能有禍先。
不益便無損，不變豈能遷。不垢亦不
淨，無缺亦無圓。不作嗔和喜，何愁迕
與遭。不作善因果，那得惡因緣。不
償歡喜債，都無恩怨。
妍醜不憎憐。不償歡喜債，都無恩怨。
打開人我網，跳出是非圈。清虛
不好古，恬澹倦希賢。休思今世後，放
下未生前。從他佛是佛，任伊仙是仙。
既無塵俗累，何憂業火煎。有無俱不
立，虛實任相連。都緣無取捨，自然無

受之在心，謂之想。想而不已，至於作為，謂之行。隨行善惡各有報，謂之業識。業識紛紛，輪迴之根本也，故不能出造化。苟有不被幻緣纏縛，不被法塵染污，不被迷情障礙，不被愛欲苦惱，則能照見五蘊皆空。五蘊既空，造化何有？此即是涅槃妙心也。予謂造化由心，復何疑哉。

道書云：有無相生。又云：致虛極，守靜篤，萬物並作，吾以觀其復。是謂觀復知化也。知化則不化，不化則安得有造？非洞觀無礙者，孰能及此。洞達之士，清靜光明，作是觀者，則知無象之象，乃是實象；養其無象，象故常存；守其無體，體故全真。至於純純全全，合乎大方，溟溟涬涬，合乎無倫。超出虛無之外，是謂無造化也。執着之者，身心不定，念慮交攻，所以喪其無象，散其無體，故流浪生死，常沉苦海也。苟有收拾身心，屏除念慮，內境不變動，日月不運行，六子何有？六子

儒書云：不怵不求，無咎無譽。是謂不怵不求，則不受造化也。無咎無譽，則不受化也。《易·繫》云：遠取諸物，近取諸身。予謂遠取諸物，則知萬緣虛假，近取諸身，則知五蘊皆空。是謂遠取諸身，窮理盡性，以至於命也。《易·繫》云：知死生之說。予謂遠取諸物，則知生，知物之始終，知幽明之故，故樂於天。樂天故不憂，盡性故不疑。非致知者，孰能及此。致知者誠明靜定，故知生滅不停者，幻形不久也；遷變不定者，時世也；差別不平者，妄心也。因虛幻中有有則為物，物極則返，滅，幻性故不久。

不交重，陰陽不升降，萬物何有？乾坤倒正不變，故無造化之造，純一不雜，三教惟心也。至於內忘其心，外忘其形，一真洞然，如太虛廓然，無礙造化，又何有化也。作是見者，故知世間萬物皆是化也。化無化之化，大造化之造，無造化之造，三教惟心也。造化由心也，出造化亦由心也。學佛之要，在乎見性。必先以決定之志，奪習俗之氣，以嚴持洞觀之明，然後照破種種空妄，心不著物，念不隨情。念是煩惱根，心是法塵種種。念起則一切煩惱起，念息則一切煩惱息。心生則種種法生，心滅則種種法滅。念起即止，皆由自心。至於生滅滅已，寂滅為樂，是見性也。今之學者不能見性者，為事理二障所礙也。非大止則不能除事障，非大觀則不能解理障。大觀謂智斷，大止謂力制也。智斷純熟，則理理空之大空，知一真之至真，此大觀之至也。了三……即時身心世事、念慮情識，一齊都止，此大止之至也。非上上智，其孰能

命基牢固，勘破無中有。老蟾成象，直同天地齊壽。

又　贈通菴

太初一點，本靈明、元自至純無雜。執着些兒千里遠，悟得只消時霎。方寸中虛，纖塵不立，何用調庚甲。承當得去，目前方信無法。

又　示衆破惑

難傳，無名可喚，貴在心通達。信手拈來君薦取，無縫豈容針割。人我山頭，是非海裏，更要知生殺。養其無象，忘形靈地開發。

成仙捷徑，在玄關、一竅四通八達。說與學人先立志，悟後只消時霎。可笑迷徒，不求師指，執着傍門法。精般氣，到頭都是兜搭。　爭知大道堂堂，坦平驀直，也要師開發。會得善行無轍跡，玄牝自然開闔。一念無生，谷神不死，九轉工周匝。脫胎歸去，大羅天上行踏。

西江月　贈潘道人

真土真鉛真汞，元神元氣元精。三元合一藥方成，箇是全真上品。

動靜虛靈不昧，成全寶相圓明。形神俱妙樂無生，直謁虛皇絕境。　形神無玄。

又　贈善友

至道本無言說，全憑立志剛堅。心常不昧究根源，一月千潭普現。海水變桑田，只這本來無變。任他會取擎風捕影，便知火裏栽蓮。

又　贈周守正

識破無人無我，何須求佛求仙。隨時隨處總安禪，一切幻塵不染。選甚山居野處，何妨鬧市門前。執守正固三田，久久神珠出現。

鍊丹砂　詠玄牝示衆

玄牝少人通，說與諸公。休言南北與西東。不在四維並上下，不在當中。　關關妙無窮，天地根宗。生生化化運神功。動靜機緘應不息，廣納包容。

又　示衆

至道本無傳，只要心堅。始終立志莫教偏。九載三年常一定，便是神仙。　真息自綿綿，靈地平平。飢來喫飯困來眠。夏月單衣冬蓋被，玄外

隱語

教外名言

佛書云：若人欲了知，三世一切佛，應觀法界性，一切由心造。是謂有造化。造則有化，造化皆由心。人皆謂造化萬物者，造化之工也。予獨不然。造化本無工，萬物自造化也。一切萬物均有是心，既有是心，便有造化，豈非自造化耶？且如世間一切有形，形本無而生有，是謂化。有滅則復歸於無，是謂化。一真之性本有，有而無象，故無造無化，道之常也。人只知無造無化爲不造化，殊不知有大造化存焉。非明了者，其孰能知之。明了之士，智慧圓通，則能萬事見空，一了了之，外着於身心世事，內住於受想行識，所以隨世變遷，隨形生滅也。目所見者，謂之色。領納在心，謂之受。既

氣總歸虛，了達一切相，赤子出神廬。

又　贈白蘭谷

三元祕秋水，微密實難量。未分清濁，天地人物一包藏。一乃太玄真水，二氣由茲運化，三極理全彰。上下降升妙，根本在中黃。　兔懷胎，牛端月，蚌含光。人明此理，倒提斗柄戽銀潢。絕斷曹溪一派，掀倒蓬萊三島，無處不仙鄉。誰爲白蘭谷，安寢感羲皇。

又　言道

三元祕秋水，未悟漫猜量。誠能參透，洗心滌慮歸藏。意與身心不動，精與氣神交合，天理自然彰。三善備於我，翻笑鍊玄黃。達，德輝光。牛郎織女，一時會合到天潢。勘破乘槎伎倆，密契浴沂消息，游泳有無鄉。日用別無事，讀易對三皇。

又　言性

三元祕秋水，都不屬思量。收來毫末，放開大地不能藏。過去未來見在，只是星兒消息，體物顯然彰。本自無形象，隨處見青黃。　性源清，心地靜，發天光。木人半夜，倒騎鐵馬過銀潢。正是露寒煙冷，那更風清月白，乘興水雲鄉。識破夢中夢，稽首禮虛皇。

百字令
贈真蟾子葉大師

玄關欲透，做工夫、妙在一陽來復。天癸纔生忙下手，採處切須虔篤。絕慮忘機，清心釋累，認取虛無谷。鉛銀砂汞，一時辰內攢簇。　要時天地相交，甲庚無間，龍虎齊降伏。取坎填離，乾體就、陽火陰符行足。至寶凝堅，真蟾形兆，宜把靈泉沃。德圓功備，大師名注仙籙。

又　指中菴性命次序

玄關一竅，理幽深、至妙了無言說。陰極陽生初動處，便是採鉛時節。地下雷轟，山頭水降，滿地紅塵雪。行功之際，馬猿休縱顛劣。　要時虎嘯龍吟，夫權婦合，鼎內丹頭結。身外身猶未了，圓頓始能通徹。鬱鬱黃花，青青翠竹，此理應難泄。爲君舉似，水中撈取明月。

又　贈陳制幹

修真慕道，樂清虛、任意陶陶兀兀。富貴榮華都不戀，甘分清貧徹骨。名利俱損，是非不辨，且把身埋沒。真閑真靜，誰知如是消息。　爲言向上機緘，玄珠罔象，火候無時刻。一竅玄關通得透，頓悟非心非佛。情念雙忘，有無交入，胎備元神出。眼睛開放，光明周遍無極。

又　贈胡秀才

亙初一點，瑩如如、無相無形無質。不蕩不搖常正定，直是斷蹤絕跡。變化無方，顯微無間，妙理應難測。爲伊言破，屏除緣慮塵識。　放教方寸虛澄，裏頭寧貼，方見真端的。三五混融心月皎，照破本元來歷。爍爍圓明，如如不動，運化無休息。靜中拈出，蟾光爍破無極。

又　指老蟾張大夫下手

金丹大要，不難知、妙在陽時下手。日用平常須謹獨，莫縱虎龍奔走。心要安閑，身須正定，意在常存守。始終不息，自然通透玄牡。　其間些子消訛，爲公直指，地下聽雷吼。立鼎安爐非小可，運用斡旋憑斗。性本圓明，說破，起初下手，先鍊三三。自玄宮起火，運入崑山。把定則雲橫谷口，放行也，月落寒潭。工周竟，大蟾成象，名姓列仙班。

又　受記定菴

學佛學仙，參禪窮理，不離玄牝中間。可憐迷謬，往往□相瞞。一味尋枝摘葉，徒坐破、幾箇蒲團。堪傷處，外邊尋覓，笑殺老瞿曇。　化，誠能親見，膽冷心寒。些兒，真造好向定中參。看破娘生面目，把從前、學解掀翻。真空透，軀體迸破，真主自離菴。

水調歌頭　贈和菴王察判

土釜要端正，定裏問黃公。流戊就己，須待山下出泉蒙。採藥隄防不及，行火休教太過，貴在得其中。執常不易，天理感而通。　便把西方少女，嫁與南陵赤子，相凝。更把玄風鼓動，天外迷雲消散，慧見永和同。十月聖胎備，脫蛻爍虛空。

又　贈秋蟾周先生

鉛汞了無質，爐鼎假安名。始因風，復元神。十月聖胎備，脫蛻爍虛空。

又　贈張蒙菴

動靜迷人，不覺喧聲聞。這箇先天妙理，日用著衣喫飯，相對甚分明。接物應機處，不動感而靈。　不是心，不是佛，匪爲金。明加眼力，莫教錯認定盤星。　片片迷雲渙散，湛湛禪天獨露，箇是本來真。風定浪頭息，月滿水光清。

又　贈寶蟾子

學佛學仙要，玄妙在中誠。真鉛真汞，無非只是性和情。但得情來歸性，便見鉛來投汞，二物自交併。識抽添，明進退。一竅玄關透了，八片頂門裂破，迸出寶蟾明。功行兩圓備，談笑謁三清。

又　贈寶菴

道乃法之體，法乃道之餘。只這元神元氣，便是天兵將吏，除此外都無。說與洞蟾子，定裏做工夫。　守爲胎，用爲竅，假爲符。既明此理，何須苦泥墨和朱。若使精凝氣固，便可驅雷役電，妖怪悉皆誅。行滿功成日，談笑謁仙都。

又　贈張蒙菴

雷在地中復，山下出泉蒙。明斯二理，自然造化合玄同。密密至虛守靜，便見無中妙有，九竅一齊通。直下承當去，箇是主人公。　莫著無，莫著有，莫著空。疑團打徹，只今突出妙高峰。撥置紛紛外境，收拾靈靈底箇，生化了無窮。畢竟作麼道，日向嶺東紅。

又　贈劉居士

中正，何妨鬧市與山林。在俗心不俗，塵裏不沾塵。踐履不偏不倚，處身怪悉皆誅。方寸莫教昧，便是上乘人。採元精，鍊元氣，復元神。三元合一，自然鼎內大丹化，便使三元輻輳，宿疾普消除。屋舍既堅固，始可立丹爐。那些兒，玄妙莫教昧，易，日用無爭無執，只此是全真。

又　示衆芻分彼此

道釋儒三教，名殊理不殊。參禪窮理，只要抱本還元初。解得一中造化，便使三元輻輳，宿疾普消除。屋舍既堅固，始可立丹爐。　鍊還丹，全太極，採玄珠。的端消息，採將坎有補離無。若也不貪不愛，直下離聲離色，神無。

又　贈唯菴宗道人

觀復工夫，要默默，存存固守。靜極中一動，便通玄牝。惚恍中間情合性，虛無谷裏奇投偶。我今將、向上祖師機，爲君剖。　　說話底，非干口。把物底，非干手。那沒脚童兒，會翻筋斗。解得箇些奇特處，自然勘破無中有。問西來、的的意云何，擘鼻祖。

又　贈密菴

一粒金丹，這出處、孰知年劫。不識根源，怎生調燮。況是自家元有底，何須着相胡施設。我分明、舉似學仙人，天機泄。　　歇如綿，硬似鐵。如金，圓似月。又不方不圓，無虧無缺。放則迸開天地竅，收來隱在虛無穴。問不收、不放作麼生，應難說。

又　贈一菴

三五真機，應用處、頭頭總是。況日用平常，密[1]巍巍地。向有無中忘二見，便於閙處通三昧。却如何、成少不成多，因滯泥。　　水鄉鉛，只一味。箇何宮，中間覓。便是，先天氣。會蟾烏合璧，身心合意。西四歸來投北了，東三便去交南是仙，不是佛。只這些端的，鮮人知意。

二：把五般攢簇入爐中，丹完備。

又　贈孫居士

這點虛靈，自古來、無虧無缺。爍爍圓圓，澄澄徹徹。向菴中、養箇白底物，那些兒、無可說。利如金，團似月。　　山水蒙時天癸降，地雷復處玄霜結。駕青鸞、直詣廣寒宮，超生滅。

又　贈嘿菴

默即說今，這說處、元來有默。只默說便是，金丹祕訣。默識潛通爲大要，聲聞緣覺皆虛設。向說中、認得默之根，無生滅。　　會說底，非干舌。與默底，無差別。這默底寧如，說底親切。若向不言中得趣，便於不默俱通徹。將默默、說說盡掀翻，天機泄。

又　贈敬菴葛道人

道本無言，要學者、潛通默識。若動處調停水中火，定中究竟波羅密。問玄關、一竅在何宮，中間覓。

得。迷者到頭空苦志，悟來不費些兒力。看無中、生有產靈胎，陽神出。

又　授記門人

吾道玄關，決不許、外邊人入。有學者來參，防他做賊。猛把殺人刀子舉，活人手段輕拈出。更單提、獨弄逞神通，誰能敵。　　若是箇，善知識。承當，心不惑。仗奮心剛膽，逢佛殺佛。舉步便能欺十聖，口開便要吞三極。把乾坤、天地盡掀翻，真奇特。

又　令門人和

採藥歸來，這鼎器、乾金鑄寫。那些兒道理，全憑主者。先把根塵都掃盡，從前熟處休沾惹。問行工、進火事如何，憑般若。　　五雷車，青龍撝。燒九轉功成丹道畢，一靈真性還虛灑。更滌慮洗心，靈泉澆。那赤條條地法王身，無可把。

滿庭芳　贈焦提舉

寂寞山居，喧轟市隱，頭頭總是玄。賢明高士，須向定中參。我把活人手段，殺人刀、慢慢教看。君還悟，一言。明

菴自住持。以中爲門戶，正爲牀榻，誠
爲徑路，敬作藩籬。卑順和人，謙恭接
物，服食興居弗可違。常行此，若工夫
不間，直入無爲。

滿江紅　贈虛菴

日用工夫，只一味、存虛抱素。會
殊途同歸，一致百慮。紫極宮中元氣
息，懸胎鼎內三花聚。問安爐、立鼎事
如何，乾金鑄。　　縛金烏，搏玉兔。捉
將來，封土釜。這火候抽添，更須防
護。玉寶圓成明出入，法身形兆無來
去。便潛身、直詣太淸宮，神常住。

又　贊誰菴殿管轄

誰是菴兒，阿誰在、菴中撐拄。看
飢來喫飯，誰知甘苦。角徵宮商誰解
聽，青黃皂白誰能覷。向平常、日用應
酬人，誰區處。　　是誰行，是誰舉。是
誰嘿，是誰語。這些兒透得，便知賓
主。外面形軀誰做造，裏頭門戶誰來
去。造無爲、畢竟住誰菴，朱陵府。

又　授覺菴

道本自然，但有爲、頭頭是錯。若
一味談空，如何摸索。無有雙忘終不
剝。悟眞空、抱本返元虛，爲眞覺。

又　贈丁縣尹三教一理

三教正傳，這蹊徑、元來驀直。問
老子機緘，至虛靜極。釋氏性從空裏
悟，仲尼理自誠中入。算始初、立教派
分三，其源一。　　道玄關，常應物。易
幽微，須嘿識。那禪宗奧旨，眞空至
寂。刻刻兼持無間斷，生生受用無休
息。便歸根、復命體元虛，藏至密。

又　贈睡著李道判

好睡家風，別有箇、睡中滋味。睡
裏心誠，睡中澄意。這睡功、消息睡
趣，便於睡裏調神氣。這睡法既能知止
安禪，少人會。　　身雖眠，性不昧。目
雖垂，內不閉。向熟睡中間，穩帖帖
地。一枕淸風涼徹骨，夢於物外閑遊
戲。覺來時、身在廣寒宮，抱蟾睡。

又　贊圓菴傳居士

這箇〇兒，自歷劫、以來無象。況
端端正正，亭亭當當。細入微塵無影
迹，大周天界難安放。更通天、徹地任
縱橫，無遮障。　　沒形狀、沒根宗。燦
爛明，團團亮。只這箇便是，本來模
樣。放出直超無色界，收來隱在光明
藏。待頂門、裂破現圓通，金色相。

又　贈止菴張宰公

惟正惟中，只這是、修仙秘訣。若
稍有偏頗，動生差別。試向動中持得
定，自然靜裏機通徹。會三元、五氣入
黃庭，金花結。　　運火功，有時節。海
潮生，天上月。那一升一降，復圓復
缺。十月工夫無間斷，一靈妙有超生
滅。更問予、向上事如何，無言說。

又　贈密菴述三教

教有三門，致極處、元來只一。這
一字法門，深不可測。老子谷神恒不
死，仲尼心易初無盡。問瞿曇、教外涅
槃心，密密密。　　學神仙，須定息。學
聖人，忘智識。論做佛機緘，只憑慧
力。道釋儒流都勘破，圓明覺照工夫
畢。看頂門、迸破見眞如，光赫赫。

三一〇

用：到此全憑德行扶，混塵世，且藏鋒剗銳，了事凡夫。

又　贈安閑子周高士

真鼎真爐，不無不有，惟正惟中。向静裏施工，定中幹運，寂然不動，應感潛通，老蚌含珠，螟蛉呪子，箇樣真機妙莫窮。只這是，若疑團打破，頓悟真空。

又

採鉛不離坤宮。運符火、須當鼓巽風。向北海波心，生擒白虎，南山火裏，捉住青龍。二物相投，三關一轂，鍊出神丹滿鼎紅。藏身處，且和光混俗，是謂玄同。

又　贈鄭松溪

若拙若愚，若慵若懶，若呆若癡。只這底便是，造玄日用，果行得去，密應神機，學解見知。聲聞圓覺，增長根塵塞肚皮。都無用，但死心蹋地，壽與天齊。金仙不在天西。那碧眼，胡兒不必題。問性宗一着，從空自悟，命基上事，務實爲基。虛實相通，有無交入，混合形神聖立蹟。禪天凈，看雲藏山嶽，月照松溪。

又　贈損菴入禪

九轉工夫，三元造化，百日立基。便打撲精神，存決定志，掀翻妄幻，絕斷狐疑。剔起眉毛，放開心地，物物頭頭一筆揮。行功處，便横拖斗柄，倒斡璿璣。爲中會取無爲。箇不有、中間有最奇。到恍惚之間，窈冥之際，守之即妄，縱又成非。不守不忘，不收不縱，勘這存存底誰。只恁麼，待六陽那些兒妙處，都無做造，月光輝。

又　贈王提點

慧海深澄，德山高聳，主人不凡。況到鋭解紛，黜聰屏智，掀翻物我，不露機緘。立志虛無，潛心混沌，象帝之先密意參。玄玄處，老先生元姓，一貫乎三。曾和至士玄談。故默默，昏昏契老聃。短靈地虛閑，禪天湛寂，忘知忘識，無北無南。收拾身心，圓融造化，覆載中間總作龕。神丹就，看圓陀陀地，照耀菴菴。

又　勉中菴執中妙用

中是儒宗，中爲道本，中是禪機。這三教家風，中爲捷徑，五常百行，中

又　贈圓菴蔣大師

立根基。動止得中，執中不易，更向中中認細微。其中趣，向詞中剖露，慎勿狐疑。箇中造化還知。却不在、當中及四維。這日用平常，由中運用，興居服食，中裏施爲。透得此中，便明中體，中字元來物莫違。全中了，把中來劈破，方是男兒。

又

人心惟危，道心惟微，中藏化機。日氣日神，惟精惟性一，玉瑩無瑕天地歸。通玄處，把坎中一畫，移入南離。赤龍纏定烏龜。六月裏嚴霜果太奇。那白頭老子，來婚素女，胎仙舞罷，共入黃幃。布雨行雲，陽和陰暢，一載工夫養箇兒。常温養，待玉宸頒詔，足躡雲歸。

又　勉諸門人

道在常人，日用之間，人自不知。奈叢識紛紛，紅塵袞袞，靈源不定，心月無輝。人我山高，是非海闊，一切掀翻便造微。諸賢卷，聽清菴設喻，切勿狐疑。先將清净爲基。用静定，爲

會道，稽首和南。

又

又手者誰，合掌者誰，擎拳者誰。解操持。我爲諸公，分明舉似，老子瞿曇即仲尼。思今古，有千賢萬聖，總是人爲。可憐後學無知。況天地與人，一源分判，道儒釋子，一理何疑。見性明心，窮微至命，爲佛爲仙只在伊。功成後，但殊途異派，到底同歸。

又

說與學人，火無斤兩，候無卦爻。也沒抽添，也無作用，既無形象，不必烹炮。件件非真，般般是假，着意做工空謾勞。君知否，但一切聲色，都是訛淆。見聞知覺俱抛。更休言爐竈，休尋藥物，虛靈澄無一毫。神室虛閑，靈源澄不昧，志力堅牢，就裏自然天地交。全真輩，苟不全真性，劫運寧逃。

又

贈靜菴口訣

歷劫元神，亘初祖氣，太始元精。這三般至寶，同根並蒂，欲求端的，勿泥身形。息定神清，緣空氣固，清靜無爲精自凝。丹頭結，運陰陽符火，慢慢無靈不昧，萬化飯依。精氣凝神，情緣返砂一處烹。四象合和，命基永固，三元之外，獨露巍巍。

又

尤當固濟持盈。把鉛汞、銀性，迸出蟾光遍界輝。形神妙，向太虛妙，與道合真無變更。性命兩全，形神俱輻輳，覺性虛靈。逍遙處，任遨遊八極，自在縱橫。

又

贈春谷清禪師

智斷堅剛。一劍當空，萬緣俱掃，方信道瞿曇即老聃。玄風播，看春生寒谷，覿面慈顏。從他雪覆千山。那突兀，孤峰青似藍。況擊竹拈花，都成骨董，揚眉瞬目，也是顢頇。劫外風光，目前薦取，擘破面皮方罷參。如何是，那祖師的意，合掌和南。

又

贈括蒼張希微號幾菴

不識不知，無聲無臭，名曰希微。只這箇便是，全真妙本，人能透得，即刻知幾。聞法開經，說禪說道，執象泥文都屬非。君還悟，這平常日用，總是玄機。仍憑決烈行持。把四象、五行收拾歸。會兩儀妙合，三元輻輳，一

又

若泥在一身，終須着物，離於形體，又屬頑空。無有兼行，如何下手，兩下俱捐理不通。修真士，若不知玄竅，徒爾無功。些兒妙處難窮。親見了，方能達本宗。況聽之不聞，搏之不得，觀之似有，覓又無蹤。箇箇見成，與虛無識，我把天機泄與公。玄關竅，與虛無造化，總在當中。

又

贈吳居士丹旨

向上工夫，乾宮立鼎，坤位安爐。這火候幽微，元無作用，抽添進退，不費支吾。陰往陽來，雲行雨施，主宰機緘總在渠。心安定，那虛靈不昧，照破昏衢。性宗悟了玄珠。這命本、成全太極圖。向圈圈圈外，圓光迸出，存存裏，獨見真如。一氣歸根，六門互

明皎皎，裏面晃騰騰。黍米光中現，銀蟾水底澄。懸胎金鼎內，一粒大丹凝。

詠藕二首

一種靈苗異，其他迥不同。
法身元潔白，真性本玲瓏。
外象頭頭曲，中間竅竅通。
淤泥淹不得，發露滿池紅。

我本清虛種，玲瓏貫古今。
為厭名利冗，且隱淤泥深。
每有濟人意，常懷克己心。
幾多撈漉者，那箇是知音。

卓菴二首

擇盡虛無地，因緣在玉京。築基須穩穩，立鼎要平平。青天為蓋覆，橫安太極楹。大地剗教平，菴基即日成。菴主樂無生。來山從丙入，去水放西行。門戶全通達，窗櫺透底明。菴中誰是伴，月白與風清。

中和集卷之五

中和集卷之六

都梁清菴瑩蟾子李道純元素撰
門弟子損菴寶蟾子蔡志頤編

詞

沁園春六首

待癸生之際，便知下手，成功不難。莫令寒。鼓動巽風，摑開爐鞴，武鍊文烹不等閑。金爐內，箇兩般靈物，煅鍊成丸。先須打破疑團。方透得歸根復命關。使赤子乘龍，離宮取水，金公跨虎，運火燒山。金公無言，姹女斂袂，一箇時辰鍊就丹。渾吞了，證金剛不壞，超出人間。

又

身處玄門，不遇真師，徒爾勞辛。若絕學無為，爭知閫閾，多聞博學，寧脫根塵。固守自然，終成斷滅，着有着無都不真。般般假，那星兒妙處，參訪高人。　頭精氣神。問一竅玄關，本無定位，兩般靈物，只在心身。動靜相因，有無交入，五氣朝元萬善臻。把一元，簇在一箇時辰。

又

道曰五行，釋曰五眼，儒曰五常。剖仁義禮智，信為根本，金木水火，土在中央。白虎青龍，玄龜朱雀，皆自勾陳五主張。天數五，人精神魂魄，意屬中黃。　乾坤二五全彰。會三五、歸元妙莫量。火二南方，東三成五，北玄真一，西四同鄉。五土中宮，合為三五，三五混融陰返陽。通玄士，把鉛銀砂汞，鍊作金剛。

又

道本虛無，虛無生一，一二成三。更三生萬物，物皆虛化，形形相授，物物交參。體體元虛，頭頭本一，未許常人取次談。虛無妙，具形名相貌，虛裏包含。　虛中密意深探。致虛極、工夫問老聃。那虛寂湛然，無中究竟，虛無兼達，勘破瞿曇。象帝之先，威音那畔，清靜虛無執有儋。諸玄眷，以虛無些子神機誠會得，兩般靈物便相投。
三年造化須臾備，九轉工夫頃刻周。
便把鼎爐掀倒了，丹光燭破四神州。

不立文書教外傳，人人分上本來圓。
玄風細細清三境，慧月娟娟印百川。
兜率三關皆假喻，天龍一指匪真詮。
威音那畔通消息，不是濂溪太極圈。

詠四緣警世

身心世事四虛名，多少迷人被繫縈。
禍患只因權利得，輪迴都為愛緣生。
安心絕迹從身動，處世忘機任事更。
觸境遇緣常委順，命基永固性圓明。

詠葫蘆

靈苗種子產先天，蒂固根深理自然。
逐日壅培坤位土，依時澆灌坎中泉。
花開白玉光而瑩，子結黃金圓且堅。
成就頂門開一竅，箇中別是一坤乾。

心鏡

採將乾礦入坤爐，六合虛空作一模。
法相就時圓爍爍，水銀磨處瑩如如。
放光周遍三千界，收歛歸藏一黍珠。
舉起分明全體現，更須打破合元樞。

為孚菴指玄牝

玄門牝戶不難知，收拾身心向內推。
會得兩儀推蕩理，便知一氣往來時。
乾坤闔闢無休息，離坎升沉有合離。
我為孚菴明指出，念頭復處立丹基。

和翁學錄韻

密意參同白玉蟾，元來窮理便通仙。
未明太極生三五，徒涉蓬萊路八千。
釋氏家風憑祖印，羲皇道統必心傳。
青天獨露瑤臺月，普印千潭一樣圓。

贈鄧一蟾

禪宗理學與全真，教立三門接後人。
釋氏蘊空須見性，儒流格物必存誠。
丹臺留得星星火，靈府銷鎔種種塵。
會得萬殊歸一致，熙臺內外總登春。

自得 七首

打破鴻濛竅，都無佛與仙。即非
心外妙，不是口頭禪。盡日優游過，通
宵自在眠。委身潛絕境，萬事付之天。
一切有為法，般般盡是塵。隨處安禪定，趨
諸物理，放下此心身。每將周易髓，警拔世間人。
時樂至真。
得造無為妙，終朝不出門。機緣

全絕斷，天理自然存。日用天行健，平
常地勢坤。警提門弟子，復命與歸根。
打透都關鎖，天然合大同。龜毛
元自綠，鶴頂本來紅。可道非常道，行
功是外功。此兒真造化，恍惚窈冥中。
自得身心定，凝神固氣精。身閑
超有漏，心寂證無生。烏兔從來去，乾
坤任變更。廓然無所礙，獨露大光明。
日用別無事，維持一己誠。靜中
調氣息，動則順人情。晦德同其俗，含
華不顯明。真閑真樂處，常靜與常清。
靜抱無名朴，塵情了不侵。丞鉛
鎔作粉，瓦礫變成金。覲見羲黃面，參
同釋老心。頓空超實際，無古亦無今。

自題相

面黃肌瘦子，看來有甚奇。分明
喬眼孔，剛道絕聞知。低頭叉手處，參
同十七師。低頭叉手處，泄盡那些兒。

鏡中燈 二首

寶鏡本無相，傳燈發慧光。真如
元瑩淨，法體本熒煌。金鼎燒真火，華
池浴太陽。箇中端的意，元不離中黃。
靜室開心鏡，虛堂剔慧燈。外頭

調息要調真息息，煉神須煉不神神。
頓忘物我三花聚，猛捱抨機緣五氣臻。
八達四通無窒礙，隨時隨處閫全真。
右調燮

身自空來強立名，有名心事便牽縈。
陰陽消長磨今古，日月升沉運死生。
會向時中存一定，便知日午打三更。
雖然處世憑師授，出世工夫要自明。
右明本

明師授我鑄神鋒，全藉陰陽造化功。
煅煉乾剛坤作冶，吹噓離火巽爲風。
做成龍象心官巧，掃蕩妖氛志帥雄。
自從打透都關鎖，等閒劈碎太虛空。
右鑄劍

蟾窟清幽境最佳，主人顛倒作生涯。
玉爐煅煉黃金液，金鼎烹煎白靈芽。
斡運周天旋斗柄，推遷符火運雷車。
自從打透都關鎖，恣意銀河穩泛槎。
右蟾窟

吾菴非是等閒菴，未許常人取次觀。
一婦一夫能做活，三男三女打成團。
裏頭世界元來大，外面虛空未是寬。
試問主人爲的事，報言北斗面南看。

右清菴

詠真樂　十二首

佛仙總是世人爲，爭奈迷途自不知。
若匪貪名爭計較，定須逐利苦奔馳。
假使財榮妻貌美，無常到後豈相隨。
爭似全真妙更奇，箇中真樂自心知。
丹從不煉中煉，道向無爲爲處爲。
息念息緣調祖氣，忘聞忘見養嬰兒。
自從立定丹基後，五采光華透幌幃。

爐用坤兮鼎用乾，窮微盡理便通仙。
無非攝伏情歸性，便是烹煎汞合鉛。
絕盡機緣丹赫赤，全存正定寶凝堅。
即斯便是抽添法，不必忉忉更問玄。

火符容易藥非遙，造化全同大海潮。
藥物只於無裏採，火丹全在定中燒。
九三輳轑諸緣息，二八相交五氣朝。
陰盡陽純功就也，真人出見謁神霄。

煉丹先把氣神調，法水頻澆慧火燒。
三物混融三性合，一陽來復一陰消。
金爐端正千神會，寶鼎功成萬象朝。
藥就丹圓神脫蛻，全身靈出赤條條。

先天至理妙難窮，鉛產西方汞產東。
水火二途分上下，玄關一竅在當中。
有知不有真爲有，空會無空實是空。
無有不有無端的意，滔滔海底太陽紅。

寂然不動契真常，消盡群陰自復陽。
坤裏黃婆生赤子，離中姹女嫁獸郎。
山頭水降黃芽長，地下雷轟白雪飄。
萬里銀河無點翳，金蟾獨露發神光。

妖嬈少女嫁金公，全藉黃婆打合功。
一對夫妻才會合，兩情雲雨便和同。
閒時共飲朱陵府，醉後同眠紫極宮。
暮樂朝懽恩義重，一年生箇小孩童。

人人身內有夫妻，爭奈愚癡太執迷。
不向裏頭求造化，却於外面立丹基。
妄將御女三峰術，僞作軒轅九鼎奇。
箇樣畜生難懺悔，閻公不久牒來追。

身內夫妻說與公，青衣女子白頭翁。
金情木性相交合，黑汞紅鉛自感通。
對月臨風神逸樂，行雲布雨興無窮。
這些至理誠能會，凝結真胎反掌中。

九還七返大丹頭，學者須當定裏求。

中和集卷之五

都梁清菴瑩蟾子李道純元素撰
門弟子損菴寶蟾子蔡志頤編

詩

述工夫十七首

九轉還丹下手功，要知山下出泉蒙。
安爐妙用憑坤土，運火工夫藉巽風。
兌虎震龍才混合，坎男離女便和同。
自從四象歸中後，造化機緘在我儂。
右發蒙

鍊汞烹鉛本沒時，學人當向定中推。
客塵欲染心無著，天癸才生神自知。
情寂金來歸性本，精凝坎去補南離。
兩般靈物交并後，陰盡陽純道可期。
右採藥

既通天癸始生時，自有真陽應候回。
三昧火從離位發，一聲雷自震宮來。
氣神和合生靈質，心息相依結聖胎。
透得裏頭消息子，三關九竅一齊開。
右進火

真鉛真汞大丹頭，採取當於罔象求。
有作有為終有累，無求無執便無憂。
常清常靜心珠現，忘物忘機命寶周。
動靜兩途無窒礙，不離當處是瀛洲。
右日用

全真妙理不難行，惟恐隨緣逐色聲。
萬幻不侵情自絕，一心無染念安生。
屏除人我全天理，把握陰陽合泰亨。
說與修丹高士道，色聲無漏性圓明。
右固形

造道元來本不難，工夫只在定中間。
陰陽上下常升降，金水周流自返還。
紫府青龍交白虎，玄宮地軸合天關。
雲收雨散神胎就，男子生兒不等閒。
右交合

真常之道果何難，只在如今日用間。
一合乾坤知闔闢，兩輪日月自循還。
歸根自有歸根竅，復命寧無復命關。
踏遍兩重消息子，超凡越聖鬱如閒。
右透關

谷神不死為玄牝，箇是乾坤闔闢機。
往往來來終不息，推推盪盪了無違。
白頭老子乘龍去，碧眼胡兒跨虎歸。
右顯正

試問收功何所證，周天匝地月光輝。
右出入

口頭三昧謾矜誇，闊論高談事轉差。
比似著形求實相，卻如捏目起空花。
隨將物去終歸幻，裂轉頭來便到家。
莫怪清菴多臭口，打開心孔要無遮。
右警蒙

三千六百法傍門，執著之人向裏昏。
每日只徒心有見，何時得悟命歸根。
聰明特達何須道，智慧精通不足論。
一切形名聲色相，到頭都是弄精魂。
右挽邪

夜中昏睡怎禁他，鬼面神頭見也麼。
昏散相因由氣濁，念緣斷續為陰多。
潮來水面滔堤岸，風定江心絕浪波。
性寂情空心不動，生無昏散睡無魔。
右敵魔

火符容易藥非遙，天癸生如大海潮。
兩種汞鉛知採取，一齊物欲盡捐消。
掀翻萬有三元合，鍊盡諸陰五氣朝。
十月脫胎丹道畢，嬰兒形兆竭神霄。
右顯正

三元大藥意心身，著意心身便係塵。

三〇四

電。橫揮凜凜清風生，卓竪瑩瑩明月現。明月現，瑞光輝，燦地照天神鬼悲。激濁揚清蕩妖穢，誅龍斬虎滅蛟螭。六賊亡，三尸絕，緣斷慮捐情網裂。神鋒指處山嶽崩，三界魔王皆勤拆。開洪濛，剖天地，消礙化塵無不成。此寶劍，本無形，為有神功強立名。學道修真憑此劍，若無此劍道難會。有人問我借來看，拈出向君會不會。

挽邪歸正歌

道自虛無生一氣，誰為安名分五奈。
一氣判而生兩儀，清升濁淪成五覆。
陰陽經緯如擲梭，乾坤闔闢如搐悔。
兩儀妙合有三才，七竅鑿開生萬類。
無極之真剖渾淪，日用平常無不在。
生生化化百千機，不出只今這皮袋。
誠能自己究根宗，四象五行本圓備。
三反晝夜志不分，絕利一源功百倍。
打透精關與氣關，潛通天籟並地籟。
頭頭合轍有規繩，竅竅光明無窒礙。
若向這裏具眼睛，便將兩采做一賽。
撞頭撞倒須彌峰，舉步踏翻玄妙兌。
交梨火棗非腎心，木液金精豈肝駕。

單提一理闡真宗，會合萬殊歸正派。
究竟無中養就兒，禪天淨盡絕纖芥。
鍊陽神了出陽神，自色界超無色界。
我見今時修行人，多是造妖並捏怪。
九還七返那機關，不在內兮不在外。
氣高強大傲同儕，逞俊誇空智自昧。
本來實相了無形，亘古虛靈終不昧。
抱元守一蘊諸空，篤志力行休懈怠。
初機學者受欺瞞，博學玄流不見慧。
合和四象聚三元，攢簇五行會八卦。
機鋒捷辯假聰明，駕馭談空乾智退。
虛無湛寂運機緘，恍惚窈冥造化。
烹庚鍊甲有抽添，陽火陰符知進下。
只管目前逞強梁，卻如擔水河頭賣。
人前饒舌口喃喃，逐境隨時心地化。
生煙發火念頭差，熱熱亂亂苦打嫁。
般般運氣枉辛勤，數息按摩徒損舍。
昏沉掉舉難主張，不昏即散如之快。
睞。神衰氣散怎醫治，髓竭形羸空夜。
若求正道出迷津，免使填還冤業悔。
收拾從前狂亂心，掀翻往日豪強債。
事父之心推事師，得旨先須持禁態。
恕己之心推恕人，不責於人因善戒。
兩般靈物入中宮，鼓合南陵丁女嫁。
青衣女子才歸房，雨態雲情忘晝夜。
夫懼婦合交陰陽，產顆玄珠太希罕。
氣固精凝結聖胎，八面玲瓏無縫罅。
四方剔透太光明，黃金萬兩難酬價。
稽首全真參學人，記取清菴說底底。
都來些子圓團團，黃金萬兩難酬話。
誠能直下肯承當，便是渠儂把底靶。
話靶做成又作麼，無位真人乘鶴駕。

休泥緣覺及聲聞，不屬見知並學解。
究竟無中養就兒，禪天淨盡絕纖芥。

中和集卷之四

浪。

時人要識真龍虎，不屬有無並子午。
休將二物混淪吞，但把五行顛倒數。
根芽本是太玄宮，造化却在朱陵府。
雖然運用有主張，畢竟虛靈無處所。
一條大道要心通，些子神機非目覩。
忽然迸開頂顱門，勘破銀河斗柄母。
興雲起霧仗丁公，掣電驅雷役玄戽。
瞬息之間天地交，刹那之頃坎離武。
虎從水底起清風，龍在火中降甘雨。
雲行雨施天下平，運乾龍德功周普。
人言六龍以卸天，孰知一龍是真主。
人言五虎透玄關，執知一虎生真斗。
人言龍虎常合和，象外明言便造土。
會設象指蹄筌，象外明言便造。

○言言外更須窮祖意，元來太極本無。
得意忘象未為特，和意都忘為極則。
稽首束齋趙隱居，徹底掀翻參學畢。

無一歌

道本虛無生太極，太極變而先有一。
一分為二二生三，四象五行從此出。
無一斯為天地根，玄教一為衆妙門。

易自一中分造化，人心一上運經一。
一分為二生陰陽，萬類三才從此出。
本來真一至虛靈，亘古亘今無變易。
祇因成質神發知，善惡機緣有差忒。
隨情逐幻長荊榛，香味色聲都眩惑。
誠能一上究根原，返本還元不費力。
一夫一婦定中交，三女三男無裏得。
三元八卦會於壬，四象五行歸至寂。
忽然迸破頂顱門，燦燦金光滿神室。
虛無之谷自透通，玄牝之門自圈關。
一陽來復妙奚窮，四德運乾恒不息。
浩氣凝神於窈冥，出有入無於恍惚。
中間主宰是甚麼，便是達卿元有的。

誠能萬有歸一無，無有相資可長息。
始者一無生萬有，無方會面南觀北失。
一徹萬融天理明，萬法歸一未奇特。
至此得一復忘一，可與化元同出沒。
三五混一返虛，反虛之後虛亦。
設若執一不能忘，大似貓守空窟。
無無既無湛然寂，西天鬍子沒髭鬚。
今人以一喚作一，偏枯苦執費工夫。
不無之無還會得，便於守一知無一。
一無兩字盡掀翻，無一先生大事畢。

慧劍歌

自從至人傳劍訣，正令全提誠訣決。
有人問我覓劍蹤由，向道不是尋常鐵。
此塊鐵，出坤方，得入吾手便軒昂。
赫赫火中加火鍊，工夫百鍊鍊成鋼。
學道人，知此訣，陽神威猛鍊陰魔。
神功妙用實難量，我今剖露為君說。
先令六甲搧爐韝，六丁然後動鉗鎚。
火功周，得成劍，初出輝輝如掣

抱一歌

無極極而為太極，太極布妙始於

三〇二

神妙莫測，故象之以龍虎。《易·繫》云：一陰一陽之謂道，陰陽莫測之謂神。丹書云：偏陰偏陽之謂疾。陰陽者，太極之動靜也。一分為二，清升濁淪，大而天地，小而物類，皆裹陰陽二氣而有形名。故覆載之間，纖洪巨細，未有外乎陰陽者也。丹經子書，種種異名，不出陰陽二字。歷代仙師，假之立象，喻之為龍虎，使學徒易取則而成功也。龍虎之象，千變萬化，神妙難窮，故喻之為藥物，立之為鼎爐，運之為火候，比之為坎離，假之為金木，字之為男女，配之為夫婦。以上異名，皆龍虎之妙用也。以其靈感，故曰變化。以其成物，故曰藥物。以其變化，故曰火候。以其交濟，故曰坎離。以其剛直，故曰金木。以其升沉，故曰男女。以其妙合，故曰夫婦。若非龍虎，何以盡之？《文言》曰：雲從龍，風從虎，聖人作而萬物覩。此發明乾元九五之德也。是知龍虎之妙，非神德聖功，何以當之哉？反求

地根。綿綿若存，用之不勤。《易》書云：闔戶謂之坤，闢戶謂之乾，一闔一闢謂之變，往來不窮謂之通。丹書云：呼則接天根，吸則接地根，即乾坤闔闢之機也。呼則龍吟雲起，吸則虎嘯風生，即一闔一闢之變也。風雲感合，化生金液，即往來不窮謂之通也。金液還返，結成大丹，故假名曰龍虎大丹也。採而餌之，長生久視，此所謂呼吸者非口鼻也。真機妙應，一出一入之門戶也。若向這裏透得，龍虎丹成，神仙可冀。修真至士，誠能於龍虎上打得徹，透得過，真常之道雖曰至玄至微，又奚患其不成哉。至於種善根、植德本、養聖胎，未有不明龍虎而成者也。紫陽云：收拾身心，謂之降伏龍虎。心不動則龍吟，身不動則虎嘯。龍吟則氣固，虎嘯則精凝。元精凝則

諸己，情性也；化而栽之，身心也。足以保形，元氣固則足以凝神。形神俱妙，與道合真，神仙之能事畢矣。非天下至神，其孰能與於此哉？趙東齋者，古杭人也。幼為內侍，職任中官。因乾旋坤轉而勘破浮生，故棄利捐名，而參求道要。雖紅塵而混迹，寔玄境以棲心，真脫略世事者也。一日攜是圖示予，求留心於龍虎。意欲混合凝神，故留心於龍虎。予辭不可，於是乎著筆而塞責焉。告之曰：古人因道而設象，子今因象而立言。東齋者，寔在明加眼力，觀教端的。苟能因言會意，觀圖得旨，便知道真龍真虎，不在紙上，而在自己也。至於言象兩忘，道德備矣。噫，真龍真虎不難尋，只要抽陽去補陰。四德運乾誠不息，潛飛見躍盡由心。雖然也不是平地起，波濤青天轟霹靂。勉旃。

歌曰：

真龍真虎元無象，誰爲起模傳此樣。若於無象裏承當，又落斷常終莽莽。青青白白太分明，也是無風自起蕩。

閣。

我今一句全露機，身心是火也是普藥。身心定，玄竅通，精氣神虛自混融。三百日胎神脫蛻，翻身掙碎太虛空。

玄理歌 二首

至道雖然無處所，也憑師匠傳規矩。屯蒙取象配朝昏，復姤假名稱子午。進火無中鍊大丹，安爐定裏求真土。身心意定共三家，鉛汞銀砂同一祖。加減依時有後先，守城在我分寶虎。南山赤子跨青龍，北海金公騎白主。兩般藥物皆混融，一對龜蛇自吞吐。直超實際歸大乘，頓悟圓通非小補。密會真機本自然，可憐小法誰胡覷。未會潛心入窈冥，何勞立志棲圜堵。積功累行滿三千，返照迴光窮二苦。起火東方虎嘯風，滌塵西極龍行雨。驅雷掣電役天罡，輔正除邪任玄武。姹女縈離紫極宮，金公已到朱陵府。爐中大藥一丸成，室內胎仙三疊舞。四象五行都合和，九還七返功周。

胶蟾形兆出菴來，爍爍光明充大笈。磨光刮垢絕根塵，釋累清心無染習。潛心入妙感而通，萬里長江一口吸。絕慮忘機無是非，隱耀含華遠聲嘿。心明智慧不如愚，雄辯高談爭似識。治人事天莫若嗇，夫嗇謂之重積德。粒。何須乾鼎鍊金精，不假坤爐烹玉汁。透徹羲皇未盡前，世界收來藏黍粟。

性理歌

兩儀肇判分三極，乾以直專坤靜翕。天地中間玄牝門，其動愈出靜愈翕。道統正傳指歸趣，仲尼授參參授及。風從虎兮雲從龍，火就燥兮水流濕。致和格物有等倫，入聖超凡無階級。君子居易以俟命，內省不疚何憂恧。致用推明生殺機，存身究竟龍蛇蟄。回光照破夢中身，直下掀翻舊書谷。

火候歌

欲造玄玄須謹篤，謹獨工夫在目。絕斷色塵無毀辱，清虛方寸如玉。極致沖虛守靜篤，靜中一動陽來復。初九潛龍須攝伏，進至見龍休速。才見乾乾光內爍，或躍在淵時沐浴。九五飛龍成化育，陽極陰生須退縮。防微杜漸坤初六，退至直方金併木。六三不可榮以祿，括囊以後神熟。若逢野戰志鈴束，陰剝陽純火候足。一粒寶珠吞入腹，作箇全真仙卷屬。素女青郎一處宿，黑汞赤鉛自攢簇。虛空造就無為屋，這箇主人誠不俗。山嶽藏雲天地肅，爍爍蟾光照虛谷。

龍虎歌 並引

龍虎者，陰陽之異名也。陰陽運化，

爲仙爲佛與爲儒，三教單傳一箇虛。亘古亘今超越者，悉由虛裏做工夫。學仙虛靜爲丹旨，學佛潛虛禪已矣。扣予學聖事如何，虛中無我明天理。道體虛空妙莫窮，乾坤虛運氣圓融。陰陽造化虛推盪，人若潛虛盡變通。還丹妙在虛無谷，下手致虛守靜篤。虛極又虛元氣凝，靜之又靜陽來復。虛心實腹道之基，不昧虛靈採藥時。虛己應機真日用，太虛同體丈夫兒。採鉛虛靜無爲作，進火以虛爲槖籥。抽添加減總由虛，粉碎虛空成大覺。究竟道沖而用之，解紛剉鋭要兼持。和光混俗忘人我，象帝之先只自知。無畫以前爲有卦，乾乾非上坤非下。中間一點至虛靈，八面玲瓏無縫罅。四邊固密剔渾淪，箇是中虛玄牝門。若向不虛虛内用，自然闔闢應乾坤。玄牝門開功則極，神從此出從此入。出出入入復還虛，平地一聲春霹靂。霹靂震時天地開，虛中迸出一輪來。圓陀陀地光明大，無欠無餘照竹齋。竹齋主人大奇特，細把將來應時物。虛裏安神虛裏行，發言闡露虛消息。虛至無虛絕百非，潛虛天地悉皆歸。虛心直節青青竹，箇是鍊虛第一機。

破惑歌

堪嗟世上金丹客，萬别千差殊不一。執象泥文胡作爲，摘葉尋枝徒費力。採日精，吸月華，含光服氣及吞霞。斂身偃仰爲多事，轉睛捏目起空花。鍊稠唾，嚥津液，指捏尾閭並夾脊。注想存思觀鼻端，翻滄倒海食便溺。守寂淡，落頑空，兀兀騰騰做奔功。更有按摩并數息，總與金丹理不同。八段錦，六字氣，辟穀休糧事何濟。執着三峰學採陰，九淺一深爲進退。擾腰兜腎守生門，屈伸導引弄精魂。對爐食乳强兵法，箇樣家風不足論。更有縮龜並閉息，熊伸鳥引虛勞役。摩腰居士腹中温，行氣先生面上赤。擊天鼓，抱崑崙，叩齒集神視頂門。虛響認爲雄虎嘯，肚鳴道是牝龍吟。燒丹田，調煮海，晝夜不眠苦打睚。單衣赤脚受煎熬，前生欠少飢寒債。常持不語謾徒然，默朝上帝怎升遷。呵手提囊真凡伯，摩娑小便更狂顛。弄金槍，提金井，美貌婦人爲藥鼎。採他精血喚真鉛，喪失元和猶不省。有等葛藤口鼓禪，門唇合舌逞能言。指空話空乾打鬨，竪拳竪指不知原。提話頭，并觀法，捷辯機鋒喧霅霅。拈槌竪拂接門徒，瞬目揚眉爲打發。參公案，爲禪提，真箇高僧必不然。理路多通爲智慧，明心見性待驢年。道儒僧，休執着，返照迴光自忖度。忽然摸着鼻孔尖，始信從前都是錯。學仙輩，絶談論，受氣之初窮本根。有相有求俱莫立，無形無象更休親。心非火，腎非水，凡精不可云天癸。黄婆元不在乎脾，玄牝亦休言口鼻。卯非兔，酉非雞，子非坎兮午非離。一陽不在初三四，持盈何執月圓時。肝非龍，肺非虎，精華焉得稱丹母。五行元只一陰陽，四象不離二玄牝。採藥川源未易知，汞產東方鉛產西。離位日魂爲姹女，坎宮月魄是嬰兒。爲無爲，學不學，緣覺聲聞都倚

歌

原道歌　贈野雲

玄流若也透玄關，躡景登真果不難。只是星兒孔竅子，迷人如隔萬重山。世間縱有金丹客，太半泥文并着物。雖然苦志教門中，却似癡猫守空窟。或將金石爲丹母，或云口鼻爲玄牝。或云心腎爲坎離，或云精血爲奇耦。勞形苦體費精神，妙本支離道不伸。直待靈源都喪盡，尚猶執着不回身。人人自有長生要，道法法人人不肖。我觀頴川野雲翁，奇哉道釋情俱照。我今得見天機都泄通。玉鎖金枷齊解脫，急流勇退慕玄風。一句道心話與賢，從今不必亂鑽漏。坎水中間一點金，急須取向頂中研。九夏但觀龍取水，明明天意露真詮。會得此機知採藥，地雷震處鼓橐籥。霎時雲雨大霑霈，萬氣咸臻真快樂。水中取得玉蟾蜍，送入懸胎鼎內儲。進火退符功力到，無中生有結玄珠。獲得玄珠未是妙，調神溫養猶深奥。鉛要走而汞要飛，水怕寒兮火怕燥。火周須要識持盈，靜定三元大寶。逆破頂門神蛻也，與君同步謁三清。

鍊虛歌　並引

道本至虛，虛無生氣，一氣判而兩儀立焉。天圓而動，北辰不移，清而上者曰天，濁而下者曰地。地方而靜，東注不竭，主靜者也。北辰天地之心，東注天地之氣。以虛養心，心所以靜。以虛養氣，氣所以運。人心安靜，如北辰之不移，形固常存。作是見者，天地在己。天地之道在己，則形神俱妙，陰陽不可得而推遷，超出造化之外也。是知虛者，大道之體，天地之始，動靜自此出，萬物自此生。是故虛者，天下之大本也。古杭王高士，以竹名齋，蓋有取於此者，天下之大本也。

也。處事以直，處世以順，處心以柔，處身以靜，竹之節操也。動則忘情，靜則忘念，應機忘我，應變忘物，竹之中虛也。立決定志，存不疑心，內外圓通，始終不易，竹之歲寒也。廣參至士，遍訪明師，接待雲水，混同三教。兼之見素抱朴，少私寡欲，調息運誠，觀化知復，非天下之致虛，其孰能與於此？以竹名齋，宜矣。辛卯歲，有全真羽流，之金陵中和精舍，嘗談盛德，予深重之。自後三領雲輪，觀其音辭，有致虛安靜之志，於是乎橫空飛劍而訪先生，是乃己亥重陽日也。觀其行，察其言，足見其深造玄理者也。於是乎以珏蟾扁子名其字，二玉相並，俾之虛實扁子名。字，二玉相並，爲全形神之大方也。虛爲寶體，實爲虛用，虛實相通，去來無礙。玉又取其潔白之義，虛室生白，神宇泰定，自然天光發露，普照無私也。工夫至此，仙佛聖人之能事畢矣。辭已既，故作是篇以記之，歌曰：

更有甚死生可超,更有甚只今末後也。無因也無果,和無也無,倒大輕快、倒大自在。咦,無生法忍之妙,至是盡矣。至元壬辰上元日,清菴瑩蟾子書于中和菴,贈蔡損菴輩。

動靜説

太上云:致虛極,守靜篤,萬物並作,吾以觀其復。此言靜極而動也。夫物芸芸,各復歸其根,歸根曰靜,是謂復命。此言動極而復靜也。又云:復命曰常。此言靜一動,動一靜,道之常也。苟以動爲動,靜爲靜,物之常也。先賢云:靜而動,動而靜,神也;動無靜,靜無動,物也。其斯之謂歟。是知保身心之要,無出乎動靜也。學道底人,收拾身心,致虛之極,守靜之篤,則能觀復。《易》曰:復,其見天地之心乎。夫復之爲卦,自坤而復,自靜而動也。五陰至靜,一陽動於下,是謂上士。達是理者,則知乾道健而不息,即我之心動而無爲,工夫不息復也。非靜極而動乎。觀復則知化,知化則不化,不化則復歸其根也。歸根曰靜,是謂復命,非動而復靜乎。《易·繫》云:闔户之謂坤,闢户之謂乾,一闔一闢之謂變,往來不窮之謂通。一闔一闢,一動一靜也。往來不窮,動靜不已也。互動互靜,是謂之變。推而行之,謂之通也。太上云:谷神不死,是謂玄牝。此言虛靈不昧,則動靜之機不可揜也。又云:玄牝之門,是謂天地根。即乾陽坤陰,一闔一闢而成變化也。又云:綿綿若存,用之不勤。即往來不窮之謂通也。天根闔闢,猶人之呼吸也。呼則接天根,是謂闢也;吸則接地根,是謂闔也。呼則龍吟雲起,吸則虎嘯風生,是謂變也。風雲際會,龍虎相交,動靜相因,顯微無間,是謂通也。予所謂呼吸者,非口鼻也,真息綿綿,往來不息之謂也。苟泥於口鼻而爲玄牝,往來鼓舞之神哉。知天地變動,神之所爲者,即我之心動而無爲也。坤道厚德載物,即我之身靜而應物,用之無盡也。心法天故清,身法地故靜,常清常靜,則天地闔闢之機,我身應之。經云:清者濁之源,動者靜之基,人能常清靜,天地悉皆歸,正謂此也。經閒菴輩,叩予保身之要,予以動靜告之。蓋欲使其收拾身心,效天法地之功用也。夫保身在調燮撮攝,調燮貴乎動,撮攝貴乎靜。一動象天,一靜象地,身心俱靜,天地合也。至靜之極,則自然真機妙應,非常之動也。天心既見,玄關既透,藥物在此也。玄關既透,鼎爐在此矣,火候在此矣。至於心歸虛寂,身入無爲,動靜俱合,動靜相須,天地闔闢之機,盡在我矣。三元八卦、四象五行,種種運用,悉具其中矣。工夫至此,身心混合,精凝氣化,到這裏精自然化氣,氣自然化神,神自然化虛,與太虛混而爲一,是謂返本還元也。咦,長生久視之道,至是盡矣。至元壬辰上元後四日,清菴瑩蟾子書于中和精舍,贈經閒菴輩。

會運世，細至一息之微，皆有一周之運。達此理者，進火退符之要得矣。雖然丹道用卦，火候用爻，皆是譬喻，却不可執在卦爻上。當知過河須用栰，到岸不須船，得魚忘筌，得兔忘蹄可也。紫陽真人云：此中得意休求象，若究群爻謾役情。又云：不刻時中分子午，無爻卦内定乾坤。皆謂此也。予謂生而知之者，不求自得，不勉而中，又豈在誘喻。故上品丹法，不用卦爻也。中下之士，不能直下了達，須從漸入。故諸丹書皆以卦爻爲法則也，達者昧之而自得之矣。

說

死生說

太上云：人之輕死，以其求生之厚，是以輕死。又曰：夫惟無以生爲者，是賢於貴生。是謂求生了不可得，安得有死耶。有生即有死，無死便無生，故知性命之大事，死生爲重焉。欲知其死，必先知其生，知其生則自然知死也。子路問死，子曰：未知生，焉知死也。大哉聖人之言也。《易繫》所謂原始要終，故知死生之說，其斯之謂歟。

予謂學道底人，欲要其終，先原其始，欲明末後，究竟只今。只今脱灑，末後脱灑，只今自由，末後自由。亘古亘今，歷代聖師脱胎神化，應變無窮者，良由從前淘汰得净潔，末後所以輕舉。若復有人，於平常一一境界得破，打一境眩他不得，一一情緣牽他不住。

只今一切念慮都屬陰趣，一切幻緣都屬魔境，若於平常間打併得潔净，末後不被他惑亂。念慮當以理遣，幻緣當以志斷。念慮絕則陰消，幻緣空則魔滅，陽盡陰純，是謂仙也。或念緣起，縱意隨，積習久久，陰長魔盛，陽所以消也。積習久久，陽盡陰純，死矣。作是見者，玄門高士、諸法卷等，立決定志，存不疑心，直下打併，教赤灑灑，空蕩蕩，勿令秋毫許塵染着，是清静法身也。一切常人分陽未盡。大修行人分陰盡，則不死。

汝若不着一切相，則一切相亦不着汝；汝若不見一切法，則一切法亦不見汝；汝若不知一切物，則一切物亦不知汝；汝若不見一切事，則一切事亦不知汝；汝若不聞一切聲，則一切聲亦不聞汝；汝若不緣一切覺，則一切覺亦不緣汝。至於五蘊六識，亦復如是。六塵不入，六根清静，五蘊皆空，五眼圓明，到這裏六根互用，通身是眼，群陰消盡，遍體純陽，性命雙全，形神俱妙，與道合真也。

我見今時打坐底人，纔合眼，一切妄幻魔境都在目前，既入魔境，與那陰魔打成一片，不自知覺。間有覺者，亦不能排遣，却如簡有氣底死人，六根具足不能施爲，被他撓亂擺撥不下。只今既不得自由，生死岸頭怎生得自由去？若是簡決烈漢，合眼時與開眼時一同，於二妄幻境界都無染着，去來無碍，得大自在。只今既脱灑，末後奚患其不脱灑。清菴道人不惜兩片皮，爲損菴輩饒舌，只如今做底工夫，便是末後大事，只今是因，末後是果。

中和集卷之四

都梁清菴瑩蟾子李道純素撰
門弟子損菴寶蟾子蔡志頤編

論

性命論

夫性者，先天至神一靈之謂也。命者，先天至精一氣之謂也。精與性，命之根也。性之造化系乎心，命之造化系乎身。見解智識，出於心也；思慮念想，心役性也。舉動應酬，出於身也；語默視聽，身累命也。命有身累，則有生有死；性受心役，則有往有來。是知身心兩字，精神之舍也，精神乃性命之本也。性無命不立，命無性不存，其名雖二，其理一也。嗟乎，今之學徒，緇流道子，以性命分為二，各執一邊，互相是非，殊不知孤陰寡陽，皆不能成全大事。修命者不明其性，寧逃劫運；見性者不知其命，末後何歸？仙師云：鍊金丹，不達性，此是修行第一病。只修真性不修丹，萬劫英靈難入聖。誠哉言歟。高上之士，性命兼達，先持戒、定、慧而虛其心，後鍊精、氣、神而保其身。身安泰則命基永固，心虛澄則性本圓明。性圓明則無來無去，命永固則無死無生。至於混成圓頓，直入無為，性命雙全，形神俱妙也。雖然，却不可謂性命本二，亦不可做一件說，本一而用則二也。苟或執着偏枯，各立一門，則支離為二矣。不明性命者，性命既不相守，又焉能登真躡境者哉。

卦象論

海瓊真人云：上品丹法無卦爻。諸丹書皆用卦爻者，何也？此聖人設教而顯道也。古云：大道無言，無言則不顯其道。即此義也。所謂卦者，掛也。如掛物於空懸示人，猶天垂象見吉凶，使人易見也。象也者，像此者也。卦有三爻，象三才，即我之三元也；象六虛，即我之六合也。丹書用卦用爻者，卦也者，像此者也；爻也者，傚此者也。蓋欲學者法象安爐，依爻進火，易為取則也。

崇釋則離宮修定，歸道乃水府求玄，謂修鍊性命之要也。離宮修定者，持戒定慧也；水府求玄者，即去離中之陰也。持戒定慧，使諸塵不染，萬有一空，水府求玄，而存坎中之陽也。鍊精氣神，使三花聚鼎，五氣朝元，而存坎中之陽也。特達之士，二理總持。負陰抱陽，虛心實腹，即取坎中之陽，而補離中之陰，再成乾體也。紫陽真人云：取將坎位中心實，點化離宮腹裏陰。自此變成乾健體，潛藏飛躍盡由心。正謂此也。

有形體便有性情，即兩儀生四象也；至於精神魂魄、意氣身心，悉皆足具，即四象生八卦也。先賢……海瓊真人謂無卦爻者，警拔後人不可泥於爻象，即此用而離此用也。

行火候用卦爻者，乾坤二卦，健順相因，往來推盪，定四時、成歲，四德運化，無有窮也。行火進退，抽添加減，則而象之。簇一年於一月，簇一月於一日，簇一日於一時，簇一時於一刻，簇一刻於一息。大自元……

須要即此用，離此用。予所謂身心者，非幻身肉心也，乃不可見之身心也。且道如何是不可見之身心？雲從山上，月向波心。身者，歷劫以來清靜身，無中之妙有也。心者，象帝之先靈妙本，有中之真無也。無中有，象坎☵；有中無，象離☲。祖師云：取將坎位中心實，點化離宮腹內陰。自此變成乾健體，潛藏飛躍盡由心。予謂身心兩字，是全真致極處，復何疑哉。鍊丹之要，只是性命兩字。離了性命，便是旁門，各執一邊，謂之偏枯也。

祖師云：神是性兮氣是命。即此義也。

鍊氣在保身，鍊神在保心。身不動則虎嘯，心不動則龍吟。虎嘯則鉛投汞，龍吟則汞投鉛。鉛汞者，即坎離之異名也。坎中之陽，即身中之至精也。離中之陰，即心中之元氣也。鍊精化氣，所以先保其身；鍊氣化神，所以先保其心。身定則形固，形固則了命。心定則神全，神全則了性。身心合，性命全，形神妙，謂之丹成也。

鍊精在知時。所謂時者，非時候之時也。若着在時上，便不是。若謂無時，如何下手，畢竟作麼生？咦，古人言時至神知。祖師云：鉛見癸生須急採。斯言盡矣。

鍊氣在調燮。所謂調燮者，調和真息，燮理真元也。老子云：玄牝之門，是謂天地根。綿綿若存，用之不勤。其調燮之要乎。今人指口鼻為玄牝之門，非也。玄牝者，天地闔闢之機也。《易係》云：闔戶之謂坤，闢戶之謂乾，一闔一闢之謂變。一闔一闢，即老子所謂用之不勤之義也。丹書云：呼則接天根，吸則接地根，呼則龍吟雲起，吸則虎嘯風生。予謂呼則接天根，吸則接地根，即闔戶之謂坤，闢戶之謂乾。呼則龍吟雲起，吸則虎嘯風生，即一闔一闢之謂變，亦用之不勤之義也。指口鼻為玄牝，不亦謬乎。此所謂呼吸者，真息往來無窮也。

鍊精化氣，氣化神，未為奇特，夫何故？猶有鍊神之妙，未易輕言。予前所言金丹之大槩，若向這裏具隻眼，方信大事不在紙上。其或未然，須知下手處。鍊精始，精住則然後鍊氣，氣定則然後鍊神，神凝則然後返虛，虛之又虛，道德乃俱。

口訣

外陰陽往來，則外藥也。內坎離精氣往來，乃內藥也。外有作用，內則自然。精氣神之用有二，其體則一。以外藥言之，交合之精，先要不漏，呼吸之氣，更要細細。至於無息思慮之神，貴在安靜。以內藥言之，鍊精鍊元精，抽坎中之元陽也。元精固，則交合之精自不泄。鍊氣鍊元氣，補離中之元神也。元氣住，則呼吸之氣自不出入。鍊神鍊元神也，坎離合體成乾也，元神凝則思慮之神泰定。其上更有鍊虛一着，非易輕言，貴在嘿會心通可也。勉勉。

中和集卷之三

有水，明矣。若以一身言之，則是氣中之液也。

或問：如何水中有火？曰：以理言之，「日從海出。以法象言之，水旺在子，火受胎在子。以一身言之，則是精中之氣也。

或問：如何是既濟？曰：水升火降曰既濟。《易》曰：山下有澤，損君子，以懲忿窒慾。此既濟之方，懲忿則火降，窒慾則水升。

或問：如何是未濟？曰：不能懲忿，則火上炎，不能窒慾，則水下濕。無明火熾，苦海波翻，水火不交，謂之未濟。

或問：如何是金木併？曰：情來歸性，謂之交併。情屬金，性屬木。

或問：如何是間隔？曰：情逐物，性隨念，情性相違，謂之間隔。

或問：如何是清濁？曰：心不動，水歸源，故清；心動，水隨流，故濁。

或問：何謂二八？曰：一斤之數也。半斤鉛，八兩汞，非真有斤兩，只要二物平勻，故曰二八。丹書云：前弦之後後弦前，藥物平平火力全。比也。

或問：如何是沐浴？曰：洗心滌慮，謂之沐浴。

或問：如何是丹成？曰：身心合一，神氣混融，情性成片，謂之丹成。仙師云：水來真性是金丹，喻身爲爐鍊作團。是也。

或問：何謂養火？曰：絕念爲養火。

或問：如何是脫胎？曰：身外有身爲脫胎。

或問：如何是了當？曰：與太虛同體，謂之了當。物外造化未易輕述，在人自得之也。

全真活法

授諸門人

全真道人，當行全真之道。所謂全真者，全其本真也。全精、全氣、全神，方謂之全真。才有欠缺，便不全也。才有點污，便不真也。

全精可以保身。欲全其精，先要身安定，安定則無欲，故精全也。全氣可以養心。欲全其氣，先要心清靜，清靜則無念，故氣全也。全神可以返虛。欲全其神，先要意誠，意誠則身心合而返虛也。是故精、氣、神爲三元藥物，身、心、意爲三元至要。

學神仙法，不必多爲，但鍊精氣神三寶爲丹頭，三寶會於中宮，金丹成矣。豈不易知，豈爲難行。難行難知者，爲邪妄眩惑爾。

鍊精之要在乎身。身不動則虎嘯風生，玄龜潛伏，而元精凝矣。鍊氣之要在乎心。心不動則龍吟雲起，朱雀斂翼，而元氣息矣。生神之要在乎意。意不動則二物交，三元混一，而聖胎成矣。乾坤鼎器，坎離藥物，八卦三元，五行四象，並不出身、心、意三字。

全真至極處，無出身心兩字。離了身心，便是外道。雖然，亦不可着在身心上，才着在身心，又被身心所累。

有此身，以念爲真種子。或謂禀二五
之精而有此身，以精爲真種子。此三
說似是而非。釋云：無量劫來生死
本，癡人喚作本來真。此之謂也。

或問：何謂鼎爐？曰：身心爲鼎
爐。丹書云：先把乾坤爲鼎器，次搏
烏兔藥來烹。乾，心也，坤身也。今人
外面安爐立鼎者，謬矣。

或問：何謂藥物？曰：真鉛真汞
爲藥物，只是本來二物是也。

或問：何謂內藥，何謂外藥？
曰：鍊精、鍊氣、鍊神，其體則一，其用
有二。交感之精，呼吸之氣，思慮之
神，皆外藥也。先天至精，虛無空氣，
不壞元神，此內藥也。丹書云：內外
兩般作用，正謂此也。

或問：敲竹喚龜吞玉芝，如何
說？曰：敲竹者，息氣也。喚龜者，攝
精也。鍊精化氣，以氣攝精，精氣混
融，結成玉芝，採而吞之，保命也。

或問：鼓琴招鳳飲刀圭，如何
說？曰：鼓琴者，虛心也。招鳳者，養
神也。虛心養神，心明神化，二土成

圭，採而飲之，性圓明也。

或問：如何是五氣朝元？曰：身
不動精固，水朝元；心不動氣固，火朝
元；性寂則魂藏，木朝元；情忘則魄
伏，金朝元；四大安和則意定，土朝
元。此之謂五氣朝元也。

或問：何謂黃婆？曰：黃者，中
之色。婆者，母之稱。萬物生於土，土
乃萬物之母，故曰黃婆，人之胎是
也。或謂脾神爲黃婆者，非也。

或問：何謂金公？曰：以理言
之，乾中之陽入坤成坎，坎爲水，金乃
水之父，故曰金公。以法象言之，金邊
着公字，鉛也。

或問：坎離爲水火，如何喻嬰兒？
曰：坎本坤之體，故曰太陰。因受乾
陽而成坎，爲少陽，故喻之爲嬰兒。謂
負陰抱陽也。

或問：離爲太陽，卻如何喻爲姹
女？曰：離本乾之體，故曰太陽。因
受坤陰而成離，爲少陰，故喻之爲姹
女。謂雄裏懷雌也。

或問：何謂真金？曰：金乃元神

也，歷劫不壞，愈鍊愈明，故曰真金。

或問：如何是子母？曰：水中金
也。金爲水之母，金藏水中，故母隱子
胎也。則是神乃身之母，神藏於身，喻
爲母隱子胎。

或問：何謂賓主？曰：性是一身
之主，以身爲客。今借此身養此性，故
讓身爲主。丹書云：饒他爲主我爲
賓，此之謂也。

或問：何謂先天一氣？曰：天地
未判之先，一靈而已。以其先乎覆載，故名先天。

或問：何謂水火？曰：天以日月
爲水火，易以坎離爲水火，禪以定慧爲
水火，聖人以明潤爲水火，豎道以心腎
爲水火，丹道以精氣爲水火。我今分
明指出，自己一身之中，上而炎者皆爲
火，下而潤者皆爲水。種種異名，無非
譬喻，使學者自得之也。

或問：如何是火中有水？曰：從
來神水出高原。以理言之，水不能自
潤，須仗火蒸而成潤。以法象言之，火
旺在午，水受氣在午。以此求之，火中

二九二

閭而已。譬如大風起，入山撼木，入水揚波，豈得謂之無？觀之不見，搏之不得，豈得謂之有？金丹之體亦復如是。所以鍊丹之初，有無互用，動靜相須，乃至成功。諸緣頓息，萬法皆空，動靜俱忘，有無俱遣，始得玄珠成象，太一歸真也。性命雙全，形神俱妙，出有入無，逍遙雲際，果證金仙也。所以經典丹書，種種異名，接引學人，從粗達妙，漸入佳境。及至見性悟空，其事卻不在紙上。譬若過河之舟，濟度斯民，既登彼岸，舟船無用矣。前賢云：得兔忘蹄，得魚忘筌，此之謂也。且余今語此授汝，却不可執在言上，但只細嚼熟玩，其未窮究本源。苟或一言之下，心地開通，直入無為之境，是不難也。更有向上機關，未易輕述，當於言外求之。

金丹或問

予觀丹經子書，後人箋注，取用不一。或着形體，或泥文墨，或以清净為苦空，或以汞鉛為有象。所見不同，後人豈得不惑。殊不知至道則一，豈有二哉。又近來丹書所集，多是傍門。如解七返九還，寅子數坤申之類，不亦謬乎。予今將丹書中精要，集成《或問》三十六則，以破後人之惑。達者味之。

或問：何謂九還？曰：九乃金之成數，還者返元之義，則是以性攝情而已。情屬金，情來歸性，故曰九還。丹書云：金來歸性初，乃得稱還丹。此之謂也。若以子數至申為九還者，非也。

或問：何謂七返？曰：七乃火之數，返者返本之義，則是鍊神還虛而已。神屬火，鍊神返虛，故曰七返。或以寅至申為七返，非也。《悟真篇》或云：休將寅子數坤申，只要五行綯準。正謂此也。

或問：何謂三關？曰：三元之機關也。鍊精化氣為初關，鍊氣化神為中關，鍊神還虛為上關。或指尾閭、夾脊、玉枕為三關者，只是工法，非至要也。登真之要，在乎三關，豈有定位，存乎口訣。

或問：何謂玄關？曰：至玄至妙之機關也。初無定位，今人多指臍輪，或指頂門，或指印堂，或指兩腎中間，或指臍前腎後，已上皆是傍門。丹書云：玄關一竅，不在四維上下，不在內外偏傍，亦不在當中，四大五行不着處是也。

或問：何謂三宮？曰：三元所居之宮也。神居乾宮，氣居中宮，精居坤宮。今人指三田者，非也。

或問：何謂三要？曰：歸根之竅，復命之關，虛無之谷，是謂三要。或指口鼻為三要者，非也。

或問：何謂玄牝？曰：谷神不死，是謂玄牝。或指口鼻者，非也。紫陽真人云：念頭起處為玄牝。斯言是也。予謂念頭起處，乃生死之根，豈非玄牝乎。雖然，亦是工法。最上一乘，在乎口訣。

或問：何謂真種子？曰：天地未判之先，一點靈明是也。或謂人從一氣而生，以氣為真種子。或謂因念而者錯用心志，又以一年節候，促在一月之內，以朔望象冬夏至，以兩弦比二八月。以兩日半准一月，以三十日准一年。世人又着在月上。又以一月盈虧，促在一日，以子午體朔望，以卯酉體二弦。學者又着在日上。近代真師云：一刻之工夫，自有一年之節候。又曰：父母未生以前，烏有年月日時。此聖人誘喻初學勿錯用心。奈何執着之徒，不窮其理，執文泥象，徒爾勞心。余今直指與汝，身中癸生便是一陽也。陽升陰降便是三陽也。陰陽分，是四陽，體二月，如上弦時，宜沐浴，然後進火。陰陽交，神氣合，六陽也。陰陽相交，神氣混融之後，要識持盈，不知止足，前功俱廢。故曰：金逢望遠不堪嘗。然後退符，象一陰，乃至陰陽分，象三陰，陰陽伏位，宜沐浴，象八月，比下弦，如酉時也。然後退至六陰，陰極陽生，頃刻之間，一周天也。汝但依而行之，久久工夫，漸凝漸結，無質生質，結成聖胎，謂之丹成也。

定菴曰：下手工夫，周天運用，已

蒙開發，種種異名不能盡知，望師指示。師曰：異名者，只是譬喻，無出身心兩字。下工之際，凝耳韻，含眼光，境勿令出，謂之固濟。寂然不動，謂之養火。虛無自然，謂之運用。存誠篤志，謂之守城。降伏內魔，謂之野戰。運入中宮，謂之攢簇五行。心不動，龍吟；身不動，虎嘯，身心不動謂之降龍伏虎。龍吟則氣固，虎嘯則精固，握固意性，寂神靈，二物成團，三元輻輳，謂之黃婆。

水中金。金本生水，乃水之母，金反居水中，故曰母隱子胎。外境勿入，內境勿令出，謂之固濟。

以精氣喻之龜蛇，以身心喻之龍虎。〔龍虎〕龜蛇打成一片，謂之龍虎。以性攝情，謂之水火交。木與火同源，謂之金木併。真汞謂之姹女，真鉛謂之嬰兒。性情謂之夫婦。澄心定意之黃婆。愛護靈根，謂之溫養。溫養者，如龍養珠，如雞覆子，謹謹護持，勿令差失，毫髮有差，前功俱廢也。陽神出殼，謂之脫胎。歸根復命，還其本初，謂之超脫。打破虛空，謂之了當。

之合和四象。以性攝情，謂之水火交。木與火同源，本初，謂之超脫。

兩性一家，東三南二同成五也。水與本初，謂之超脫。土居中宮，屬意，自己五數戊己，還從生數五。心身意打成一片，三家相見結嬰兒。精化氣，鍊氣化神，鍊神還虛，謂之三花聚鼎，又謂之三關。今之學人多指尾閭、夾脊、玉枕為三關者，非也。舉心動念處為玄牝，只是功法，令人指口鼻者，非也。身、心、意為三要。心中之性謂之砂中汞。身中之氣謂之

定菴曰：金丹成時，還可見否？答曰：可見。問曰：既無形，如何可見？答曰：金丹只是強名，豈有形乎。釋曰：於不見中親見，親見中不見。道經云：視之不見，聽之不聞，斯謂之道。視之不見，未嘗不見。聽之不聞，未嘗不聞。所謂可見者，不可以眼見。所謂可見可聞，非耳目所及也，心見意見，未嘗不見。

師，幸沾法乳。金丹之要，望賜點化。師曰：汝今諦聽，當爲汝談。夫鍊金丹者，全在奪天地造化。以乾坤爲鼎器，日月爲水火，陰陽爲造化，烏兔爲藥物。仗天罡之斡運，斗柄之推遷，採藥有時，運符有則。進火退符，體一年之節候，抽鉛添汞，象一月之虧盈。攢簇五行，合和四象，追二氣歸黃道，會三性於元宮，返本還元，歸根復命，功圓神備，凡蛻爲仙，謂之丹成也。

定菴曰：天地造化誠恐難奪。師曰：無出一身，奚難之有。天地，形體也；水火，精氣也；陰陽，身心也；烏兔，性情也。所以形體爲鼎爐，精氣爲水火，情性爲化機，身心爲藥材。聖人恐學者無以取則，遂以天地喻之。人身與天地造化，無有不同處。所以天魂地魄，乾馬坤牛，陽鉛陰汞，坎男離女，日烏月兔，無出身心兩箇字也。天罡斡運者，天心也。丹書云：人心若與天心合，顛倒陰陽止片時。又云：以心觀心，心即道也，以道觀心，心即道也。斗柄推遷

者，玄關也。夫玄關者，至玄至妙之機關也。今之學者多泥於形體，或云眉間，或云臍輪，或云兩腎中間，或云臍後腎前，或云膀胱，或云丹田。或云首有九宮，中爲玄關；或指産門爲生身處，或指口鼻爲玄牝，皆非也。但着在形體上，都不是。亦不可離此一身，向外尋求。諸丹經皆不言正在何處者，何也？難形筆舌，亦說不得，故曰玄關。所以聖人只書一中字，示人此中字，玄關明矣。所謂中者，非中外之中，亦非四維上下之中，不是在中之中，此乃三教所用，中之體也。儒曰：喜怒哀樂未發謂之中，此儒家之中也。釋云：不思善，不思惡，正恁麼時，那箇是自己本來面目。此禪家之中也。道曰：念頭不起處謂之中也，此道家之中也。老子云：致虛極，守靜篤，萬物並作，吾以觀其復。《易》云：復，其見天地之心乎。且復卦一陽，生於五陰之下。陰者，靜也。陽者，動也。靜極生動。只這動處，便是

玄關也。汝但於二六時中，舉心動念處，着工夫，玄關自然見也。見得玄關，藥物火候，運用抽添，乃至脫胎神化，並不出此一竅。採藥者，採身中真鉛真汞也。藥生有時，非冬至、非月生、身中自有一陽生也。祖師云：鍊丹不用尋冬至，身中自有一陽生。又云：鉛見癸生須急採，金逢望遠不堪嘗。以此求之，身中癸生一陽時也，便可下手採之。二氣交合之後，要識持盈，不可太過，望遠不堪嘗也。進火退符，無以取則，遂以一年節候，寒暑往來，以明火符之則。又以一月盈虧，以明抽添之旨。且如冬至一陽生，復卦十二月；二陽臨卦，正月；三陽泰卦，二月；四陽大壯卦，三月；五陽夬卦，四月；純陽乾卦，陽極陰生，五月；一陰姤卦，六月；二陰遯卦，七月；三陰否卦，八月；四陰觀卦，九月；五陰剝卦，十月；純陰坤卦，陰極陽生，周而復始。此火符進退之機。奈何學者執文泥象，以冬至日下手進火，夏至退符，二八月沐浴，尤不知其要也。聖人見學

曰：涅槃與脱胎，只是一箇道理。脱胎者，脱去凡胎也，豈非涅槃乎？如道家鍊精化氣，鍊氣化神，鍊神還虛，即抱本歸虛，與釋氏歸空一理，無差別也。

又問：脱胎後還有造化麼？曰：有造化在。聖人云：身外有身，未爲奇特，虛空粉碎，方露全真。所以脱胎之後，正要脚踏實地，直待與虛空同體，方爲了當。且如佛云真空，儒曰無爲，道曰自然，皆抱本還元，與太虛同體也。執着之徒，疇克知此一貫之道哉。

潔菴曰：先生精造金丹之妙道，融通三教之玄機，隨問隨答，極玄極妙。豈敢自祕，當刊諸梓，與同志之士相與開發。隋珠趙璧，自有識者。

趙定菴問答

師曰：前代祖師、高真上聖，有無上至真之道，留傳在世度人。汝還知否？定菴曰：弟子初進玄門，至愚至蠢，蒙師收錄，千載之幸也。無上正真之道，誠未知之，望師開發。

師曰：無上正真之道者，無上可上，玄之又玄，無象可象，不然而然，至極至妙之謂也。聖人強名曰道。自古上仙，皆由此處了達，未有不由是而修證者。聖師口口，歷代心心相傳，所授金丹之旨，乃無上正真之妙道也。

定菴曰：無上正真之妙，喻爲金丹，其理云何？師曰：金者，堅也。丹者，圓也。釋氏喻之爲圓覺，儒家喻之爲太極。初非別物，只是本來一靈而已。本來真性永劫不壞，如金之堅，如丹之圓，愈錬愈明。釋氏曰：○此者真如也。道曰○此乃金丹也。體同名異。《易》曰：易有太極，是生兩儀。太極者，虛無自然之謂也。兩儀者，一陰一陽也。陰陽，天地也。人生於天地之間，是謂三才。三才之道，一身備矣。太極者，元神也；兩儀者，身心也。以丹言之，太極者，丹之母也；兩儀者，真鉛真汞也。所謂鉛汞者，非水銀、朱砂、硫黄、黑錫、草木之類者，亦非精津涕唾、心腎氣血，乃身中元神，身中元氣。身不動，精氣凝結，喻之曰丹。所謂丹者，身也。○者，真性也。丹中取出○者，謂之丹成。所謂丹者，非假外而造作，由所生之本，而成正真也。世鮮知之。

今之修丹之士，多不得其正傳，皆是向外尋求，隨邪背正，所以學者多而成者少也。或錬五金八石，或錬三遜五假，或錬雲霞外氣，或錬日月精華，或採星曜之光，或想空中丸塊而成丹，或想丹田有物而爲丹，或肘後飛金精，或眉間存想，或還精補腦，或運氣歸臍。乃至服穢吞精，納新吐故，八段錦、六字氣，摇夾脊，絞轆轤，閉尾閭，守臍蒂，採天癸，鍛秋石，屈伸導引，撫摩消息，默朝上帝，舌拄上腭，三田還返，閉息行氣，三火聚於膀胱，五行攢於苦海。如斯小法，何啻千門。縱勤功採取，終不能成其大事。經云：正法難遇多迷，真道多入邪宗，此之謂也。夫至真之要，真至簡至易，難遇易成。若遇至人點化，無不成就。

定菴曰：弟子夙生慶幸，得遇老

之，樂亦在其中矣。夫子樂在何處？曰：夫子所樂者天，所知者命，故樂天知命而不憂。雖匡人所逼，猶且弦歌自娛，於易得不憂。復以修身，復見天地之心，窮理盡性，以至於命，此金丹之妙也。

問：顏子簞瓢之樂，如何？曰：顏子得夫子樂天知命不憂之理，故不改其樂也。所以如愚，心齋坐忘，黜聰明，去智慮，庶乎屢空，亦金丹之妙也。

問：曾子被破褐而頌聲滿天地，以修身齊家治國平天下，得一貫之道。是如何？曰：曾子一唯之妙，口耳俱忘。

問：子路問死，夫子答曰：未知生，焉知死。是如何？曰：生死乃晝夜之常，知有晝則知有夜，《易》云：原始返終，則知死生之說。丹書云：父母未生已前，是金丹之基。釋云：未有此身，性在何處。以此求之，三教入處。只要原其始，泝其終，沿其流而知其源。人能窮究此身，其所從來生死，自然都知也。汝曾看《太極圖》否？太極未判，之前是甚麼？若窮得之，則知此身之前，原始可以要終也。

問：太極未判，其形若雞子，雞子之外是甚麼？曰：太虛也。凡人受氣之時，形體未分，亦如雞子。既生之後，立性立命，一身之外，皆太虛也。

問：人在母腹中時，還有性否？又曰：腹中穢污，靈性豈存得住。

問：懷胎五七箇月，其胎忽動，莫非性乎？曰：非性也，一氣而已。人在腹中時隨母呼吸，一離母胎，立性立命，便自有天地。且如蛇斬作兩段，前尚走，尾尚活。又有人煮蟹既熟，遺下生脚尚動，豈非性也。汝究此理則知氣動非性也。

問：語云吾道一以貫之。如何？曰：聖人言身中一天理，可以貫通三才，三教萬事，無不備矣。如釋氏無我無人，無眾生無壽者，道教了一萬事，皆一貫也。

問：世尊拈花示眾，獨迦葉微笑，涅槃妙心，分付摩訶迦葉。不知微笑者何事？曰：世尊拈花示眾，眾皆不見佛心，獨迦葉見佛心之妙，所以微笑。故世尊以心外之妙，分付與迦葉也。

問：達摩西來，不立文字，直指人心，見性成佛。如何是見性？曰：達磨以真空妙理，真指人心。見性者，使人轉物情空，自然見性也。豈在乎筆舌傳之哉。

問：儒有先天《易》，釋有《般若經》，道有《靈寶經》莫非文字乎？曰：皆聖人以無言而形於有言，顯真常之道也。釋教一大藏教典，及諸家語錄因果；儒教九經三傳，諸子百家；道教洞玄諸品經典及諸丹書，是入道之徑路，超昇的梯階。若至極處，一箇字也使不著。汝問余數事，亦只是過河之筏。向上一着，當於言句之外求之。或築着磕着，悟得透徹，復歸於太極，圓明覺照，虛徹靈通，性命雙全，形神俱妙，虛空同體，仙佛齊肩，亦不爲難。

問：先生云三教一理，極荷開發。但釋氏涅槃，道家脫胎，似有不同處。

動互靜，機緘不已，元亨利貞，定四時，成歲變者，變易也。至道與神氣，混混淪淪，周乎三才萬物，圜關無窮，致廣大而盡精微矣。以一身言之，呼吸是矣。呼則接天根，是謂之闢，吸則接地根，是謂之變。一呼一吸，化生金液，是謂之變。闢闔呼吸，即玄牝之門，天地之根矣。所謂呼吸者，非口鼻呼吸，乃真息闔闢也。

問：乾道成男，坤道成女。如何？曰：乾，父也，坤，母也。乾初爻交坤而成震，震初索而得男，是謂長男。坤初爻交乾而成巽，巽初索而得女，是謂〔長〕女。乾中爻交坤而成坎，坎再索而得男，是謂中男。坤中爻交乾而成離，離再索而得女，是謂中女。乾三爻交坤而成艮，艮三索而得少男。坤三爻交乾而成兌，兌三索而得女，是謂少女。乾坤共生六子，是謂八卦。以身言之，初受胎時，稟父母精華而成此身。精華者，丹經喻曰天壬地癸也。初交合時，天壬先至，地癸隨至，癸裏壬則

成男子；地癸先至，天壬隨至，壬裏癸則成女子。壬癸偶然齊至，則成雙胎，壬先至癸遲至，癸先至壬遲至，俱不成胎也。故曰：乾道成男，坤道成女。夫天壬地癸者，乃天地元精元氣也。亦丹經所云坎戊離己，異名鉛汞也。節之於外則成人，益之於內則成丹。世人不知生男生女，實由命分中得，不由人力。若不斷淫絕慾，自為修養，直待精華耗竭，早至夭亡，大可惜也。又豈知寡慾而得男女，貴而壽；多慾而得男女，濁而夭。

問：形而上者謂之道，形而下者謂之器。如何？曰：形而上者無形，形而下者有形質。無形質者，係乎理。有體用者，係乎命也。總而言之，無出身心也。

問：聖人以易洗心，退藏於密，密是何也？曰：誠之至也。

問：不識不知，順帝之則。如何？曰：聖人生而知之，默而順之天

理。所謂不思而得，不勉而中，得無為自然之道也。此則《中庸》所謂誠而明也。若謂明而誠，正是聖人之教耳。

問：上天之載，無聲無臭。如何？曰：誠之昭著，雖無聲可聞，無臭可知，天道亦不可掩。如道經云大量玄玄，亦是真之至也。

問：《書》云人心惟危，道心惟微，惟精惟一，允執厥中。不知中如何而知之也。曰：執者，一定之辭。中者，正之中也。道心微而難見，人心危而不安，中者，人亦有人心，雖下愚亦有道心。苟能心常正得中，所以微妙而難見也。若心稍偏而不中，所以危殆而不安也。學仙之人，擇一而守之不中，常執其中，自然危者安而微者著矣。金丹用中為玄關者，亦是這箇道理。

易理致廣大而盡精微，聖人玩味其理，洗心滌慮，藏於極誠矣。

學道之人夙有根器，一直了性，自然了命也，此生而知之也。根器淺薄者，不能一直了性，自教而入，從有至無，粗達妙，所以先了命而後了性也，此學而知之也。

問：夫子飯蔬食飲水，曲肱而枕

備矣。而《繫辭》云：以制器者尚其象。未必因器而設象，因象而制器乎？曰：因象而制器。

問：三皇以下，聖人制器皆以重卦言之。若謂因象制器，文王未重易之前，豈有重卦之名乎？曰：非也。前賢云：須信畫前元有易。所以文王未重卦之前，六十四卦俱備。

問：卦若不重，六十四卦從何而得？曰：變卦所生也。一卦變八卦，八卦變六十四卦。且如乾卦三爻，上兩爻少陽，下一爻老陽，支出巽卦來，陽變爲陰，乾之巽，天風姤也。舉此一卦，諸卦皆然。

問：卦不重而有六十四卦，文王如何又重之？曰：卦不重而變六十四卦，乃羲皇心法，道統正傳，誘萬世之下學者，同入聖門。重卦而生六十四卦者，乃文王、周孔立民極，正人倫，使世人趨吉避凶，立萬世君臣父子之綱耳。故性命之學，不敢輕明於言，亦不忍隱斯道。孔子微露於《繫辭》，濂溪發明於《太極通書》也。蓋欲來者熟咀之，而自得之，此學不泯其傳矣。

問：一陰一陽之謂道，如何說？曰：陰陽者，乾坤也。乾坤出於太極，太極判而兩儀立焉。兩儀，天地也。

或曰：乾陽也，坤陰也，如何又不言天地，而言乾坤者，貴其用不貴其體也。曰：天地即乾坤也，乾坤即陰陽也，陰陽一太極也，太極本無極也。以太極言之，則曰天地；以易言之，則曰陰陽。若以人身言之，天地形體也，乾坤性情也，陰陽神氣也。以法象言之，天龍地虎也，乾馬地牛也，陽烏陰兔也。以金丹言之，乾金坤土也，陰汞陽鉛也。散而言之，種種異名，合而言之，一陰一陽也。修仙之人，鍊鉛汞，以乾坤爲鼎器，陰陽爲化機者，即易行乎中也。

問：《繫辭》云天地設位，易行乎中，是謂三才。何如？曰：天地設位人生於中，所以不言人與物，而言易者，聖人言乾坤易之門，隨時變易，以從道也。如金丹，以乾坤爲鼎器，天地設位也。以陰陽爲化機者，即易行乎中也。元始採藥無窮，行火候之不息也。

問：金丹之道，實入聖基也。工夫十月，脫出凡胎，超凡入聖也。十月胎圓入聖基。以此求之，金丹之道，實入聖基也。

三五合一，則歸太極；身心意合一，則成聖胎也。紫陽真人云：三五一都三箇字（三元五行一氣是也），古今明者實然稀（世鮮知之）。東三南二同成五（東三性也，南二神也），北一西四共之（北一精也，西四情也）。戊己自居生數五（土數五，意也），三家相見結嬰兒（三家者身心意也，嬰兒者一含真氣）。嬰兒是一含真氣（是真一之異名，太乙含真也。三五合一而成也），十月胎圓入聖基。

問：三五一，是何也？曰：三元五行也。東三南二是一箇五，北一西四是兩箇五，中土是三箇五，是謂三五。以人身言之，性三神二是一箇五，情四精一是兩箇五，意五是三箇五也。

問：闔戶謂之乾，闢戶謂之坤，一闔一闢謂之變。如何？曰：一闔一闢者，一動一靜也。乾陽坤陰，如門戶之闔闢，即乾坤易之門也。且如陰陽互汞也。忘情養性，虛心養神，萬緣頓息，百慮俱澄，身心不動，神凝氣結，是謂丹基，喻曰聖胎也。以上異名，只是以性攝情而已。性寂情冥，照見本來，抱本還虛，歸根復命，謂之丹成也，喻曰脫胎。

問：諸丹經云用工之妙，要在玄關，不知玄關正在何處？曰：玄關者，至玄至妙之機關也。寧有定位？着在身上，即不是，離了此身向外尋求，亦不是。泥於身則着於形，泥於外則着於物。夫玄關者，只於四大五行不着處是也。余今設一譬喻，令汝易於曉會。且如傀儡手足舉動，百般舞蹈，在乎線上關捩，實由主人使之。傀儡比得人之四大一身，線比得玄關，抽牽底主人比得本來真性。傀儡無線則不能動，人無玄關亦不能運動。汝但於二六時中，行住坐臥，着工夫向內求之，語默視聽是箇甚麼？若身心靜定，方寸湛然，真機妙應處，自然見之也。《易‧繫》云：寂然不動。即玄關之體也。感而遂通。即玄關之用也。自見

得玄關，一得求得，藥物火候，三元八卦，皆在其中矣。時人若以有形着落處爲玄關者，縱勤功苦志，事終不成。

欲直指出來，恐汝信不及，亦不得用，須是自見始得。譬如儒家先天之學，亦要默而識之。孟子云：浩然之氣，塞乎天地之間，曰難言也。且難言之妙，非玄關乎。且如釋氏不立文字，教外別傳，使人神領意會，謂之不傳之妙。能知此理者，則能一徹萬融也。

問：或謂崇釋與修道，可以斷生死，出輪迴，學儒可盡人倫，不能了生死。豈非三教異同乎？曰：達理者契命，原始返終，知周萬物，則知生死之說。所以性命之學，實儒家正傳。窮理徹，了然自知，豈可不能斷生死輪迴乎？且如羲皇初畫易之時，體天設教，以道化人，未嘗有三教之分。故曰皇天無二道，聖人無兩心。當來初畫一者，象太極也。有一便有二，象兩儀也。一者，象陽也，一者陰也，一陰一陽謂道。仰則觀於天上，畫一畫以象

天；俯則察於地下，畫一畫以象地；中畫一畫以象人。故三畫以成乾三，象三才也。兩乾斷而成坤三，象六合也。故曰：立天之道曰陰與陽，立地之道曰柔與剛，立人之道曰仁與義。兼三才而兩之，故六畫而成卦。以一身言之，立天之道曰陰與陽，心之神氣也；立地之道曰柔與剛，身之形體也；立人之道曰仁與義，意之情性也。心、身、意，象乾三才也。神氣、性情、形物，近取諸身。此之謂也。

《易》曰：遠取諸

問：《繫辭》云六畫而成卦，先生云六畫而成坤者，何也？曰：汝未知之，若謂六畫而成卦者，文王重卦也。文王未重卦之前，豈可謂無三才六合乎？先賢云立天之道曰陰與陽，天之乾坤也；立地之道曰柔與剛，地之乾坤也。立人之道曰仁與義，人之乾坤也。以此推之，乾坤兩卦，三才六合備矣，又豈以重卦言之哉？所謂六畫而成卦者，重卦之後，名爲後天〔卦〕也。

問：若謂未重卦之前，三才六合

二八四

玄關，情來歸性爲丹成，和氣薰蒸爲沐浴。乃上乘延生之道，其中與中乘相似，作用處不同，亦有十餘條。上士行之，始終如一，可證仙道。

最上一乘

夫最上一乘，無上至真之妙道也。以太虛爲鼎，太極爲爐，清靜爲丹基，無爲爲丹母，性命爲鉛汞，定慧爲水火。窒慾懲忿爲水火交，性情合一爲金木併，洗心滌慮爲沐浴，存誠定意爲固濟，戒定慧爲三要，中爲玄關，明心爲應驗，見性爲凝結，三元混一爲胎，性命打成一片爲丹成，身外有身爲脫胎，打破虛空爲了當。此最上一乘之妙，至士可以行之，功滿德隆，直超圓頓，形神俱妙，與道合真。

中和集卷之二

中和集卷之三

都梁清菴瑩蟾子李道純元素撰
門弟子損菴寶蟾子蔡志頤編

問答語錄

潔菴瓊蟾子程安道問三教一貫之道

瑩蟾子宴坐蟾窟，是夜寒光清氣，瑩蟾子，猛思生死事大，神仙不可不敬慕，功行不可不專修，稽首拜問曰：弟子嘗聞，自古上聖高真、歷代仙師，皆因修真而成道，必以鉛汞爲金丹之根蒂，不知鉛汞是何物？

師曰：夫鉛汞者，天地之始，萬物之母，金丹之本也。非凡鉛、黑錫、水銀、朱砂。奈何謬者不知真玄，私意揣度，惑壞後學，徒費歲時，擔閣一生，深可憐憫。若不遇真師點化，皆妄爲矣。

紫陽真人曰：饒君聰慧過顏閔，不遇真師莫強猜。正謂此也。我今爲汝指出，真鉛真汞身心是也。聖師云：身心兩箇字，是藥也，是火也。又云：要知產藥川源處，只在西南是本鄉。西南者，坤也。坤屬身，身中之精乃本鄉也。如乾中一爻，入坤而成坎，外陰內陽，外柔內剛，外坤內乾，坎水之中有乾金，故強名曰水中金也。夫汞者，心中之氣也。如坤中一爻，入乾而成離，陽中之陰也。離火之中有坤土，外剛內柔，外乾內坤，故強名曰砂中汞也。精氣感合之妙，故強名立象，以鉛汞喻之，使學者知有體用之妙，無出身心兩字，身心合一之後，鉛汞皆無也。

問：如何是抽添？曰：身不動氣定，謂之抽。心不動神定，謂之添。身心不動，神凝氣結，謂之還元。所以取坎中之陽，補離中之陰而成乾，謂抽鉛添汞也。

問：如何是烹鍊？曰：身心欲合未合之際，若有一毫相撓，便以剛決之，爲武鍊也。身心既合，精氣既交之後，以柔和之心守之，爲文烹也。此理無他，只是降伏身心，便是烹鉛鍊

至於靈砂外藥，三遷五假，金石草木服
餌之法，四百餘條，乃下品之上外道
也。

右下三品，共一千餘條，貪淫嗜利者
行之。

中三品

休糧辟穀，忍寒食穢，服餌椒木，
曬背臥冰，日持一齋。或清齋，或食物
多為奇特，或飲酒不醉為驗，或減食為
抽添，或不食五味而食三白，或不食煙
火食。或飲酒食肉，不藉身命，自謂無
為；或翻滄倒海，種種捏怪。乃中品
之下也。

吞霞服氣，採日月精華。吞星曜
之光，服五方之氣。或採水火之氣，或
存思注想，遨遊九州為運用。或想身
中二氣，化為男女，象人間夫婦交採之
狀為合和。一切存想，種種虛妄等法，
乃中品之中也。

傳授三歸五戒，看誦修習，傳信法
取報應行考，赴取歸程，歸空十信，三
際九接，瞻星禮斗。或持不語，或打勤
勞，持守外功。已上有為，乃中品之

上，漸次近道也。

右三品一千餘條，行之不息，漸入佳
境，勝別留心。

上三品

八段錦，六字氣，視頂門，守臍蒂，吞津
液，攪神水。或千口木為活，或指舌為
赤龍，或擦身令熱為火候，或一呵九摩
求長生，或煉稠唾為真種子，或守丹
田，或兜外腎，至於煮海觀鼻，以津精
涎沫為藥，乃上品之下也。

閉息行氣，屈伸導引，摩腰腎，守
印堂，運雙睛，搖夾脊，守臍輪。或以
雙睛為日月，或以眉間為玄關，或叩齒
為天門，或想元神從頂門出入，或夢游
仙境，或默朝上帝，或以昏沉為入定
或數息為火候，或想心腎黑白，二氣相
交為既濟，乃上品之中也。

般精運氣，三火歸臍，調和五臟，
十六觀法，固守丹田，服中黃氣，三田
還返，補腦還精，雙提金井，夾脊雙關，
握固內視，種種般運，乃上品之上也。

右三品一千餘條，中士行之，亦可却

病。

漸法三乘

下乘者，以身心為鼎爐，精氣為藥
物，心腎為水火，五臟為五行，肝肺為火
候，精為真種子。以年月日時行火
候，嚥津灌溉為沐浴，口鼻為三要，腎
前臍後為玄關，五行混合為丹成。此
乃安樂之法，其中作用百餘條。若能
忘情，亦可養命。與上三品稍同，作用處別。

中乘者，乾坤為鼎器，坎離為水
火，烏兔為藥物，精神魂意為五行，
身心為龍虎，氣為真種子。一年寒暑
為火候，法水澆灌為沐浴，內境不出，
外境不入為固濟，太淵絳官精房為三
要，泥丸為玄關，精神混合為丹成。此
中乘養命之法，其中作用數十條，與下
乘大同小異。若行不息，亦可長生久
視。

上乘者，以天地為鼎爐，日月為水
火，陰陽為化機，鉛汞銀砂土為五行，
性情為龍虎，念為真種子。以心煉念
為火候，息念為養火，含光為固濟，
伏內魔為野戰，身心意為三要，天心為

神魂魄意曰五氣，鉛汞銀砂土曰五行，三家相見曰胎圓，三元合一曰丹成。

大德三年純陽誕日書于鑾江中和菴

玄關一竅 贈門人

夫玄關一竅者，至玄至要之機關者。非印堂，非顖門，非肚臍，非膀胱，非兩腎，非臍前臍後，非兩腎中間。上至頂門，下至脚跟，四大一身，才着一處，便不是也。亦不可離了此身，向外尋之。所以聖人只以一中字示人，只此中字便是也。我設一喻，令爾易知。且如傀儡，手足舉動，百樣趨蹌，非傀儡能動，是絲線牽動。雖是線上關捩，却是弄傀儡底人牽動。咦，還識這箇弄傀儡底人麼？休更疑惑，我直說與汝等。傀儡比此一身，絲線比玄關，弄傀儡底人比主人公。一身手足舉動，非手足動，是玄關使動。雖是玄關動，却是主人公使教玄關動。若認得這箇動底關捩，又奚患不成仙乎。

試金石

夫金丹者，虛無爲體，清静爲用，無上至真之妙道也。世鮮知之，人鮮行之。於是聖人用方便力，開善誘門，強立名象，著諸丹書，接引後學。蓋欲來者誦言明理，嘿識潜通，則行之頓超真境。奈何後學不窮其理，執着筌蹄，妄引百端，支離萬狀，將至道碎破，爲曲徑旁蹊三千六百，良不得其傳故也。況今之無知淺學，將至道旨妄行箋註，乖訛尤甚，安得不悞後來。雖苦志之士，亦不能辨其邪正，深可憐憫。予因是事，故作此試金石，而辨其真僞。俾諸學者不被眩惑，决然無疑，直超道岸。聖師曰：道法三千六百門，人人各執一爲根，誰知些子玄微處，不在三千六百門。予謂祖師老婆心切，故作是詩也。若復有人作如是見者，大地皆黄金。其或未然，須當試過。於是平書：

九品
- 上 中 下
- 上 中 下
- 三品
- 邪道
- 外道
- 傍門

漸法三乘
- 上 中 下 乘
- 安樂
- 養命
- 延生
- 法

最上一乘
- 無上至真之妙

傍門九品

下三品

御女房中，三峰採戰，食乳對爐，女人爲鼎，天癸爲藥，產門爲生身處，精血爲大丹頭。鑄雌雄劍，立陰陽爐，謂女子爲純陽，指月經爲至寶，採而餌之，爲一月一還，用九女爲九鼎，爲九淺一深。令童男童女交合，多入少出，金槍，七十二家強兵戰勝。至於美金花，弄取陰中黍米爲玄珠。如此邪謬，謂之泥水丹法，九淺一深。此大亂之道也。乃下品之下邪道也。

又有八十四家接法，三十六般採陰。用胞衣爲紫河車，鍊小便爲秋石，食自己精爲還元，捏尾閭爲閉關。夫婦交合，使精不過，爲無漏。採女經爲紅圓子，或以五金八石修鍊爲丸，令婦人服之，十月後產肉塊爲至藥，採而服之。如此謬術，不欲盡舉，約有三百餘條，乃下品之中外道也。

又有諸品丹竈爐火，燒鍊五金八石，勾庚乾汞，點茅燒艮，撥灰弄火。

都三箇字，古今明者實然希。東三南
二同成五，北一西方四共之。戊己還
從生數五，三家相見結嬰兒。嬰兒是
一含真氣，十月胎成入聖基。只此五
十六字，貫徹諸子百家，丹經子書。若
向這裏具隻眼，參學事畢，其或未然，
向注脚下商量。

(初) 三五一都三箇字，三元五行一
氣也。古今明者實然希，亘古亘今
知者鮮矣。東三南二同成五，東三，
木也；南二，火也。木生火，木乃火
之母，兩性一家，故曰同成五也。北
一西方四共之，北一，水也；西四，
金也。金生水，金乃水之母，兩性一
家，故曰從生數五者，
土之生數也。五居中無偶，自是一
家。所謂三家相見者，三元五行混
而為一也。故曰三家相見結嬰兒
也。所謂嬰兒者，亦是假名純一之義也。
故曰嬰兒是一含真氣也。十月胎成
入聖基者，三百日胎，二八兩藥烹之
鍊之，成之熟之，超凡入聖之大功
也。故曰入聖基也。

(中) 以一身言之。東三木也，我之
性也。西四金也，我之情也。南二火
也，我之神也。北一水也，我之精也。
至於丹書種種法象，種種異名，並不
外乎身心意也。雖然，猶有不能直
下會意者，今立異名、法象、圖局于
後，具眼者流試着眼看。

性與神同
係乎心，東三南二同成五也。精乃身
之主，身者情之係。精與情同係乎
身，北一西方四共之也。戊己，中土
意也，四象五行，意為之主宰，意無
偶，自是一家也。修鍊之士，收拾身
心意，則自然三元五行，混而為一也。
丹書云：收拾身心為採藥，混而
意大定則三元混一。此所謂三花聚，
五氣朝，聖胎凝。

心則神與性合，靜其身則精與情寂。虛其
意大定則三元五行，五氣朝，聖胎凝。正謂此
也。收拾身心之要，在乎虛靜。虛其

(末) 情合性，謂之金木併。精合神，
謂之水火交。意大定，謂之五行全。
丹書云：鍊精化氣為初關，身不
動。鍊氣化神為中關，意不動也。
鍊神化虛為上關，心不動也。心不
勤，東三南二同成五也。意不動，北
一西方四共之也。身不動，戊己還
從生數五也。身心意合，即三家相

五行	三性	五氣	三元	
東三	甲乙	青汞 曰魂	青衣女子	
南二	丙丁	紅雪 曰精	朱陵胡兒 朱砂 朱鳳 赤衣佳者	
中五	戊己	黃芽 黃庭	媒人 聖胎	
北一	壬癸	黑錫 玄龜	金公	
西四	庚辛	白金 月華	白頭老子	

圓
譬
喻

天三生木 以易言之曰震曰長男曰魂
地二生火 以易言之曰離曰中女曰朱雀
天五生土 以易言之曰寄位坤曰母曰土曰真土
天一生水 以易言之曰坎曰中男曰武曰鼎
地四生金 以易言之曰兌曰少女曰魄

性 木三　神 火二　意 無　精 水一　身 合五

身心意曰三家，精氣神曰三元，精

內藥

內藥乃鍊神之要
形神俱妙與道合真

內藥，先天一點真陽是也。譬如乾☰中一畫，交坤成☷坎水是也。中一畫本是乾金，異名水中金，總名至精也。至精固而復祖炁，祖炁者，乃先天虛無真一之元炁，非呼吸之炁。如乾☰中一陰入于乾，而成離☲，離中一陰

卦☵中一畫，交坤成☷坎水是也。中

☷中一陰入于乾，故異名曰砂中汞是也。

本是坤土，故異名曰砂中汞是也。

（道生一　一生二二生三三生萬物）

（虛化神　神化炁　炁化精　精化形）

已上謂之順
萬物含三　三歸二　二歸一

鍊乎至精　精化炁　炁化神
已上謂之逆丹書謂順則成人，逆則成丹。

上藥三品精炁神
體則一，用則二，何謂體，本來三元之大事也。何謂用，內外兩作用是也。

內藥

先天至精，虛無空炁，不壞元神。

外藥

交感精，呼吸炁，思慮神。

一鍊精化炁
初　有　關　為　取坎填離

二鍊炁化神
中　無　關　為　乾坤闔闢

三鍊神還虛
上　無　關　為

此三段工夫，到了則一，若向這裏具隻眼，三教之大事畢矣。其或未然，細參後事。

一鍊精化炁
歸道，乃水府求玄。丹書云：癸生須急採，望遠不堪嘗。所謂採者，不採之採謂之採也。苟實有所採，坎中一畫如何得升。精乃先天至靈坎中之至精，乃元陽也，採者採此也。譬如☰乾乃先天至

靈化元精之象也。坎☵為水，坎中一畫本乾金，假名曰水中金。金乃水之母，反居水中，故曰母隱子胎也。達者觀雷在地中，復先王，至日閉關，商旅不行。達者觀雷在地中，復先王，至日閉關，商旅不行，后不省方之語，思過半矣，餘存口訣。

二鍊炁化神
☲釋，則離宮修定。丹書云：真土制真鉛，真鉛制真汞，鉛汞歸土釜，身心寂不動。斯言盡矣。既得真鉛，則真汞何慮乎。不凝鍊炁之要，黃婆運動，一圈一闢，一往一來，一升一降，無有停息。始者用意，後則自然。一呼一吸，奪一年之造化。即太上云：玄牝之門，是謂天地根，綿綿若存，用之不勤。正此義也。

三鍊神還虛
☰☰☰之內上留意，鍊炁之要備矣。工夫到此，一箇字也用不着。

三五指南圖局説
紫陽真人《悟真篇》詩云：三五一

本返

道本無爲法自然，聖人立象假名圈。平常日用全彰露，打破方知象帝先。

二藥圖訣

取出二中畫，補三還復乾。純陽離命本固，無礙性珠圓。採鉛知下手，受觸全天理，三疊舞胎仙。塵合上禪。

口訣

火候圖

十一　初一　子　玄宮　復　初九
十二　初三　丑　　　臨　九二
正　　初六　寅　徐進　泰　九三
二　　初八　卯　沐浴銀河　壯　九四
三　　十一　辰　遇玉關　夬　九五
四　　十四　巳　止　乾　上九
望
五　退十六　午　崑山　姤　初六
六　　十八　未　退　遯　六二
七　　二十　申　徐退　否　六三
八　　二十三　酉　浴絳宮　觀　六四
九　　二十六　戌　守中　剝　六五
十　　二十八　亥　戰　坤　上六

金丹內外二藥圖說

外藥圖　內藥圖

外藥可以治病，可以長生久視。
內藥可以超越，可以出有入無。

大凡學道，必先從外藥起，然後自知內藥。高上之士，夙植德本，生而知之，故不鍊外藥，便鍊內藥。
內藥無爲無不爲，外藥有爲有以爲。內藥無形無質而實有，外藥有體有用而實無。外藥色身上事，內藥法身上事。外藥地仙之道，內藥水仙之道。

二藥全天仙之道
外藥了命　內藥了性
二藥全形神俱妙

外藥
初關鍊精化氣，先要識天癸，生時急採之。
中關鍊氣化神，調和真息，周流六虛，自太玄關逆流，至天谷穴交合，然後下降黃房，入中宮，乾坤交姤罷，一點落黃庭。
上關鍊神遺虛以心鍊念謂之七返，情來歸性謂之九還。

二七八

釋疑第十五

變動有時，安危在己。禍福得喪，皆自己始。是故通變者，趨時者也。趨時者，危亦安。通變者，亂亦治。不失其所守者，困亦亨。不謹其所行者，豐亦昧。晦其明者，處明夷而無傷。恃其有者，居大有而必害。至遠而可應者，其志同也。至近而無與者，其意乖也。至弱而能勝者，得其輔也。至剛而無過者，有其道也。益之用，凶事濟難也。睽之見，惡人免怨也。不怕其德者，無所容。不有其躬者，無所利。獨立自恃者，無功。恐懼修省者，獲福。益於人者，人益之。利於人者，人利之。信於人者，人信之。惠於人者，人惠之。畏凶者，福必至。畏害者，無眚。畏禍者，福必至。忽福者，禍必至。予所謂安危在己，復何疑哉。

聖功第十六

聖人所以為聖者，用易而已矣。用易所以成功者，虛靜而已矣。虛則無所不容，靜則無所不察。虛則能受物，靜則能應事，虛靜久久，則靈明。

虛者，天之象也。靜者，地之象也。強不息❶，天之虛也。厚德載物，地之靜也。空闊無涯，天之虛也。方廣無際，自地之靜也。天地之道，惟虛惟靜。虛靜在己，則是天地在己也。道經云：人能常清靜，天地悉皆歸。其斯之謂歟。清即虛也，虛靜也者，其神德聖功

中和集卷之一

❶底本為「王」，疑為「工」，當改。

中和集卷之二

都梁清菴瑩蟾子李道純元素撰

門弟子損菴寶蟾子蔡志頤編

金丹妙訣

金丹圖象說

左四圖法象，顯明至道玄之旨。

安爐

撐天拄地太模糊，
誰為安名號玉爐。
曾向此中經煅鍊，
出無入有盡由渠。

立鼎

不無不有不當中，
外面虛無裏面空。
決烈丈夫掀倒看，
元來那箇本來紅。

還丹

威音那畔本來明，
昧了皆因著幻形。
若向丹中拈得出，
圓陀陀地至虛靈。

存於身而不爲身累，行於心而不爲心役，行於世而不爲世移，行於事而不爲事礙，力行也。深知其理者，可以變亂爲治，變危爲安，變亡爲存，變禍爲福。力行其道者，可以致身於壽域，致心於玄境，致世於太平，致事於大成。非大智大行者，其孰能及此。

明時第九

通變莫若識時，識時莫若通理，明理莫若虛靜。虛則明，靜則清，清明在躬，天理昭明。天之變化，觀易可見。世之時勢，觀象可驗。物之情僞，觀形可辨。麗於形者，不能無偶。施於色者，不能無辨。天將陰雨，氣必先蒸。山將崩裂，下必先瘴。人將利害，貌必先變。譬如巢知風，穴知雨，蟄蟲應候，葉落知秋。又如商人置雉尾於舟車之上，以候陰晴，天常晴則尾下垂，天將雨則尾下垂。無情之物尚爾，而況人乎。今人不識時變者，燭理未明也。

正己第十

進德修業，莫若正己。己一正，則無所不正。一切形名，非正不立。一切事故，非正不成。日用平常，設施酬酢，未有不始於己者。一切事事理理、頭頭物物，亦未有不自己出者。是故進修之要，必以正己爲立基。正己接人，人亦歸正。正己處事，事亦歸正。正己應物，物亦歸正。惟天下之一正，爲能通天下之萬變。是知正己者，進修之大用也，入聖之階梯也。

工夫第十一

清心釋累，絕慮忘情，少私寡慾，見素抱樸，易道之工夫也。心清累釋，足以盡理。慮絕情忘，足以盡性。私慾俱泯，足以造道。素樸純一，足以知天。

感應第十二

寂然而通，無爲而成，不見而知，易道之感應也。寂然而通，無所不通。無爲而成，無所不成。不見而知，無所不知。動而感通，不足謂之通。爲而後成，不足謂之成。見而後知，不足謂之知。此三者，其於感應之道也遠矣。感之於未有，感之於未動，見之於

三易第十三

三易者，一曰天易，二曰聖易，三曰心易。天易者，易之理也。聖易者，易之象也。心易者，易之道也。觀聖易，貴在明象，象明則入聖。觀天易，貴在窮理，理窮則知天。觀心易，貴在行道，道行則盡心。不讀聖人之易，則不明天易；不明天易，則不知心易；不知心易，則不足以通變。是知易者，通變之書也。

解惑第十四

氣之消長，時之升降，運之否泰，世之通塞，天易也。卦之吉凶，爻之得失，辭之險易，象之貞晦，聖易也。命之窮達，身之進退，世之成敗，位之安危，心易也。深造天易，則知時勢。深造聖易，則知變化。深造心易，則知性命。以心易會聖易，以聖易擬天易，以天易參心易，一以貫之，是名至士。

誠能爲之於未有，感之於未動，見之於

足以通變。而獨存者也。所謂大者，外包乾坤，內充宇宙，遍河沙界，湛然圓滿者也。大易不易，故能統攝天下無窮之變。大象無象，故能形容天下無窮之事。易也，象也，其道之原乎。

常變第二

常易不變，變易不常。其常不變，故能應變。其變不常，故能體常。始終不變，易之常也。動靜不常，易之變也。獨立而不改，得其常也。周行而不殆，通其變也。不知常不足以通變，不通變不足以知常。常也，變也，其易之原乎。

體用第三

常者，易之體。變者，易之用。古今不易，易之體。隨時變易，易之用。無思無為，易之體。有感有應，易之用。知其用，則能極其體。全其體，則能利其用。知其體，則能極其用。全其用，則能利其體。聖人仰觀俯察，遠求近取，君子進德修業，作事制器，因其用也。至於窮理盡性，樂天知命，修齊治平，紀綱法度，未有外乎易者也。全其易體，足以知常，利其易用，足以通變。

動靜第四

剛柔推盪，易之動靜。陰陽升降，氣之動靜。奇偶交重，卦之動靜。盈虛消息，物之動靜。晝夜興寢，身之動靜。至於身之進退，心之起滅，世之通塞，事之成敗，皆一動一靜，互相倚伏也。觀其動靜，則萬事之變，萬物之情可見矣。靜時有存，動則有察。靜時有主，動則可斷。靜時有定，動罔不吉。靜者動之基，動者靜之機。動靜不失其常，其道光明矣。

屈伸第五

暑往寒來，歲之屈伸。日往月來，氣之屈伸。古往今來，世之屈伸。至於有無相生，難易相成，長短相形，高下相傾，皆屈伸之理也。知屈伸相感之道，則能盡天下無窮之利也。

消息第六

息者，消之始。消者，息之終。息者，氣之聚。消者，形之散。生育長養者，謂之息，歸根復命謂之消。元而亨，易之息也。利而貞，易之消也。春而夏，歲之息也。秋而冬，歲之消也。嬰而壯，身之息也。老而終，身之消也。無而有，物之息也。有而無，物之消也。消者，死之徒。息者，生之徒。自二氣肇分以來，未有消而不息之物。通而知之者，燭理至明者也。

神機第七

存乎中者，神也。發而中者，機也。寂然不動，神也。感而遂通，機也。隱顯莫測，神也。應用無方，機也。蘊之一身，神也。推之萬物，機也。吉凶先兆，神也。變動不居，機也。備四德，自強不息者，存乎神者也。貫三才，應用無盡者，運其機者也。

智行第八

智者，深知其理也。行者，力行其道也。深知其理，不見而知。力行其道，不為而成。不出戶，知天下，不窺牖，見天道，深知也。自強不息，無往不適，力行也。知亂於未亂，知危於未危，知亡於未亡，知禍於未禍，深知也。

微。故作頌而證之。

頌二十五章

道本至虛,至虛無體。窮於無窮,始於無始。

虛極化神,神變生氣。氣聚有形,一分為二。

二則有感,感則有配。動靜不已,四象相係。

乾坤定位,八卦茲係。

順推邊,八卦茲係。運五行而有常,定四時而成歲。

沖和化醇,資始資生。

旋萬象,在地則長養群情。

形形相授,物物相孕。化化生生,奚有窮盡。

天下萬物生於有,有生於無。

無錯綜,隱顯相扶。

原其始也,一切萬有,未有不本乎氣。推其終也,一切萬物,未有不變於形。

是知萬物本一形氣也,形氣本一神也。神本至虛,道本至無,易在其中矣。

天位乎上,地位乎下。人物居中,

自融自化,氣在其中。

天地物之最巨,人於物之最靈,天人一也。宇宙在乎手,萬化生乎身,變在其中矣。

人之極也,中天地而立命,稟虛靈以成性。立性立命,神在其中矣。

命係乎氣,神係乎神。潛神於心,聚氣於身,道在其中矣。

形化則有生,有生則有死。出生入死,物之常也。

氣化則無生,無生故無死。不生不死,神之常也。

形化體地,氣化象天。形化有感,氣化自然。

明達高士,全氣全神。千和萬合,自然成真。

真中之真,玄之又玄。無質生質,是謂胎仙。

欲造斯道,將冥所自。惟靜惟虛,胎仙可冀。

虛則無礙,靜則無欲。虛極靜篤,觀化知復。

動而主靜,實以抱虛。二理相須,

神與道俱。

道者神之主,神者氣之主,氣者形之主。無生則形住,形住則氣住,氣住則神住,神住則無住住,是名無住住。

金液煉形,玉符保神。形神俱妙,與道合真。

命寶凝矣,性珠明矣,元神靈矣,胎仙成矣,虛無自然之道畢矣。

大哉神也,其變化之本歟。

畫前密意

易象第一

易可易,非常易。象可象,非大象。常易不易,大象無象。常易,未畫以前易也。變易,既畫以後易也。常易不易,太極之體也。可易變易,造化之元也。大象,動靜之始也。可象,形名之母也。歷劫寂爾者,常易也。亘古不息者,變易也。至虛無體者,大象也。隨事發見者,可象也。所謂常者,莫窮其始,莫測其終,歷千萬世,廓然一切事物之來俱可應也。靜定工夫純熟，不期然而自然至此，無極之真復矣，太極之妙應明矣，天地萬物之理悉備於我矣。

中和圖

四正中直
發無不中

《禮記》云：喜怒哀樂，未發謂之中，發而皆中節謂之和。未發，謂靜定中謹其所存也故曰中。存而無體，故謂天下之大本。發而中節，謂動時謹其所發也，故曰和。發而不中，謂動謹天下之達道。誠能致中和於一身，則本然之體虛而靈，靜而覺，動而正，故能應天下無窮之變也。老君曰：人能常清靜，天地悉皆歸。即子思所謂致中和，天地位，萬物育也。中也、和也，感通之妙用也，同一意也。《周易》生育流行，一動一靜之全體也。予以所居之舍，中和二字匾名，不亦宜乎哉。

委順圖

委順　身寂　心洞
事自　世混　然心　身
　　　　　然　世順天　命
　　　　　　　道應物　人
　　　　　理時道應
　　　　　機變物

身心世事，謂之四緣，一切人皆為縈絆，惟委順者能應之，常應常靜，何緣之有。何謂委？委身委心洞然，委世混然，委事自然。何謂順？順天命，順天時，順天道，順天理。身順天命，故能應人；心順天道，故能應物；世順天時，故能變；事順天理，故能應機。既能委，又能順，兼能應，則四緣脫灑。作是見者，常應常靜，則四緣清靜矣。

照妄圖

照　妄
照心　妄心
常動　即動靜　則　起萬念　雖動　動
　　　　　　　　　　　應萬變　　　靜
常動　常靜　　　　　不覺

古云：常滅動心，不滅照心。照心即道心也，妄心即人心也，皆妄心也。照心即道心也。一切不動之心，皆照心也。一切不動之心，皆妄心也。一切不動之心，皆妄心也，氣化之始也。下○者，形化之母也。知氣化而不知形化，則不能極廣大。知形化而不知氣化，則不能盡精

太極圖頌

中○者，無極而太極也。太極動而生陽，動極而靜，靜而生陰，一陰一陽，兩儀立焉。○者，兩儀也。○者，陽動也。○者，陰靜也。陰陽互交，而生四象。○者，四象動而動，曰老陽；動極而靜，曰少陰；靜極而又動，曰少陽；靜而又靜，曰老陰。四象動靜，又生八卦。乾一兌二，老陽動靜也；離三震四，少陰動靜也；艮五坎六，少陽動靜也；兌七坤八，老陰動靜也。陽逆陰順，一升一降，機緘不已，而生六十四卦，萬物之道至是備矣。上○者，

亦有道心，雖道心亦有人心。惟允執厥中者，照心常存，妄心不動，危者安平，微者昭著。到此有妄之心復矣，無妄之道成矣。《易》曰：復，其見天地之心乎。

人心惟危，謂危殆而不安也。雖人心大。道心惟微，謂微妙而難見也。雖人心

014 中和集

經名：中和集。元李道純撰。
六卷。底本出處：《正統道藏》
洞真部方法類。

中和集叙

維揚損菴蔡君志頤，瑩蟾子李清
菴之門人也。勘破凡塵，篤修仙道，得
清菴之殘膏賸馥，編次成書，題曰《中
和集》，蓋取師之靜室名也。大德丙午
秋，謁余印可，欲壽諸梓，開悟後人。
余未啓帙，先已知群妄掃空，一真呈
露。謂如天付之而爲命，人受之而爲
性，至于先天太極，自然金丹，光照太
虛，不假修鍊者，漏泄無餘矣。可以窮
神知變而深根寧極，可以脫胎神化而
復歸無極也。抑以見道之有物混成，
儒之中和育物，釋之指心見性，此皆同

工❶異曲，咸自太極中來。是故老聖常
善救人，佛不輕於汝等，周公豈欺我
哉。覽是集者，切忌生疑。當塗南谷
杜道堅書于錢塘玄元真館。

中和集卷之一

都梁清菴瑩蟾子李道純元素撰
門弟子損菴寶蟾子蔡志頤編

玄門宗旨

太極圖

動靜無端
陰陽無始

（圖）

釋曰圓覺，道曰金丹，儒曰太極，
所謂無極而太極者，不可極而極之謂
也。釋氏云：如如不動，了了常知。
《易·繫》云：寂然不動，感而遂通。丹
書云：身心不動以後，復有無極真機，
言太極之妙本也。是知三教所尚者，
靜定也。周子所謂主於靜者是也。蓋
人心靜定，未感物時，湛然天理，即太
極之妙也。一感於物，便有偏倚，即太
極之變也。苟靜定之時，謹其所存，則
天理常明，虛靈不昧，動時自有主宰，

中和道藏 第二十七卷

中和集